D1727571

Christian Scholz, Urs Engeler Editor

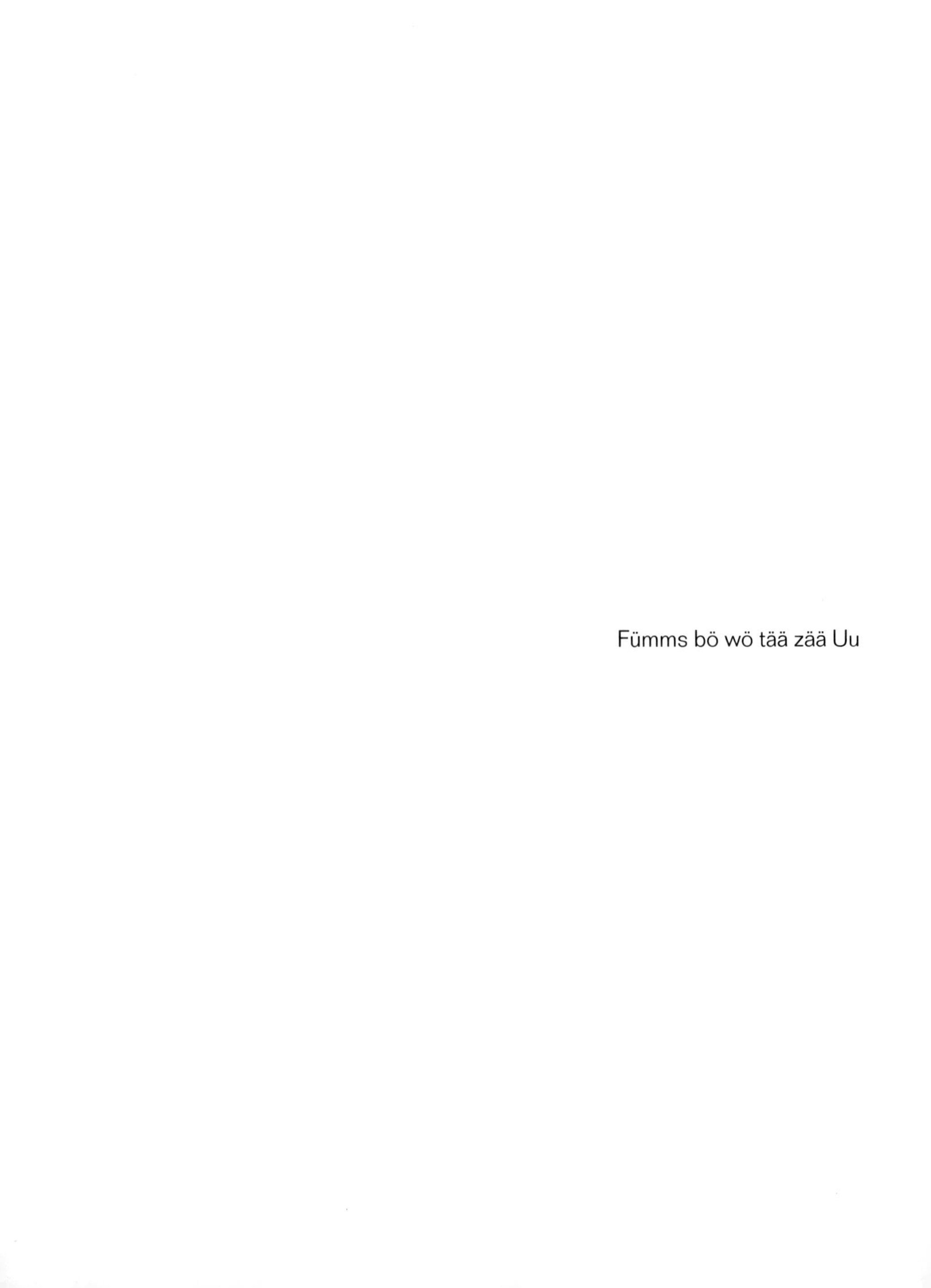

Fümms bö wö tää zää Uu

Stimmen und Klänge der Lautpoesie

herausgegeben von Christian Scholz und Urs Engeler

Abzählverse und Zungenbrecher sind wohl älter als alles, was wir Kunst zu nennen pflegen. Sie sind Teil des kindlichen Spiels. Indem der Abzählvers zum Auszählen dient, werden die am Spiel teilnehmenden Kinder zu einer von der Erwachsenenwelt abgegrenzten Geheimgesellschaft. Da die Inhalte von Geheimgesellschaften Außenstehenden unbekannt bleiben sollen, greifen Auszählverse auch auf sinnfreie Lautfolgen und die Überbleibsel alter, ihrer ursprünglichen Bedeutung entfremdeter Zauberformeln und -sprüche wie *hokuspokus* und *abrakadabra* zurück. Dabei dient Sprache in den Abzählversen vielfach als bloßer Klangkörper. Nach Klang- und Lautassoziationen werden sinnvolle wie auch sinnfreie oder lautmalende Lautfolgen aneinandergereiht und rhythmisch strukturiert, so dass manchmal das eigentümliche Klangbild von Fremdsprachen in Abzählversen mitgehört werden kann. Zu den beliebtesten Sprachspielen von Kindern zählen auch die Zungenbrecher.

Ene mene mu

Zauberworte, -sprüche und -formeln sind jene Bindungskräfte, mit deren Hilfe man sich die Geister und mit ihnen Natur und Schicksal untertänig zu machen glaubt. Ihre drei Funktionen sind zu bannen, zu beschwören und Segen herbeizurufen. Als wichtigste Funktion von feststehenden Zauberformeln gilt die Abwehr von Unheil, was man mittels völlig unbekannter Worte zu erreichen sucht. Dem aus sinnfreien Lautfolgen bestehenden Zauberspruch wird eine größere Kraft zugesprochen, eine geheimnisvolle Wirkung verlangt ihren mysteriösen Klang, und man preist und benennt die Geister und Götter am wirksamsten, wenn man sinnfreie Lautreihungen ertönen lässt. Auch das Zischen und Schnalzen gehört seit der Antike mit zum Sprachrepertoire der Magier. Die Zauberbücher des Mittelalters legitimieren die unverständlichen Wörter mit dem Hinweis darauf, dass die Wissenschaft, Geister zu beschwören, nicht in vielen, hochtrabenden Worten, sondern in verborgenen und nur den Geistern bekannten Worten besteht. Letzteren wurde von Gott (über die Engel) unmittelbar eine ganz besonders geheime Kraft mitgeteilt. Gegner der Magie wandten ein, die Zaubersprüche müssten schon darum unverständlich sein, weil sie sich an den Teufel selber wenden, der Verkörperung alles Chaotischen und Verworrenen. Zauberworte und -sprüche sind nach den gleichen Sprachtechniken aufgebaut, wie sie von den Kinderreimen bekannt sind. Als zusätzliche Mittel, die Machtwirkung und Zauberkraft des gesprochenen Wortes zu erhöhen, gelten Gesang, Gebärde, Tanz, Bewegung und Aktion, also Mittel, die in heutigen Performances von Lautpoeten ebenfalls Verwendung finden. Formale Zusammenhänge zur Lautpoesie finden wir auch in den Sprachschöpfungen von Somnambulen, Schizophrenen und religiösen Ekstatikern, die mit dem Anspruch eines ästhetischen Gebildes auftreten, diesen aber nur in seltenen Fällen einlösen. Auffällig ist, dass die (religiöse) Zungenrede täuschend echt die Sprechmelodie von bestimmten Fremdsprachen nachahmt.

Abrakadabra

Viele Geheimsprachen bemühen sich, einen neuen Wortschatz zu erfinden, während der Lautbestand der natürlichen Sprache des Erfinders weitgehend erhalten bleibt. Dennoch gibt es Geheimsprachen, die darüber hinaus gehen. Um den Bedeutungsgehalt einer Wortform für den Nichteingeweihten fast bis zur Unkenntlichkeit zu verstümmeln, verwenden ihre Erfinder die verschiedensten Techniken: Verkürzung von Worten, Auswechslung von Phonemen, Silbenmetathese und Wurzeldehnung. Zweckfreies Spiel mit Klängen ist in Geheimsprachen dagegen selten erreicht. Die ästhetische Dimension einer Geheimsprache reizt aber besonders Dichter, Kunst- oder Privatsprachen zu erfinden, die ästhetische Qualitäten verwirklichen. Für viele Dichter sind diese Kunstsprachen Werkstattexperimente, um neue Klangwerte zu erproben, was bei vielen Autoren der Moderne zu Experimenten mit der (Hand-)Schrift und mit selbsterfundenen Schriftzeichen führte, die in einem bildhaften Symbol die Klangwerte eines Wortes oder Lautes enthalten.

Das große Lalula

Sinnfreie lautmalende Ausdrücke begegnen uns in Dichtungen alter und neuer Zeit. Die *Frösche* des Aristophanes setzten den Beginn der Nachahmung von Naturgeräuschen und Tierstimmen in unserem Kulturkreis. In den französischen Vogelruf-Virelais des 14. Jahrhunderts, bei Oswald von Wolkenstein und anderen werden mehrere oder einzelne Vogelstimmen wie Nachtigall, Kuckuck, Lerche, Fink und Amsel imitiert. Die Nachahmung der «Nachtigallsprache» durch Ornithologen wie Johann Matthäus Bechstein nimmt auf Grund der Länge und der auf Perfektion zielenden Imitation des Nachtigallengesanges eine Sonderstellung ein. Neben Vogelstimmen werden auch andere Tiere und (Natur-)Geräusche nachgeahmt.

Kukuk

1909 veröffentlichte Filippo Tommaso Marinetti das *Manifest des Futurismus.* Gleichzeitig mit den Expressionisten entdeckten die Futuristen das gesprochene Wort für die Dichtung wieder und bezogen auf Grund ihrer Technikbegeisterung die Klänge und Geräusche der Umwelt mit ein. Marinettis Strategie zielte darauf ab, die Poesie von den Beschränkungen der Grammatik zu befreien und die Wörter und Laute auf der Papierfläche bzw. im Hörraum freizusetzen. Der Vortragskünstler hat die Aufgabe, die Einzelvokabeln und die frei über die Blattfläche verteilten Wortgruppen ausdrucksvoll zu deklamieren, wobei die Futuristen die Vortragsweise schon auf der Papierfläche durch unterschiedliche Drucktypen und Schriftgrade sowie verschiedene Druckfarben festlegten. Auch bei den russischen Futuristen finden wir um 1912 die Loslösung von den Regeln der Grammatik und die Forderung nach der Erneuerung des Wortschatzes, insbesondere der Verben, Substantive und Adjektive. Für die zahlreichen asemantischen Texte in den Schriften der russischen Avantgarde prägte der «Kubofuturist» Aleksej Krutschonych den Begriff *zaumnyj*, was mit «transrational», «transmental» und «metalogisch» wiedergegeben werden könnte. Im wesentlichen kommt Zaum, die metalogische Dichtung, in zwei Formen vor: Einerseits gibt es in der Zaum-Dichtung Chlebnikovs wortartige Gebilde, die formal korrekt gebildet, aber sinnlos sind. Andererseits wird bei Krutschonych die Destruktion von Sprache noch weiter fortgesetzt, indem Phoneme, also Laute, auf Geräusche und Klänge reduziert werden, die Sinnesempfindungen beim Leser und Hörer auslösen sollen. In Anlehnung an die abstrakte und gegenstandslose Malerei versuchten die Futuristen die sprachlichen Zeichen in der Dichtung ähnlich zu handhaben wie das Material von nichtsprachlichen Künsten – also wie Farben, Klänge und Geräusche. Magische, mystische, expressive Ideen kamen hinzu. Zaum-Texte werden durch Inspiration und Ekstase, emotional und expressiv, durch Zufall, im Augenblick und für den Augenblick geschaffen. Sie sollen aber auch hermetisch und magisch wirken oder auch nur rein spielerischen Wert besitzen. Gegenüber Krutschonych vertrat Velimir Chlebnikov eine gemäßigte Auffassung von Zaum. Nach seiner Meinung sollten nur Teile eines Textes in Zaum sein, da Texte, die nur aus Zaum-Wörtern bestehen, nicht das Bewusstsein des Hörers erreichen. Folglich traten Zaum-Wörter bei Chlebnikov onomatopoetisch in den Kunstsprachen von Göttern, Vögeln, Nixen und Hexen auf – oder magisch in Beschwörungsformeln. Chlebnikov wie auch Krutschonych gelangten mit ihrer Auffassung von Zaum zu einer «Weltallsprache» oder «Sternensprache», «einer Zaum-Sprache für die ganze Welt».

fmsbw

Im Vergleich zum italienischen und russischen Futurismus ist der Dadaismus erst relativ spät, nämlich 1916 im Zürcher «Cabaret Voltaire» entstanden, wo sich Emigranten aus den verschiedensten europäischen Ländern trafen. Man tauschte sich über die jeweils neuesten literarischen Bewegungen aus und war über die italienischen und russischen Futuristen bestens informiert. Vom Expressionismus übernahmen die Dadaisten die Bedeutung des gesprochenen Wortes für die Dichtung: Der Kreis um die Zeitschrift «Der Sturm» propagierte um 1914 die Auflösung des Satzes und die Isolierung des Einzelwortes in minimalistischen Wiederholungen und entwickelte eine Vorliebe für Vortragsabende. Rudolf Blümners Wortkunst-Dichtung *Ango laïna* reklamierte für sich einen organischen Aufbau mit thematischer Entwicklung und durchgearbeiteten Motiven, analog der zeitgenössischen Musik und Malerei. 1918 gründeten Raoul Hausmann und andere Berlin Dada. Hausmanns frühe optophonetische Lautgedichte unterscheiden sich von den Klanggedichten etwa Hugo Balls darin, dass sie nicht aus unbekannten Wörtern, sondern aus Tönen, Geräuschen oder semantisch funktionslos gewordenen Phonemen bestehen. Auf präsprachliches Material zurückgreifend, vollzog Hausmann die totale Autonomisierung des Lautes durch dessen Isolierung von allen kommunikationssprachlichen Zusammenhängen. Er wandte sich gegen den «vulgarisierenden Nützlichkeitszustand» der Sprache und gegen «die von den Bürgern entwerteten Begriffe», die im Chaos des Ersten Weltkrieges ihre Bedeutung verloren hatten. Das Rezipieren von Lautgedichten bedingte nach Hausmann auch physische und psychische Vorgänge, es ruft Bewusstseinsveränderungen hervor, sofern man Lautgedichte nicht allein passiv aufnimmt, sondern nachspricht. Wer hörend und imitierend sich in diese Klangwelt begibt, so Hausmann, erfährt die von der Semantik losgelöste Ungebundenheit des Lauts, die mit Lust, Komik und Befreiung verbunden ist. Auf diese Intentionen, die sich mit Vorstellungen der russischen Futuristen decken, sollten nach 1945 auch andere Lautpoeten wie Franz Mon und Carlfriedrich Claus zurückgreifen. Hausmann war es auch, der Kurt Schwitters im Plakatgedicht *fmsbw* die Grundlage für seine *Sonate in Urlauten* lieferte, die sich an den Aufbau einer Sonate anlehnt, indem sie das Modell mit Exposition, Durchführung, Reprise und Kadenz einhält.

fmsbw

Isidore Isou gründete 1946 in Paris den Lettrismus, der sich – wie 30 Jahre zuvor Futurismus und Dadaismus – das Ziel setzte, die Buchstaben freizusetzen, da der Sinn der Wörter erzwungen und deshalb erschöpft sei. Der Lettrismus konzentrierte sich auf die Sprachmaterialität des isolierten Wortes und seiner Bestandteile, erweiterte das Alphabet und kombinierte es mit anderen Symbolen und Zeichen. In diesem Konzept liegt die Entwicklung einer Lautdichtung begründet, die den akustischen Sprachzustand betont und dessen konventionelles Repertoire erweitert. Während Lettristen wie Maurice Lemaître und Isidore Isou für ihre Lauttexte eine spezifische Notation erfanden, löste sich der Ultra-Lettrist François Dufrêne vom Notationsverfahren und verwendete zur Aufzeichnung seiner spontan artikulierten Arbeiten seit 1953 Tonbandgeräte und später die Aufnahme- und Verfremdungsmöglichkeiten eines Tonstudios: ein Paradigmenwechsel in der Geschichte der Lautpoesie. Die Dichtung auf den Entwicklungsstand der modernen Malerei und Musik zu bringen, stellte sich dagegen nach 1945 die Wiener Gruppe als Aufgabe, indem sie den Materialbegriff und damit die Möglichkeiten der Poesie erweiterte. Für Gerhard Rühm zählte zum Material der Dichtung nicht nur das einzelne Wort und die Fläche des Papiers, sondern vor allem der einzelne Sprachlaut. Mitte der 50er Jahre entdeckten Rühm, Friedrich Achleitner und H. C. Artmann den lautlichen Reichtum von Dialekten, insbesondere des Wienerischen. Rühm entwickelte die Dialektdichtung der Wiener Gruppe weiter, indem er die Lautfolgen von jeglichem Begriffsinhalt löste. Für Franz Mon und andere Autoren der Konkreten Poesie ging der Impetus, sich mit Lautpoesie zu befassen, von der Erkenntnis aus, dass das Deutsche nach dem Ende der Nazi-Diktatur eine beschädigte Sprache war, die all das enthielt, was an Lügen und Sadismus während der NS-Zeit im Sprachgebrauch vorherrschte. Damit die deutsche Sprache wieder wachsen und sich verjüngen konnte, musste sie nach Mon in der Dichtung reflektiert, also wieder zum Material werden. Als Material definiert Mon «alle an der Sprache beteiligten Schichten, vom phonetischen Stoff über die artikulatorische, verbale, syntaktische bis zur semantischen Struktur». Die Funktion von Poesie sieht er darin, Sprache als Sprache erscheinen zu lassen und ihre kommunikative Funktion aufzuheben. Bei Carlfriedrich Claus dienen Sprachlaute nicht mehr einer wenn auch noch so rudimentären Kommunikation, sondern erscheinen im Kontext eines autonomen «Lautgeschehens», das die Sensibilität des Hörers für die Plastizität und Farblichkeit von Sprachäußerungen wecken soll. Lautprozesse bedürfen der Eigenaktivität der Hörer, die Texte als Anregung für eigene Sprechexerzitien nehmen können, indem sie die gehörten Artikulationsvorgänge mit der nötigen Intensität und Konzentration nachvollziehen. Oskar Pastior wiederum, das einzige deutsche Mitglied aus der Werkstatt der 1960 in Paris gegründeten Gruppe OULIPO (Ouvroir de Littérature Potentielle), bereicherte die Lautpoesie mit dem Krimgotischen.

ö i u a

Während Hörtexte auf die akustische Dimension von Sprache hin komponiert sind, befassen sich Sehtexte mit der optischen. Die wechselseitige Beziehung zwischen akustischen und optischen materialen Eigenschaften von Sprache, zwischen der Klang- und Bildebene, kann bewusst in diesen visuellen oder «optophonetischen» Texten angelegt sein. Da die revolutionierte Verwendung der typographischen Gestaltung einen eigenen, visuellen Ausdruckswert er- und akustische Qualitäten enthält, nähert sich der Text dem Bild und einer Partitur, so dass die tradierten Gattungsgrenzen aufgelöst werden. Die Dissoziation der Buchstaben ist in den Arbeiten Bob Cobbings und anderer aus der zweiten Hälfte des 20. Jahrhunderts am weitesten getrieben: Die Buchstaben sind kaum noch als solche erkennbar; sie werden wegen ihrer optischen Valenz, nicht wegen ihrer kommunikativen Funktion ausgewählt. Neben dem optisch-ästhetischen Reiz rücken für Cobbing die klanglichen Möglichkeiten der Schriftzeichen in den Vordergrund, die von Tropfen, Klecksen und Strichen begleitet sind. Diese Buchstabenmuster regen zur improvisatorischen, vokalen (und zusätzlich instrumentalen) Interpretation an. Jedes Zeichen, Buchstabenformen wie auch Formen aus der Natur, kann in Klang umgesetzt werden. Die Interpretationen ergeben als schöpferische Erweiterungen der Texte vielfältige Transformationen: stimmliche, in musikalischer Form, in Bewegung, mit Licht oder elektronischen Effekten.

kp'erioum

Singen, Sprechen, Röcheln – das sind Stationen der Vokalmusik im 20. Jahrhundert. Die Komponisten verzichten auf dramatische oder lyrische Texte und sind prinzipiell offen gegenüber allen Formen von Sprache, ob geschriebene, gesprochene, Alltags- oder Hochsprache, semantisch bedeutende oder bedeutungslose, die mit Musik verbunden werden kann. Dekomposition vorhandener Sprache liegt häufig in Vokalkompositionen vor, aber viele Komponisten bemühen sich auch darum, für ihre Kompositionen eine eigene Kunstsprache zu erfinden. Erst die Erfindung der Elektronischen Musik ermöglichte eine wirkliche Integration der Systeme Sprache und Musik. Der Kehlkopf mit seinen Stimmbändern ist die Klangquelle, vergleichbar dem Sinus- oder dem Rauschgenerator, während der Mund-Nasen-Rachenraum wie ein Filter arbeitet, das permanent Klangveränderungen erzeugt. Die elektronische Musik bearbeitet zum ersten Mal das Feld der Konsonanten mit ihren Geräuschen und Klang-Geräusch-Mischungen. Die Geräuschmusik der fünfziger und sechziger Jahre führte folglich zu einer breiten Erweiterung der vokalen Artikulation. Vor allem die expressive Dimension von Sprache und Stimme bis hin zum tönenden Hauch bot die Grundlage für eine Reihe von Werken, in denen die sprachliche Semantik ersetzt wird durch assoziative Bedeutungen. Die Instrumentalisierung der Stimme als Klangfarbengenerator, verbunden mit der Reduktion der Sprache auf bedeutungsfreie Laute oder Silben, ist am ehesten im Jazz anzutreffen, wo die menschliche Stimme zu einem gleichwertigen Musikinstrument wird.

awopbopaloobop alopbamboo

Das Simultangedicht antwortet auf die dissoziierten Erkenntnis- und Wahrnehmungsformen des Individuums in der sich rapide verändernden Welt des 20. Jahrhunderts. Es versucht, im mehrstimmigen Vortrag die Mehrschichtigkeit eines Wirklichkeitsausschnittes, seine Dichte, Komplexität und Verflochtenheit zu verdeutlichen, Geschehnisketten in zeitlicher Gleichzeitigkeit darzustellen und den Eindruck eines zeitlich-räumlichen Querschnitts hervorzurufen. Zu seinen Mitteln zählen die Montage simultan ablaufender, aber disparater Wirklichkeitsausschnitte in kurzen Szenen und die abrupte Reihung und Einblendung von Realitätssplittern wie Gesprächs- und Gedankenfetzen, Zitaten, Zeitungsausschnitten, Werbeslogans, Geräuschen usw. Als eine der wesentlichen Darbietungsformen des «Cabaret Voltaire» ist das Simultangedicht aber keine Erfindung des Zürcher Dadaismus, sondern, wie Hugo Ball in seinen Tagebucheintragungen erwähnt, eine Weiterentwicklung des «poème simultan» von Henri-Martin Barzun, der es in den Jahren um 1912 in Frankreich – etwa gleichzeitig mit der Frühphase des italienischen Futurismus – theoretisch und praktisch begründete. Wie Marinetti lehnte Barzun die traditionelle Syntax einschließlich des Vokabulars ab; er brach mit der traditionellen Gedichtform und Typographie und ging bereits 1913 so weit, das Buch als Ausdrucksmittel zugunsten der «poésie orale» im allgemeinen und der Schallplattenaufnahmetechnik, der «disque poétique», im besonderen aufzugeben.

Inhalt Kapitel

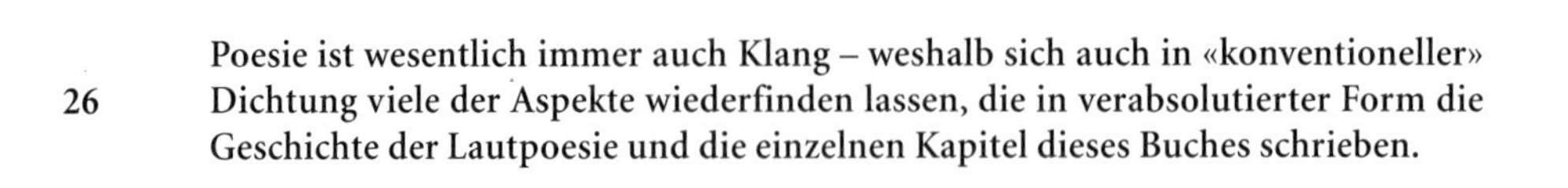

Poesie ist wesentlich immer auch Klang – weshalb sich auch in «konventioneller» Dichtung viele der Aspekte wiederfinden lassen, die in verabsolutierter Form die Geschichte der Lautpoesie und die einzelnen Kapitel dieses Buches schrieben.

I AM THAT I AM

Die Herausgeber haben zeitgenössische Stimm-, Klang- und Lautpoeten eingeladen, durch ihren Beitrag die aktuellen Positionen und Tendenzen der internationalen Lautpoesie hörbar zu machen. In den meisten Fällen haben sie mit Stücken geantwortet, die hier zum ersten Mal veröffentlicht werden. Ihr Spektrum reicht von reinen Stimmperformances zu Stücken, die mit modernsten digitalen Techniken arbeiten.

Sussurli

Ene mene mu

Die Spielregeln, denen [der Kindervers] dient, sind nicht die Regeln der Erziehungswelt, schon gar nicht die des fortgeschrittenen Geschmacks. Die Freiheit, die er beansprucht und wahrnimmt, überschreitet gehörig die Grenzen einer lizenzierten Freistatt. Obwohl der Kling-klang-Abzählreim schon einen beachtlichen Schritt fort von der Obhut des Familiengeheges bedeutet, ist er doch längst nicht der letzte, und das voreilige Entzücken am Ele-mele-Kindermund sieht sich schon bald der Tatsache konfrontiert, daß harmloses Geklingel die dubiosesten Verbindungen einzugehen beliebt. |Natürlich! Das könnte man immerhin noch als Deftigkeit und Derbheit am Rande einstufen. Derbheit und Deftigkeit sind ja so Gratis-Draufgaben, die man dem Volksmund gar nicht ungern bewilligt, schon weil das Deftige zwanglos auf das Lebenskräftige reimt, und weil sich im Derben – spitzfindig und dünnhäutig möchte schließlich keiner scheinen – eigentlich jede Stammesart erkennen mag. Aber so billig können wir die um die Palme herzlicher Grobheit streitenden Stämme denn doch nicht entlassen. Wer sich hier nämlich einmal aufs Auszählen einlassen sollte, der würde bald feststellen, daß dem so oft berufenen Volksgeist die Obszönität anhängt wie eine zwangsbedingte Mitgift der Natur. Im strikten Gegensatz zu allen idealischen Wunschvorstellungen, bietet sich Unflätigkeit als erstes unveräußerliches Gattungsmerkmal dar. Volksgut entpuppt sich als heimlich gehandelte Schmuggelware, die sehr zu Recht das Licht der Öffentlichkeit scheut. Und all das – wer wagte es auszusprechen?! – beginnt nun in der Tat bereits beim lieben Kindervers, von dem man so gerne meint, er drehe sich um sich selbst, ein kleines, feines und von jeder bösen Absicht reines Ringelspiel. |Wirklich hat, was sich im Umgangsvers urkundlich beglaubigt, mit unseren Kulturidealen nur soviel zu tun, als es dagegen spricht. Schon der Abzählreim ist von dem unbezähmbaren Drang besessen, dem ganzen Verhaltens- und Enthaltungskodex des Erziehungsapparates eins auszuwischen. Was nur eben den Ziehpersonen entkommen (und mit ihm nicht nur solchen Sprüchlein wie jenem vom Daumen, der, wie die Tanten, ohne zu erröten, singen, die Pflaumen schüttelt; sondern einem ganzen Vers gewordenen System willkürlicher Erhöhungen und willkürlicher Abschreckungen), das wirkt nun mit an einer Untergrundpoesie, viel weniger kernig als fäkalisch, und eher aggressiv und ungemütlich als von biederem Eigensinn. Worum es dem Kind zu gehen scheint: der allmächtigen Sozialisierungsmaschinerie für einen Vers lang zu entkommen, und nicht im freien Spiel erst, sondern entschieden schon im Vorspiel, beginnt die Unabhängigkeitsbewegung.

Peter Rühmkorf: Über das Volksvermögen. Exkurse in den literarischen Untergrund. Reinbek bei Hamburg: Rowohlt Taschenbuch Verlag 1977, S. 28-30.

Ele mele mittche
Wer mag Tittche
Ele mele mu
Die magst du

Ene menu mu
Keen stinkt nu
Dat do ick nich
Dat deist du

Icke acke Hühnerkacke
Icke acke weg

Eck Dreck weg

Ors Mors af

Ele mele micken macken
Eene Fru de kunn nich kacken
Nimmt 'n Stock
Bohrt 'n Lock
Schitt 'n halben Heringskopp

Ene dene dorz
De Deiwel läßt n Forz
Läßt en in die Hose
Stinkt nach Aprikose
Läßt en widder naus
Und du bist draus

Inne dinne durz
D'r Teifel läßt nen Furz
Gerade bei dem Kaffeetrinken
Tät der ganze Kaffee stinken

Ri ra rurz
Der Teufel ließ nen Furz
Er ließ ihn in ein Butterfaß
Achherrjeh wie stank denn das

Ene mene mopel
Wer frißt Popel
Süß und saftig
Einemarkundachtzig
Einemarkundzehn
Und du kannst gehn

Sprichwort und Rätsel, Moritat und Gassenhauer, Soldaten- und Trinklied, Scholaren- und Theatersongs, Flugschriften, Rufe von Straßenverkäufern und Krämern, Balladen und Volkslieder, verschollenes Brauchtum und Ritual: dies alles findet sich im Kinderreim wieder, zersungen, verballhornt, parodiert, aber auch umfunktioniert und verjüngt. |Der Kinderreim gehört zum poetischen Existenzminimum. Das macht sein zähes und unzerstörbares Leben aus. |An seinem anarchischen Humor scheitert jede Ideologie. |Woher diese Immunität? Zunächst liegt, daß der Kinderreim niemands Diener ist und keinen Auftrag hat. Er war auf keinen Stand, nicht auf Herren und nicht auf Knechte angewiesen. Nie hat er einen Unterschied zwischen seinen Benutzern gemacht; wer ihn im Mund führt, das sind die Kinder, den schließt er in eine klassenlose Gesellschaft ein. Er ist durchaus respektlos und macht sich lustig über Gott und die Welt. Autorität ist ihm zum Lachen; das läßt er Eltern und Lehrer fühlen. |Der Kinderreim zweifelt an sich selber nicht. Er ist sich seiner Sache sicher. Darin hat er recht; er ist heute die einzige poetische Form, deren unmittelbarer Nutzen auf der Hand liegt. Er wird gebraucht. Alles ist noch unentdeckt: das eigene Gesicht, die eigenen Finger, die Tiere, die Jahreszeiten, das Wetter, die Berufe. Der Reim verhilft dem Kind dazu, sich in dieser Welt einzurichten, ihrer Herr zu werden. Essen und Einschlafen, Sprechen und Fragen, Gehen und Zählen, Schaukeln und Spielen sind Künste, die der Reim ihm kunstvoll zuträgt. Daher kommt seine Würde, die eines Gebrauchsgegenstandes; daher seine Härte, seine Festigkeit, sein Eigensinn, seine Lebenskraft. |Was ist es, das einem heutigen Poeten am Kinderreim so gut gefällt? |Was einem heutigen Gedichtschreiber am Kinderreim gefällt, ist sein schönes und zähes Leben. Er wird gebraucht und nicht geschont; kommt auf der Straße vor und im Bett; hat es nicht nötig, veranstaltet und rezitiert zu werden; wehrt sich seiner Haut; schielt nicht; gibt keine Preise; nimmt keine Preise; hat keinen Preis. Das ist das wahre Leben für ein Gedicht, sagt sich der Schreiber und geht vertraulich mit dem Kinderreim um, als verstünde sich das von selbst. Und es versteht sich. Wo sonst in der Welt wächst Poesie am grünen Holz?

Hans Magnus Enzensberger: Nachwort, in: Allerleirauh. Viele schöne Kinderreime versammelt von Hans Magnus Enzensberger und verlegt bei Suhrkamp in Frankfurt am Main 1968, S. 349, 350, 352-355. ||Abzählverse aus: Allerleirauh, S. 199.

Anzkiis kwanzkiis kurschpiis kluus,
ee pee tipsi ee lee muus,
icki picki, grammatiki,
ucki pucki kleinkarnuus.

Ong drong dreoka,
lembo lembo seoka,
seoka di tschipperi,
tschipperi di kolibri,
ong drong dreoka.

Öne töne to, Gapernelle no,
Isabelle, Pumpernelle,
ibeli, bibeli, pump.

Ene mene minke tinke,
wade rade rollke tollke,
wiggel waggel weg.

Enn, endenn, endid, endad,
zeba di beba, di buffanat,
zeba di beba di buff.

Enchen, denchen, dittchen, dattchen,
sibeti, bibeti, bonchen, battchen,
sibeti, bibeti, buff.

36

||Karl Valentin: Chinesisches Couplet, in: Alles von Karl Valentin. Hrsg. von Michael Schulte. München: Piper 1978, S. 173f.

1
Mantsche Mantsche Pantsche Hon kon Tsching Tschang
Kaifu schin sie Pering gigi wai hai wai
Titschi tatschi makka zippi zippi zappi
Guggi dutti suppi Mongolei.
Tingeles Tangeles Hundi Hundi guschdi
Tschinschinati wuschi wuschi tam tam tam
Wanni ko na kimmi, kummi aber nimmi
Kim i, kumm i, aber i kim kam.
Wo wie we wie bobi hopsi tsching tschang
Asi Stasi Wasi Wisi Tschin Tschin Tschin
Taubi Taubi Piepi Piepi sei si indi ändi
Wase bobi widdi midi Lanolin.
China drinna kenna Kinda mi alsamm
Tam – Tam – Tam.
Refrain: Ziggi zam ziggi zam Tschin Tschin wuggi gu
Wassi Wassi tscheng patschi zsching wuh-hu wu.

2

Ni widi tschen lali gan demi detti
La bade schon wette wett wum wum
Goll wudi bum bim wuschi wuschi sitz wetz
Sussi sussi sussi witschi schrumm
So von om runte, giglgilgoggi
Da legst di nieder plim plam plum.
Tutti tutti grossi, heiße Suppi blosi
Rahm o schlecken un on inten rum
Anni wiedi well well tam di diti tam tam
Schlucki schlucki wust gudi dudi gut.
Bier ham mi nimi, sauf ma halt a Wassi
Magi der is lari nachher wirst kaput
Niki nischi waschi schliffi schnack
Wauh, wauh, wauh.
Refrain: Ziggi zam ziggi zam Tschin Tschin wuggi gu
Wassi Wassi tscheng patschi zsching wuh-hu wu.

3
Snekrededeng widi putzpomade Sachti
Boane wecke, tutti frutti wasch, wasch, wasch
Poopi nanni quaste Millen dunsen,
Haferl gocken, Schneckt betzi Gwasch
Ka ko ki ka Kika Keki Wanzi
Magi, Magi, Magi, Magi, Magi, Magi mag i net
Humi wepsi bieni, um halb elfi gimmi
Heidi bobi tschingreding ins bet.
Tsching Tschang Tsching Tschang gibidani busi
Meini lippi xaxixaxixaxixaxixax
Tsching Tschang Tsching Tschang gisidanan fusi
Andigigiolipappi haxi haxi hax
Glaub mich lachen aus weil bin Chinese
Was ist des?
Refrain: Ziggi zam ziggi zam Tschin Tschin wuggi gu
Wassi Wassi tscheng patschi zsching wuh-hu wu.

40

||Konrad Bayer: die jakobinermütze, in: Sämtliche Werke. Hrsg. von Gerhard Rühm. Wien: Klett-Cotta 1985, Bd. 1, S. 64f.

schlanze wanze akkuranze
schlanze banze ranze zanze
akkuranze wau
akkomode schlode wode
akkomode rode mode
okkohode code brod
ferilunga wumba dumba
ferilinqua tinte winqua
interminga schinto ronze
eikorsema meda keba
periballo wallo malo
kinteronde bonde blonde
schronde honde wonde munde
pinterunga feriminqua
allemassi redo redo
allobego fenti stauda
parekallo ello malo
fenigogo pleri ulla
kane kano kanu eba
peliflauzo fendi gauge
gandi augaperlilonga
falli stredo enge fallo
planimepo regi tauta
aniselma kleri algo
feli auzo feni plomba
stani anzug dlauri tosko
pauni pauni ebozandel
plauni plani kalle karnem
anzizaugo anizelmo
elma rega falli stronga
feli zartan angri kolla
kasi auto stani meez
fleni ballo kari mandol

ine flane wäre bro
brani plemo andri zallo kalli
wasso paula zinn
pali banze ergo kantor
stante kiram stane pro
alti wendi keri mason
pale bingo erig zud
klari brango weri zaugle
pflariz amin dalle wo
plane plane warke zerem
lalli mauto ani zamm
krani fessi ulti brodo
weri auzo klani barg
schrodo grossi range wufo
wedi wanza ande bal
stanze ruode quari kassa
poki lustro wrade gaz
indi grafl enzi aursaf
stani porda irze flod
öde parne ide kauza stari anka
wade wo
anke anke molli kausa
prande uzin quade ro
strani wega klarì`austa
franzi prauda ware mo
proni pradul aske maufa
schwilze kimmon pare kres
ento lerma krane wildis
stire auzad flare mi
bide laustad wantil prausek
stari alla stari wendo
per in kaural flendi rauso
funge skari flantero

Il faut, bien entendu, élever d'abord statue à mon ancêtre, Aménophis ou Bonboko Lemaître, l'enfant génial qui inventa cette comptine presque lettriste[1] et immortelle qu'est *Am Stram Gram Pic et Pic et Colegram*. Au seuil de cet âge d'or de la formulette[2] que sera la comptine lettriste, nous devons planter un socle à son chiffre, ou plutôt un obélisque à son hiéroglyphe. |Un bref salut à toute l'histoire de la cache, de la ronde, rime, kyrielle et autres formulettes et nous en aurons fini, ouf ! avec la partie archéologique sur laquelle tout lettriste de bon ton se doit de plateformer son manifeste. |Bon, je vous accorde que les surréa zôssi, et les autres, vlan !, ont fait de la formulette, et Soupault, le radionaute, qui a, ran tan plan, battu le rappel de la comptine mondiale. |Mais enfin, Messieurs, un peu d'pudeur, zêtes pas des nenfants ! Même qu'on vous trouve dans les belles histoires de la littérature ! |Les gosses, c'est nous, les vrais Bour et bour et ratatam, pas vrai ? Et pis c'est pas fini ! |Je demande naturellement qu'on déforme le plus possible mes comptines, qu'on en donne des variantes, qu'on leur fasse subir des déformations dialectales, sinon dialectiques, en un mot (quelle horreur !) qu'on me trouve du génie malgré moi, que je me fonde, me disparaisse, m'améliore, me phonétise à plaisir dans l'usage de la marelle, et des gendarmes, et des voleurs. |Mais qu'on me garde, taratata taratata, mon arc de triomphe (l'arc à momo !) comme le preux de la formulette lettriste. Ne serait-ce le preux de la formulette lettriste. Ne serait-ce que pour faire la nikazizou ! |(Parce que vous pensez bien que, pas bête, la guêpe ! J' vous ai pas attendu pour y aller vers la comptine dada, jazzique, infinitésimale, et le reste !) |[1] Dans sa version intégrale, elle contient encore des vers à mots, quelle pourrie turne ! |[2] Un historique récent de la formulette (terme général qui englobe la formulette d'élimination qu'est la comptine) se trouve dans un recueil de Comptines de langue française publié sous la direction de Philippe Soupault (Comptines de langue française, recueillies et commentées par J. Baucomont, F. Guibat, Tante Lucile, R. Pinon et Ph. Soupault. Paris, Seghers 1962).

Maurice Lemaître: Manifeste pour une formulette donc une comptine lettriste, in: Bizarre. Paris 1964, Nr. 32-33, S. 133f. ||Maurice Lemaître: Comptine ciselante, in: Bizarre. Paris 1964, Nr. 32-33, S. 134.

br sr kr z k rkft
br zr gr s v vgrt
rkft tfkr vgrt trgv
z v br !

Ma
uri
ce
Le
ma
ître

Ich selbst bin vor kurzem auf eine schmale Broschüre aus dem Jahr 1909 mit dem Titel *Silbenreihen für Gedächtnisversuche nach Müller-Schumann* gestoßen; die hier dokumentierten psychologischen Versuche sind im Vorfeld des Lautgedichts insofern von Bedeutung, als zu experimentellen Kontrollen antisemantische Silbenreihen benutzt werden. Im Vorwort des Herausgebers lesen wir: |«Die Reihen sind 12silbig, die Silben sind vom Typus >lap<, das soll heißen: am Anfang und Ende steht ein Konsonant, in der Mitte ein Vokal (Diphtong). Schwer auszusprechende Silben (wie scheusch) sind vermieden. Jeder Anfangs-, jeder Endkonsonant und jeder Vokal kommt in einer Reihe nur einmal vor. Zwei aufeinanderfolgende Silben bilden nie buchstäblich ein zusammengesetztes Wort (weib-lich) oder eine Phrase (gib-mir). Die Silben eines zweiteiligen Taktes beginnen und endigen nie mit dem gleichen Konsonanten (kom-ruk); ebenso ist eine Zusammenstellung vom Typus ruk-kom vermieden. Endlich wiederholt sich eine Silbe frühestens nach 40 Reihen; rechnet man also 4 Reihen für den Versuchstag, so kommt innerhalb 10 Tagen nie dieselbe Silbe zweimal vor.»

Karl Riha: Übers Lautgedicht, in: Da Dada da war ist Dada da. Aufsätze und Dokumente. München, Wien: Carl Hanser Verlag 1980, S. 186. ||Silbenreihen für Gedächtnisversuche nach Müller-Schumann. Hrsg. von Hans Rupp, Naumburg 1909, o. S.

jom näk / gör / schaup / fit / wal / keif / taas / zeuch / hun / resch / müz

Ge
däc
htn
isv
ers
uc
he

Pronounce each of the following difficult combinations of syllables five or six times without any superfluous motion of the articulating organs. Vary the accents and tones.

Alexander Melville Bell: Oral Gymnastics, in: Imagining Language. An Anthology. Edited by Jed Rasula and Steve McCaffery. Cambridge, Massachusetts; London, England: The MIT Press 1998, S. 99f.

ip it, ip ik, it ik, it ip, ik it, ik ip.
ip it ip, ip ik ip, it ik it, it ip it, ik it ik, ik ip ik.
ip it ik, ip ik it, it ip ik, it ik ip, ik it ip, ik ip it.
ip it it ip, ip ik ik ip, it ik ik it, it ip ip it, ik it it ik, ik ip ip ik.

ip if, if ip, it ith, ith it, if ith, ith if.
ip if ip, if ip if, it ith it, ith it ith, if ith if, ith if ith.
ip if if ip, if ip ip if, it ith ith it, ith it it ith, if ith ith if, ith if if ith.

ith iss, iss ith, ith ish, ish ith, iss ish, ish iss.
ith iss ith, iss ith iss, ith ish ith, ish ith ish, iss ish iss, ish iss ish.
ith iss ish, ith ish iss, iss ith ish, iss ish ith, ish iss ith, ish ith iss.
ith iss iss ith, iss ith ith iss, ith ish ish ith, ish ith ith ish, iss ish ish iss, ish iss iss ish.

im in, in im, in ing, ing in, im ing, ing im.
im in im, in im in, in ing in, ing in ing, im ing im, ing im ing.
im in ing, im ing in, in im ing, in ing im, ing in im, ing im in.
im in in im, in im im in, in ing ing in, ing in in ing, im ing ing im, ing im im ing.

in il, il in, ib iv, iv ib, im iv, iv im.
in il in, il in il, ib iv ib, iv ib iv, im iv im, iv im iv.
in il il in, il in in il, ib iv iv ib, iv ib ib iv, im iv iv im, iv im im iv.

ve we, we ve, re le, le re, re ne, ne re.
ve we ve, we ve we, re le re, le re le, re ne re, ne re ne.
re le ne, re ne le, le re ne, le ne re, ne le re, ne re le.
ve we we ve, we ve ve we, re le le re, le re re le, re ne ne re, ne re re ne.

pip tit, pip kik, tit pip, tit kik, kik tit, kik pip.
pit kit, pik tik, tip kip, tik pik, kit pit, kip tip.
pit pik, pik pit, tip tik, tik tip, kit kip, kip kit.

thith sis, thith shish, sis thith, sis shish, shish sis, shish thith.
this shis, thish sish, sith shith, sish thish, shis this, shith sith.
this thish, thish this, sith sish, sish sith, shith shis, shis shith.

lil nin, nin lil, mim nin, nin mim, min lin, lin min.
rin lin, lin rin, nil ril, ril nil, rin ril, ril rin.
nirrin linnil, nirril rinnil, rillin lirrin, nillin lirril.

48 ||Kroklok. London 1971, Nr. 2, S. 52.

Ten tongue-tied tailors twisted tinted thistles with their teeth.
If ten tongue-tied tailors twisted tinted thistles with their teeth,
Who tinted the tinted thistles that the ten tongue-tied tailors twisted?

She is a thistle-sifter and she has a sieve of sifted thistles and a sieve of unsifted thistles and the sieve of unsifted thistles she sieves into the sieve of sifted thistles because she is a thistle-sifter.

Theophilus Thistlewaite,
The unsuccessful thistle-sifter,
Thrust three thousand thistles
Through the thick of his thumb
When sifting a sieve of unsifted thistles.

On two thousand acres too tangled for tilling,
Where thousands of thorn trees grew thrifty & thrilling,
Theophilus Twistle, less thrifty than some,
Thrust three thousand thistles through the thick of his thumb.

If Timothy Theophilus Thistlewaite Thackham thrust his two thick thumbs through three hundred and thirty-three thousand three hundred and thirty-three thick and thin thistles,
Where are the three hundred and thirty-three thousand three hundred and thirty-three thick and thin thistles that Timothy Theophilus Thistlewaite Thackham thrust his two thick thumbs through?

50 ||Mitgeteilt von Eva Dörfl-Divet, Fürth, im Französischunterricht verwendet.

Si six scies scient six cigares, cent six scies scient cent six cigares.

Les Athéniens atteignirent Athènes.
Athènes atteinte, les Athéniens s'éteignirent.

Sachant que la sagesse n'échoit jamais à ceux qui la cherchent,
ne joue jamais à l'ange car ce serait ta déchéance.

Pauvre crapaud ! Du bord de l'eau, pauvre crapaud, tu n'es pas beau,
et quand il fait chaud, tu as le cœur gros, alors tu patauges dans le ruisseau.
Pauvre crapaud, tu chantes faux. Pauvre crapaud, tu chantes trop !

Méfiez-vous des finauds
et fiez-vous aux faibles d'esprit,
les flatteurs sont faux et les fous sont francs.

Que de soleil à mon réveil,
disait l'abeille posée sur la treille aux grappes vermeilles.
C'est merveilleux !

Jus de la treille, liqueur vermeille,
que de merveilles tu éveilles
dans nos esprits ensoleillés.

Grillons et papillons, à millions,
grouillent et brillent dans nos sillons.

Tas de riz, tas de rats.
Tas de riz tentant. Tas de rats tentés.
Tas de riz tentant tenta tas de rats tentés.
Tas de rats tentés tâta tas de riz tentant.

52

(s stets stimmhaft aussprechen)

||H. G. Adler: sauigel (London, ohne Datum). Originalbeitrag.

1

s-s-s-s-s-s-s-s-s-s-s-s-s-s-s-s-s-s
s s s s s s s s s s s s s s s s s s
s   s   s   s   s   s   s   s   s   s   s   s
s-s-s   s-s   s   si   sa   su
sa saui sa saui sui sa sa sasa sasal
saul aul ul lau laus lause saule saul
sasasasasasasasasasa sa sa   sa   sa
sui sui ui sui su su   su   su   uis
sui sui su su si si su si su se suse
su si su si su si   susi susi usis usi
sauge auge auge sauge sauge auge
sage age sage age sage age sage sage

suige uige sui suige uige sui uige ige ui
igel augel uigel   aigel augel igel
augel agel agel augel   su su ugel
auge sag sag auge saug auge aug sauge
esau aug is   aug is esau   is aug esau
saul esau   lau egal   gisa sai sei
aug ig es   aug ig es   saug sig sel
sigel siegel   agel sagel augel saugel
aug ig es   saug sig sel   eslga aglse
elga elgas lage   selage esagel   alge
saul aul ul ugel gel lug als gals

iau i-au iau i-au iau   i-au   i-au
au lau au lau   al sal als las au lau
iu ui iu-ui i-u-u-u-i su sa
gelsa esla ela gela gesla gasle gasel
a-a-a-a-a u-u-u-u-u i-i-i-i-i e-e-e-e-e
gaus aus gaus aus ausel gausel gausel ausel
luge ugel augel   ugel   gel el l l-l-l
g-g-g-g-g-g-g-g-g-g-g-g-g-g-g-g-g-g
uil iel uil iel   suil siel uils iels
sesesesesesesesesesesesesesesesesese
lige lause luse legi   u-u-u-u-u
lues seul sula lasu lase ase gase
igel saui   sigel aui   saui igel

ausi gusel gisle   gusel ausi lausi
lausi laise lausi   isel lusi lausi
asel usel esal isal isel isela gisela
gisela isela   gisela gisela   isela gisela
lasi sali sila lisa   sa-il a-il isal

egi ige gei gie   ige egi egi legi
l   l   l   l   l   l   l   l   l   l   l   l
ll ll ll ll ll ll ll ll ll ll ll
l-l-l-l-l-l-l-l-l-l-l-l-l-l-l-l-l
lilililililililililililililililililili
lulululululululululululululululu
lalalalalalalalalalalalalalalala
lelelelelelelelelelelelelelelele
ego lego legi gogo gigi ego ego ego

2
elelelelelelelelelelelelelelelelelel
alalalalalalalalalalalalalalalalal
ulululululululululululululululul
ilililililililililililililililililil
l-l-l-l-l-l-l-l-l-l-l-l-l-l-l-l-l-l-l
ll ll ll ll ll ll ll ll ll ll ll
l l l l l l l l l l l l
e-e-e-e-e-e ego ego ego
ego l go legi golo gali ego-ego-ego
elgelelgelelgelelgelelgelelgelelgelel
gelgelgelgel gelgelgelgel gelgelgelgel
elias seila lias eila elisa sila
elia seil lia eil ias ila eila seil
selia eisu selia eisu selia eisu
glaus glisa glis glas gles glus
glus gles glas glis glisa glaus
ausel usel gausel gus l glausel glusel
u-u-u-u-u-u-u-u-u-u-u-u-u-u-u-u-u-u
u u u u u u u u u u u u u u u u u u
u e u e u e u e u e u e u e u e u e u
e i e i e i e i e i e i e i e i e
ia galu ia gali ia lau ia salu

igal us igal use igal use igal
sa elelel sasasasa elelel salu
lu sasasa guiguigui sasasa lu
lui le la la le lui lui le la
sag elas ius sug ias ius sag lias ius
sga sui gsa uis s a sui ags usi
sagel ulsa agel sulga gusal aseg
saugel augel suigel uigel saugel suigel
sel sel sel sl sl sl sel sel sel sl sl sl
sl sl sl sl sl sl sl sl sl sl sl
ae ae ae ae ae ae ae ae ae ae ae
ug slug ug slug ug slug ug slug ug
i i i i i i i i i i i i i i i i i
i-i-i-i-i-i-i-i-i-i-i-i-i-i-i-i-i-i
i s i s i s i s i s i s i s i s i s i s

uli eli suli segi ugi egi usi esi
segi sagel silge salge egli agli

sa sa la sa sa sa la sa sa sa
sa au ui es ia ei ua ue ai eu ai sasasa
gau au lau gaul sauge auge lauge
au gau au gau au gau au gau au gau au
e-e-e-e-e-e-e-e-e-e-e-e-e-e-e-e-e-e
a-a-a-a i a-a-a-a-i a-a-a-a i
e-e-e-e i e-e-e-e-i e-e-e-e i
u-u-u-u i u-u-u-u-i u-u-u-u i
i-i-i-i - i-i-i-i-e i-i-i-i e
i-i-i-i u i-i-i-i u i-i-i-i u
iaue iaue iaue iaue iaue iaue
aue iaue aue iaue aue iaue aue iaue
ieu eu iu eu ieu iu ieu uea eau

3

siaue sieu sieu siaue sieu siaue
giaue gieu giaue gieu gieu giaue
g g gul g g gul g g gul gul
el gel el gel els gels es gel es gel
ige igel ige igel ige igel ige
uige uige uigel uige uigel uige
auig auige suig ui gel auig uigel
auigel sauigel auigel sauigel
saug saug aug saug aug aug aus
aug aus laug laus lus lug les lis
sug lig sig sal sel sla slu sli
slslslslslslslslslslslslslslsls
s l s l s l s l s l s l s l s l
s-sl s-sl s-sl s-sl s-sl s-sl s-sl
s-s-s-sl s-s-s-sl s-s-s-sl s-s-s-sl

legiuas legiuas auuigel legiuas legiuas
uas legi uas legi uas legi uas
legisa segilau uas legi seiglau legisau
au au au au au au au
a a a a a a a a a
aa aa aa aa aa aa aa aa aa aa aa
agsuel sueliga igusela galsiue asigelu
elsa guisa elsa guia suia elsa guia
sua? suia? sage? segel! sige! sigel!
sela sela saugel s la sela sela

Abrakadabra

||Anonymus: Regenlied, in: Technicians of the Sacred. A Range of Poetries from Africa, America, Asia, & Oceania. Edited with Commentaries by Jerome Rothenberg. Garden City, New York: Anchor Books, Doubleday & Company 1969, S. 8.

Dad a da da
Dad a da da
Dad a da da
Da kata kai

Ded o ded o
Ded o ded o
Ded o ded o
Da kata kai

Re
gen
lie
d

||Navaho «coyote song», in: Technicians of the Sacred. A Range of Poetries from Africa, America, Asia, & Oceania. Edited with Commentaries by Jerome Rothenberg. Garden City, New York: Anchor Books, Doubleday & Company 1969, S. 8.

heya heya heya·a yo·ho· yo·ho· yo·ho· yaha hahe·ya·an
ha·yahe· ha·wena
yo·ho· yo·ho· yaha hahe·ya·an
ha·yahe· ha·wena
he·yo· wena hahe·yahan
ha·yahe· ha·wena
he·yo· wena hahe·ya·han
he he he he·yo
he·yo· wena hahe·yahan
he he he he·yo
he·yo· howo· heyo
wana heya heya

coy
ote
son
g

||Bill Bissett: yaji yaji (aus: «MEDICINE my mouths on fire», Oberon Press 1974), in: Beyond Even Faithful Legends. Selected Poems 1962-1976. Vancouver: Talonbooks 1980, S. 87.

yaji yaji yaji yu kaneee anjaneeee yakoooo yangee eee
eeeeeeeeeeeeeeeee oooooooooooooon yaaaaaa eeeeookaa
aaaaaaaaaaneeeeeeeeeeeeeeeeee uskooooo eeeaanji anji
yaji yaji yaji yaji yananji yanaaaaaanjeeee eeekooooo
eeeekuuuuuuu eeeeeeeeekuuuuu eku eku eku ya eku yaa
cheeunfantu cheeanfantu yaskeee yaskee uuuuooonaaanji
yanukuu yaanuuakuu yanuuankuuaanji yanuuaankooanjiiio
anjio anjio anjeeooo anjeeee yaskoo yasku angeeeeanji
ananananananan aaaaaahuhuhuhuahuahuahuahuahua yanskii
yaji yaji yaji yaji yu kaneee anjanee yakooo yangeeee
eeeeeeeeeeeeeeeeeeeeeeeeeeeeeeeeeeeeeeeeeeeeeeeeeeeee
eeeeeeeeeeeeeeeeeeeeeeeeeeeeeeeeeeeeeeeeeeeeeeeeeeeee
eeeeeeeeeeeeeeeeeeeeeeeeeeeeeeeeeeeeeeeeeeeeeeeeeeeee
eeeeeeeeeeeeeeeeeeeeeeeeeeeeeeeeeeeeeeeeeeeeeeeeeeeee
yaaaakuuuuaneeeee yaaaakuuuuaneee aji aji aji aji key
aaaaaaaaaaaaaaaaaaaaaneeeeee aneeee aaaneeee anookee
anooikeeeeee anoookeeeaya ayaa ayaaa ayaa ayyyaaaaaaa
aaaaaaaaaaaaaaaaaaaaaaaaaaaaaaaaaaaaaaaaaaaaaaaaaaaaa
aaaaaaaaaaaaaaaaaaaaaaaaaaaaaaaaaaaaaaaaaaaaaaaaaaaaa
aaaaaaaaaaaaaaaaaaaaaaaaaaaaaaaaaaaaaaaaaaaaaaaaaaaaa
noikeeayaajindeee anoikeeyaajindeeee jindeee jindeee
jindeee jindeee jindeee jindeee jindeee jindeee jinde
eeeee aji aji aji eeeeeooooaaaoaaaoooaaaooooaaaoooaaa
aaaaaaa anoikeeeyaajindeee anoikeeeyaajindeee anoikee
yaaajindeee anoikeeeyajindeee anoikeeeyajindeee anoia
aaaa anoiaaayaaakeeeyaaajindeee ajindee ajindeee huuu
uuuuaaaani huuuaaani aneeeeejindeee anoikeeyaajinde
eeee kanuuu kannuuuu kaaanuuu jakuuu kanuuu jakuu kan
uuu kanuuu kaaanuuu jakuuu kanuuu jakuuu kanuuu jakuu
kanuuuu kuaanji kuanji kuaanji kuaanjiii kuaanjiii ye
eeeee aaaango yeeen yeeen yeeen aaaaan go guancheeeee
cheeanji kuaaanfusko ko ko ko yeeeeeeeeee anjeeee yaa
neeeeena neeenaaa neeenaaa neeenaaa neeeenaa neeeenaa
neeeenaaa neeeenaaa neeeeenaaa neeeeenaaaa neeeenaaaa
funduuchakali funduchali funduchakali funduchakali oe
eeeeeeeeeeeenaaaanjiiianjeeeeaaangeee anoikaliendeene
eeeeeeeeeeeeeenaaaaaaaaa ooooooo yakuuuu yaaaaaakuuune
eeeanji angeeeeee anji anji anji anji anji anji anjio
kaaantuanchudali chunaneeeyoantali chunkantuonyeental
io eeeeooo eeeeeeooooo jakuuuu yakuuuu jeeeanjiundaa
aaaaaaaleeee ali aliunchukuantali anoikeeyaaaajindeee
eeeooonaaakooo eeeoooonaaaaakoooo eeeeooooonaaaakooaa
kuua kuuuuaaaa eeeeooonaaaakuuuuaaaa ji ji aneeeeeeuk

Bill
Bis
sett

Im IV. Buche der *Pistis Sophia* findet sich folgende Schilderung eines gottesdienstlichen Aktes: Jesus steht am Altar, um ihn herum seine Jünger in weißen Gewändern. Eine große Offenbarung bereitet sich vor. Jesus ruft seinen Gott an: «Erhöre mich, mein Vater, du Vater aller Vaterschaft, du unendliches Licht». Dann bricht er in folgende Zauberklänge und Worte aus: aeä iuo iao aoi oia psinoter ternops nopsiter zagura pagura netmomaoth nepsiomaoth marachachta tobarabbau tarnachachau zorokotora ieoü sabaoth. – Derartige Lautgebilde sind mehr oder weniger in allen magischen Texten zu finden (vgl. Dieterich, *Eine Mithrasliturgie*, Leipzig 1903, Text und Untersuchung S. 1-21). Götter- und Engelnamen sind in eine Wort- und Vokal-Alchimie hineingezogen, die sich ursprünglich wohl auf die Körper- und Seelenzergliederung des Liturgen und Mysten bezog. Man könnte von einer magischen Form der Analyse und Askese sprechen.

Hugo Ball: [Auszug aus der Anmerkung Nr. 23], in: Byzantinisches Christentum. Drei Heiligenleben. München und Leipzig: Duncker & Humblot 1923, S. 146. ||Wolfgang Schulz: Dokumente der Gnosis (1910), zitiert nach: Imagining Language. An Anthology. Edited by Jed Rasula and Steve McCaffery. Cambridge, Massachusetts; London, England: The MIT Press 1998, S. 108.

DANUP CHRANTOR BERBALIBARBITHI IAO
ABORCHBAO CHRAMMAOTH PROARBATH IAO
AAA EEE OOO SABAOTH ARBATH IAO ZAGURE
ANOK BIATHIARBARBERBIRSILATUBUPHRUMTROM
THORIOBRITITAMMAORAGGADRIOIRDAGGAROAMMATITIRBOIROTH

Höher hinauf stieg alles alles versank in der Höhe |große Pupillen drehen sich rasselnd auf den Galerien aus Zedernholz |in meinem Atem wandern die Tannenbäume wie Staukörner |Drehorgelklang fällt aus dem Maul der Elephanten in der Nacht jemand schrie aber um die elfte Stunde: hebet die Röcke schüttet die Hosen aus nehmet die Kesselpauke aus dem Kniegelenk laßt fallen die Kaffeetassen von der Höhe der Brust |OJOHO OJOHO aus den Kloaken krochen die Heere der jungen Seekühe |alles zerbrach um den Mond hier aber saßen die ausgestopften Vögel auf langen Messingstangen |alles zerflatterte und aus der Purpurlaube stieg der Donnerschlag |o höret mein Gebet ihr Steißjungfern und Rattenfänger |o höret mein Gebet ihr Masseusen und Seeigel die ihr auf der Spitze der Fontänen reitet in der Pracht eurer Gewänder |die Mandarinen sind da und haben ihr Fett zum Trocknen aufgehängt |o haibjukutuolamaturrubsk zerripstipipp zerripstipipp |tallubolala tallubolala zerripstipippstipipp |denn von dem Tour Eiffel fallen die Pfarrer und Forsteleven in ihren rosenroten Uniformen |schweflige Dämpfe steigen aus den Kadavern die die Flüsse hinab schwimmen |alles wölbte sich hoch alles verlor seinen Sand und tanzte im Aeroplan |die schwarzen Stücke brechen aus dem Genick die Fülle spannet sich aus |das Schwarze spannet sich aus und singt das Singen spannet sich aus |tallubolala tallubolala o höret mein Gebet |sehet meinen Kehlkopf aus Glanzpapier und Bienenwachs |die zwölf Erschossenen umtanzen den Kuhhirten der taubstumm ist |zwischen meinen Schulterblättern wandert Tzara der Dichter Tzara der Dichter wandert mit Zylinder und Parapluie mit Parapluie und Zylinder wandert Tzara der Dichter |er wischt sich den Schweiß von seiner Stirn |er reißt sich den Lorbeerkranz von seinem Bein |o Tzara o o Embryo o Haupt voll Blut und Wunden

Richard Huelsenbeck: Das indianische Meer und die ganz rote Sonne, in: Phantastische Gebete. Zürich: Verlag Die Arche 1960, S. 28f. ||Richard Huelsenbeck: Chorus sanctus, in: Phantastische Gebete. Zürich: Verlag Die Arche 1960, S. 27.

a a o
u u o
ha dzk
ha haha

a e i
u u e
drrr bn
hihihi

i i i
u i e
obn br
lilili

o i i
a a i
buß bum
leiomen

Ric
har
d
Hu
els
en
bec
k

gebet ist ein frühes beispiel für eine lautkonstellation im strengen sinn der «konkreten poesie». der litaneiartig wiederholten vokalreihe a-a-u-e-e-o-i werden in freier folge verschiedene konsonanten vorangestellt, so dass sich kurze silben bilden. wenn sich alle möglichen zuordnungen (konsonant - vokal) realisiert haben, bleibt die vokalreihe wieder in reiner form zurück. der titel «gebet» spielt auf den meditativen charakter dieser lautkonstellation an. |der vortrag erfolgt in einem litaneiartig gedämpften sprechgesang innerhalb einer grossen terz. für die vokalzeile a a u gelten die töne c, e, es, für die zeile e e o i die töne d, d, h, cis (nach stimmlage zu transponieren). geatmet wird am besten nach jeder sechsten zeile (des abgesetzten teils). das tempo der beiden vorangestellten zeilen beträgt (von vokal zu vokal über das zeilenende hinweg) 138 (metronomwert), das aller weiteren 160.

Gerhard Rühm: Botschaft an die Zukunft. Gesammelte Sprechtexte. Reinbek bei Hamburg: Rowohlt 1988, S. 37. ||Gerhard Rühm: gebet (1954), in: Gesammelte Gedichte und visuelle Texte. Reinbek bei Hamburg: Rowohlt 1970, S. 52.

a a u
e e o i

a da hu
e de bo i
da ha u
de e do bi
ba ba u
be be o ni
na a bu
me he so mi
ma ma su
e ne so ji
sa sa ju
je e ho di
ga ja gu
e ge do i
a na nu
ne he go gi
wa da du
we we o wi
sa ha wu
e se mo hi
a sa hu
me me wo i
na na mu
se de no si
a na u
e de jo i
a a nu
e de o i
a a u
e e o i

Ge
rha
rd
Rü
hm

Der Teufel als Affe Gottes (simia dei) und der Engel, als Nachäffer des Heiligen, Liturgischen, sind dem ganzen Mittelalter geläufig. Dieser simia-Charakter bezieht sich in besonderem Maße auf Musik, Gesang und klangliche Äußerungen jeder Art. Die Teufel ahmen die himmlische, mitunter auch die irdische Liturgie nach. |In den Miracles de Ste. Geneviève (15. Jh.) parodieren die Teufel das Sanctus der Engel: Sanz-tu, … |Besonders beliebt sind im Munde der Teufel pseudolateinische Sätze und Verse. Luzifer spricht zu seinen Teufeln, bevor sie auf Seelenfang ausziehen: Incafatus pratus, … |Einen ähnlichen Segen erteilt Luzifer den ausziehenden Teufeln im Spiel von Frau Jutten: Olleid molleid prapil crapil morad …

Reinhold Hammerstein: Die Musik der Engel. Untersuchungen zur Musikanschauung des Mittelalters. München und Bern: Francke 1962, S. 106f.

Sanz-tu, sanz-tu, sanz-tu
menus dansaboth.

Incafatus pratus, vultus chůsultus,
spentus rimentus, horante corante,
mulsus molsus, schibuntus truncus,
hanglanko langko, polfortus stortus,
schygo ertrigo, räkus protäkus,
propdesancus, ein teufel haiszt lankus!
das sind de teuflischen wort,
die ir oft habt von mir gehort.

Olleid molleid prapil crapil morad
sorut lichat michat merum serum rophat
das sint alles verborgene wort
die ihr nie von mir habt gehort
damit sey vber euch mein fried geleyt.
nu fart hin vnd seid gemeyt.

Ohr- und Herzzerreissende symbolisch-magische Bann-Runen, die mit immer verstärkterem heulendem Geschrei mehrmals wiederholt wurden, und denen man die Kraft zutraute, daß sie die beschützenden Dämonen besänftigen, die verderbenden verscheuchen würden.

Georg Conrad Horst: Zauber-Bibliothek. 3. Teil. Mainz: Florian Kupferberg 1822, S. 66 und 90.

Osola mica rama lamahi
Volase cala maja mira salame
Viemisa molasola Rama Afasala
Mirahel Zorabeli Assaja

Za
ub
ers
prü
che

Bedü, Zaps, Chthon, Plectron, Sphinx, Knaxzbi, Chthüptäs, Phlegmos, Dro-o-ops!!!

74

||Friedrich Wilhelm Weiskern, Johann H. F. Müller und Johann Andreas Schachtner: Auszug aus dem Libretto zu: Bastien und Bastienne. Singspiel in einem Akt. Musik: Wolfgang Amadeus Mozart. KV 50. In: Wolfgang Amadeus Mozart: Neue Ausgabe sämtlicher Werke. Serie II. Bühnenwerke 5. Band 3: Bastien und Bastienne. Kassel u.a. Orte: Bärenreiter-Verlag 1974, S. 42-44.

Dialog

Colas [ein vermeintlicher Zauberer] |Möglich! Trotzdem hat sie bereits ...
Bastien |... einen anderen? Um Himmelswillen! Woher weißt du das?
Colas |Aus meiner Kunst!
Bastien |Aus deiner Kunst?
Colas |Jawohl! aus meiner Kunst!
Bastien |Ich bin so unglücklich, lieber Colas! Geh! Gibt's denn gar kein Mittel, meine kleine Bastienne wieder zu gewinnen?
Colas |Einen Augenblick! Ich will einmal mein Zauberbuch befragen.

Nr. 10 Arie

Colas

Diggi, daggi,
schurry, murry,
horum, harum,
lirum, larum,
raudi, maudi,
giri, gari,
posito,
besti, basti,
saron froh,
fatto, matto,
quid pro quo.

Dialog

Bastien |Ist die Hexerei zu Ende?
Colas |Ja, tritt nur näher! Tröste dich! Du wirst deine Schäferin wiedersehen.
Bastien |Aber darf ich sie auch anrühren?

||Paul Scheerbart: Die Prinzessin Rona. Ein Märchen. In: Na Prost! Phantastischer Königsroman. Berlin und Leipzig 1898. Zitiert nach: Paul Scheerbart: Na Prost! Phantastischer Königsroman. Herausgegeben und mit einem Nachwort versehen von Michael Matthias Schardt. Siegen: Affholderbach & Strohmann 1987, S. 56-63.

Die Nacht war still, und der Springbrunn plätscherte. Die blanken Sterne funkelten, die Rosenhecken dufteten, der weiße Kies auf den Fußwegen des großen Gartens leuchtete, die Palmen und Sykomoren standen ganz ruhig da ... Doch plötzlich knirschte der Kies – es kam wer – – und ein grüner Papagei rief krächzend «Siehst du mich? Siehst du mich?»

|«Ich sehe dich», sagte die Prinzessin Rona – denn sie wars, unter deren Fuß der Kies plötzlich knirschte – und der grüne Papagei flog auf den Rand des Wasserbeckens, in dem der Springbrunn plätscherte. – – – |Da kam der junge Gärtner mit den blauen Augen, sank vor der Prinzessin Rona selig auf ein Knie – und küßte der hohen Herrin ehrfürchtig die schmale gelbe Hand. |Und indische Blumen dufteten durchs Gebüsch – und indische Brillanten funkelten in Ronas schwarzen Haaren, und indische Liebesworte drangen geflüstert in die stille Nacht hinaus. Ganz fern im Hintergrunde lag der Palast des großen indischen Königs, der der Vater der Rona war. |Der Papagei rief wieder: «Siehst du mich ?» – aber Niemand sah ihn. |Der Springbrunn plätscherte. Und nach einer längeren Weile küßte die Prinzessin ihrem jungen Gärtner abermals auf die Stirn und sprach dabei so wie im Traum: «Sieh nur, wie hübsch blank da drüben über den Sykomoren die Sterne funkeln.» |«Nanu», erwiderte der Gärtner, «warum sollen sie nicht funkeln; deine Augen, schöne Rona, funkeln doch auch.» |Da wiegte die Prinzessin ihren kleinen Kopf so nachdenklich hin und her, ihre mandelartigen braunen Augen strahlten auf, eine Verzückung überkam ihren ganzen Körper und dabei sagte sie: «Du, weißt du, ich möchte ein paar wirkliche Sterne in mein Haar stecken – verstehst du?»

|Der Gärtner ward sehr nachdenklich. |Er schwieg, Rona schwieg auch. |Der Springbrunn rauschte, und die aufspritzenden Wasser schienen höher zu spritzen als vorher. |Die blauen Augen des jungen Gärtners schauten nun forschend auf Ronas Stirn, in ihre kleinen Ohren, in ihre schwarzen Haare, in denen Brillanten funkelten. Diese Brillanten hob der Gärtner vorsichtig aus den schwarzen Haaren heraus, steckte die Steine in eine große weiße Lilie hinein und begann mit gedämpfter, zitternder Stimme also zu sprechen: |«O Rona, ich sitze hier mit dir zusammen auf dieser alten Granitbank, und du weißt nicht, wer an deiner Seite weilt – erschrick nicht und höre! Ich bin ein Zaubrer.» |«Aha», sagte die Prinzessin, «das hab' ich mir doch gleich gedacht. Du kannst mir also ein paar Sterne wirklich besorgen. Nicht? O tu's, ja, sieh, sei so gut, bitte, bitte, bitte – ich knie vor dir – sieh – bitte, bitte, bitte!» |Der Gärtner hob die Kniende auf und setzte sie auf seinen Schoß. Dann sprach er: «Kind, die Geschichte ist

**Pa
ul
Sch
eer
bar
t**

nicht so einfach wie du denkst. Zunächst sind die Sterne viel zu groß – sie sind ja viel größer als deines Vaters Gärten ... alle zusammen. Wenn du also wirklich – wirkliche Sterne in dein Haar stecken willst, so mußt du viel größer werden. Na – willst du nun, daß ich dich größer mache?» |«Ja, ja!» rief die Prinzessin Rona ganz laut, daß es schallte und daß der Papagei, der schon eingeschlafen war, wieder erwachte ... |«Komm, steh' auf, Rona, stell' dich hier hin, etwas weiter ab vom Springbrunn – du sollst größer werden.» |« Wirst du nicht auch größer?» fragte die Prinzessin, die schon sehr ungeduldig wurde. |«Nein», versetzte der Zauberer ganz kalt, «ich kann wohl Andre größer machen, mich selbst aber kann ich nicht größer machen. Nun sei still und höre zu, ich werde den Zauberspruch hersagen – warte!» |Nach einer großen Pause ward die Stimme des Zauberers abermals zu hören, sie sprach laut und deutlich:

«Osimânu! Asimênu!
Heterâpa kisolê.
Osimânu! Irawîra:
Lisikéte kisolê.
Osimânu!»

Und darauf ward die Prinzessin Rona immer größer und größer. |Der Papagei sah das und rief krächzend: «Siehst du mich? Siehst du mich?» Aber die Rona sah ihn nicht mehr, denn sie stak schon viel viel höher in der Luft als ihres Vaters Sternwarte. |Bald war die Rona den Sternen ganz nahe; doch wie sie so wuchs – wuchsen auch ihre Füße – die bald so groß waren, daß sie den halben und schließlich den ganzen Garten bedeckten – wobei natürlich alle Bäume und Sträucher ganz und gar entzwei gedrückt wurden. Der Zaubrer lag auf dem großen Zeh seiner Geliebten und dachte nach – er dachte nach über die Eitelkeit der Welt ... |Endlich konnte die Prinzessin ein paar Sterne vom Himmel herunterreißen, sie freute sich an dem Glanz der Sterne und steckte dieselben rasch in ihr schwarzes Haar. |Aber dann – darauf – ja – da fehlte der großen Rona was. |«Nanu», rief sie laut, daß alle Himmel dröhnten und donnerten, «die Geschichte wird gut, ich habe ja, ich habe ja – keinen Spiegel.» |Der Zaubrer auf ihrem großen Zeh hörte – das – und kicherte. Der Papagei rief immerfort: «Siehst du mich? Siehst du mich?» und er flatterte über Ronas große Sandalenriemen hinüber nach Ronas Hacke. Der Papagei flog sehr lange, denn der Prinzessin Fuß war ungeheuer groß. |Rona nahm den Mond in die Hand und wollte ihn putzen, doch er blieb blind – in den weiten Himmelsräumen war kein einziger Spiegel zu entdecken. |Die Prinzessin ward aber schließlich sehr ungeduldig, sie stampfte mit dem Fuße, daß der Zaubrer von ihrem Zeh herunterfiel und daß der ganze Garten gräßlich verwüstet wurde. Die Prinzessin riß sich wütend die Sterne aus den Haaren heraus und schmiß sie in die stille Nacht hinein und dröhnend und donnernd rief sie hinab: «Mach mich wieder klein! Mach mich wieder klein!» Der Papagei rief wieder: «Siehst du mich?» |Aber der Zaubrer bekam Angst, rieb seinen beim Fall zerschundenen Rücken und sprach bedächtig den Verkleinerungsspruch. |Die Stimme des Zaubrers sprach laut und deutlich:

«Luriwêpa selakárri,
Monosô! Monosô!
Luriwêpa kurirássu!
Monosô! Monosô!
Kurirássu!»

Darauf ward die Prinzessin wieder klein – aber der Zauberer war verschwunden – auch die Brillanten, die dieser in die weiße Lilie gesteckt, konnten nicht wieder aufgefunden werden. |Der große Garten war gräßlich verwüstet. Und der König, Ronas Vater, wunderte sich nicht wenig darüber, daß seine Tochter den ganzen Garten in einer einzigen Nacht zertrampelt hatte. Doch da der König ein guter Vater war, so ließ er den Garten wieder zurecht machen. Leider blieb des Königs Tochter, die Prinzessin Rona, seit jener Nacht sehr mürrisch, sie prügelte ihre Sklavinnen und war zu allen Menschen sehr böse – im Schlafe murmelte sie häufig: «Was hab' ich nun davon? Was hab' ich nun davon?»
|Im königlichen Palaste fand man des Morgens sehr häufig sämtliche Spiegel zerschlagen vor. |Indessen der grüne Papagei ward in dem zurechtgemachten neuen Garten noch viel älter. Der Vogel fürchtete sich nur vor der Prinzessin Rona, sonst war er ganz zahm. |Als der Papagei zum letzten Male rief: «Siehst du mich?», da sah ihn nur ein grauer Kater, der das alte Tier zerfleischte, rupfte und ruhig auffraß.

Die innere Sprache |In ihrem halbwachen Zustande sprach Frau H. (d. i. Friederike Hauffe, d. H.) öfters eine Sprache, die einer orientalischen Sprache ähnlich zu seyn schien. Sie sagte im halbschlafwachen Zustande, diese Sprache liege von Natur in ihr, und es sey eine Sprache, ähnlich der, die zu Zeiten Jakobs gesprochen worden, in jedem Menschen liege eine ähnliche Sprache. |Sie sagte öfters: in dieser Sprache könnte sie ihre innersten Gefühle ganz ausdrücken, und sie müsse, wenn sie etwas deutsch sagen wolle, es erst aus dieser ihrer innern Sprache übertragen; sie denke diese Sprache aber nicht mit dem Kopfe, sie komme eben so aus ihr hervor, es sey keine Sprache des Kopfes, sondern eine des innern Lebens, das von der Herzgrube ausgehe.

Justinus Kerner: Die Seherin von Prevorst. Eröffnungen über das innere Leben des Menschen und über das Hereinragen einer Geisterwelt in die unsere. Dritte Auflage. Stuttgart, Tübingen: J. G. Cotta'sche Buchhandlung 1838, S. 176f. ||Glossolalie, in: Theodor Spoerri: Ekstatische Rede und Glossolalie, in: Bibliotheca Psychiatrica et Neurologica. Basel, New York: Karger 1968, Nr. 134: Beiträge zur Ekstase, S. 149.

… ich habe Ihnen das ja schon oft gesagt, Herr Doktor, ich kann ja man ja rimenja, jorieton soro poscha kajoramatschala dabala jata, kanjoremenda nekeschekredojamataja, mrekredo kalaju tswitekju rininamajatalaman, amemoramamedetschi drano lobroschenkro ebenojuri nanjeprikalabadja. Onobusche danulumana nadropa, hab ich nie gesprochen, allo romone, alles von meinem himmlischen Vater, er spricht durch meinen Mund.

**Glo
sso
lali
e**

[1] **sh = weiches sch (wie j in Journal)**

82 ||Max Dessoir: Vom Jenseits der Seele. Die Geheimwissenschaften in kritischer Betrachtung. Stuttgart: Ferdinand Enke 1931, 6., neu bearbeitete Aufl., S. 22.

biloscha moscha morischena warasdo
moruschöno kamorné
horia schombara horia schombarshe [1)]
nuworadonu keruschè morosino
horoscho moroscha mosoraschno noboreno
        Allah, Allah, Allah.
sareno moroscheno horoschno horoschno horoschin
horigo hora horoshno
morio horoschno saghemane
moroscheno homone
horescho horoshno horoshno homosaro scheno
        Allah, Allah, Allah.
sareno howasche klemone horaschi
kemone sarasdo morioschono
Allah semuriono horos de kimoni
wosch(e) no horio homone.
        Allah, Allah, Allo soreno.

84

||Zungenrede eines Irvingianers, in: Emile Lombard: Essai d'une classification des phénomènes de glossolalie, in: Archives de Psychologie. Genf 1907, Bd. 7, Juli, S. 21. |||Albert Le Baron: A Case of Psychic Automatism, including «Speaking with Tongues», in: Proceedings of the Society for Psychical Research. London 1897, Vol. 12, Part 31, S. 294.

Hippo-gerosto hippos booros senoote
Foorime oorin hoopo tanto noostin
Noorastin niparos hipanos bantos boorin
O Pinitos eleiastino halimungitos dantitu
Hampootine farimi aristos ekrampos
Epoongos vangami beresossino tereston
In tinootino alinoosis O fustos sungor O fuston sungor
Eletanteti eretine menati.

Ede pelute kondo nedode
Igla tepete kompto pele
Impe oďode inguru lalele
Omdo resene okoro pododo
Igme odkondo nefulu kelala
Nene pokonto sefo lodelu
Impe telala feme olela
Igde pekondo raog japate
Rele pooddo ogsene lu mano.

||Anonymus: To the tune of «Fairest Lord Jesus», in: William J. Samarin: Tongues of Men and Angels. The Religious Language of Pentecostalism. New York: The MacMillan Company. London: Collier-Macmillan 1972, S. 180.

Glo
sso
lali
e

Gemütsbewegung verpackt sich nicht in Wörter (erstarrte Begriffe) – Qualen des Worts – gnoseologische Einsamkeit. Daher das Streben zur freien Zaum-Sprache (s. meine Deklaration des Wortes), zu einer solchen Ausdrucksweise nimmt der Mensch in ernsten Minuten Zuflucht. Hier ein Beispiel – die Rede des Chlysten V. Šiškov: nosoktos lesontos futr lis natrufuntru kreserefire kresentre fert tscheresantro ulmiri umilisantru – hier ist ein echter Ausdruck einer aufgerührten Seele vorhanden – religiöse Ekstase. Ich führe meine Gedichte in Zaum- und Weltallsprachen an – aus Lauten: |i... |am 27. april um 3 uhr nachmittags beherrschte ich plötzlich zur vollkommenheit alle sprachen So ist der dichter der gegenwart Ich bringe meine verse auf japanisch spanisch und jiddisch: |ike mina ni...

Aleksej Krutschonych: Aus «Gesprengst» (Petersburg 1913), zitiert nach Velimir Chlebnikov: Werke 2: Prosa, Schriften, Briefe. Hrsg. von Peter Urban. Reinbek bei Hamburg: Rowohlt 1972 (dnb 9), S. 613f.

i
tsche
de
mali
gr
ju
juch
d d d
d d d
ssje
w
mj
mj
a
je!
mj
mj

ssjerschamjeljepjeta
ssjenjal ok
risum
mjeljewa
alik a ljeff amach
li li lieb biel

aus niedriger
verachtung für
die frau und
die kinder in unserer
sprache wird es
nur einen männlichen
geschlecht geben

ike mina ni
ssinu kssi
jamach alik
sjel
GO OSSNJEG KAJD
M R BATULBA
WINU AJE KSSJEL
WER TUM DACH
GIS
SCHISCH.

Ale
kse
j
Kr
uts
cho
nyc
h

90

||D. Dod, in: Jaroslav Stuchlik: Zur Genese und Gestaltung der Neophasien, in: Folia Psychiatrica et Neurologica Japonica. Okayama 1958, 12. Jg., Nr. 1, S. 80.

›İSHİ‹ Übersetzung:

① Vir ŏi melobjén ta spaj sámwae, sújta samuléwae Urašima Táro. ② Vazi ta dýmbi áar plitwae naid ŏ libofarán, ③ áar silelae ŏd ozajón harambéli, ④ súj-tai fidliwáte ok ŏ kámen čtejčmi. ⑤ Áar piauwae tawan ⑥ ad azin vidúwae ŏ kámen ven ŏi haranjén, ⑦ a leũwae tán tap ŏ libon hellábi. ⑧ Tai venléothwate vis krúda rej vosi. ⑨ Urašima eflajswae tap ŏ keňoňolún a čtejčwae ŏi feuzlan, ⑩ ajwaj! ŏ Sánda Kámen busíwae tavlit a ta frinnaer: ⑪ O! Urašimádor! Hae pukájo katábel lit ŏ dajčindán-lús.

›İSHİ‹ Original-Schrift:

D.
Do
d

92

||Josef B. in: Leo Navratil: Gespräche mit Schizophrenen. München: Deutscher Taschenbuch Verlag 1979, S. 146.

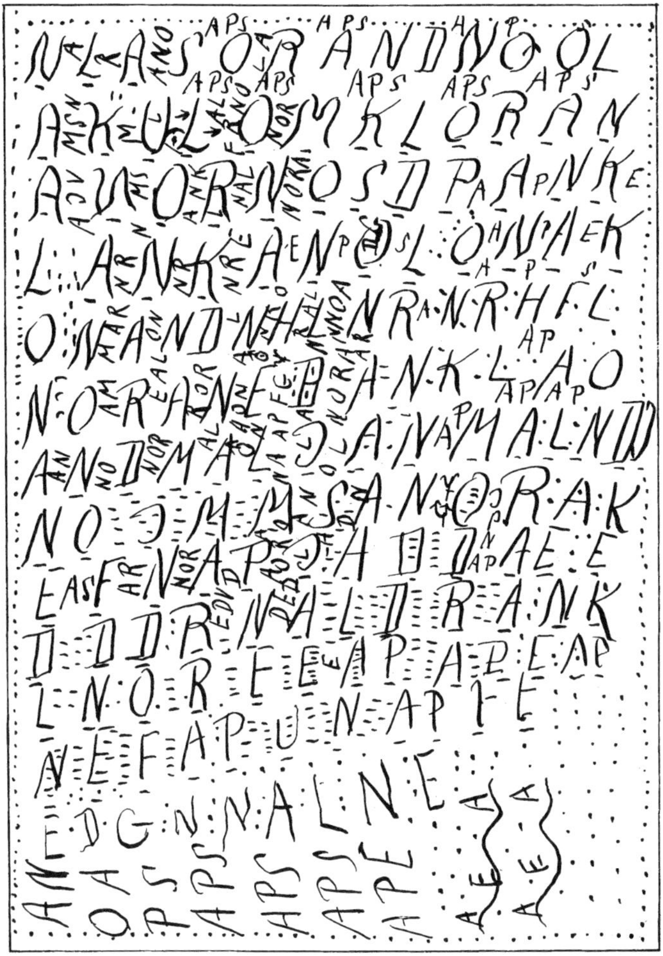

Jos
ef
B.

Das große Lalula

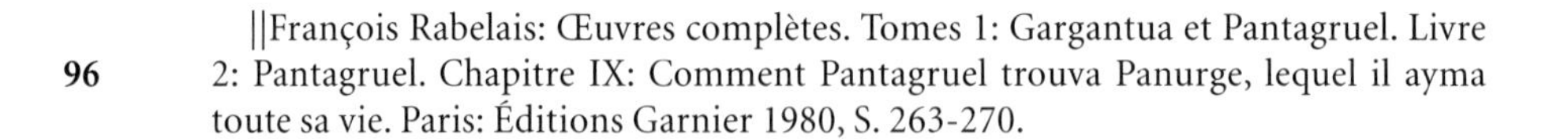

||François Rabelais: Œuvres complètes. Tomes 1: Gargantua et Pantagruel. Livre 2: Pantagruel. Chapitre IX: Comment Pantagruel trouva Panurge, lequel il ayma toute sa vie. Paris: Éditions Garnier 1980, S. 263-270.

Un jour Pantagruel, se pourmenant hors la ville, vers l'abbaye Sainct Antoine, devisant et philosophant avecques ses gens et aulcuns escholiers, rencontra un homme beau de stature et elegant en tous lineamens du corps, mais pitoyablement navré en divers lieux, et tant mal en ordre qu'il sembloit estre eschappé es chiens, ou mieulx resembloit un cueilleur de pommes du pais du Perche. |De tant loing que le vit Pantagruel, il dist es assistans : |« Voyez vous cest homme, qui vient par le chernin du pont Quaranton ? Par ma foy, il n'est pauvre que par fortune, car je vous asseure que, à sa physionomie, Nature l'a produict de riche et noble lignee, mais les adventures des gens curieulx le ont reduict en telle penurie et indigence. » |Et ainsi qu'il fut au droict d'entre eulx, il luy demanda : |« Mon amy, je vous prie que un peu veuillez icy arrester et me respondre à ce que vous demanderay, et vous ne vous en repentirez point, car j'ay affection très grande de vous donner ayde à mon povoir en la calamité où je vous voy : car vous me faites grand pitié. Pour tant, mon amy, dictes moy : Qui estes vous ? Dont venez vous ? Où allez vous ? Que querez vous ? Et quel est vostre nom ? » |Le compaignon luy respond en langue Germanicque : « Juncker, Gott geb euch Glück unnd hail. Zuvor, lieber Juncker, ich las euch wissen, das da ir mich von fragt, ist ein arm unnd erbarmglich din, unnd wer vil darvon zu sagen, welches euch verdrussich zu hœrem, unnd mir zu erzelen wer, vievol die Poeten unnd Orators vorzeiten haben gesagt in irein Sprüchen und Sentenzen, das die Gedechtnus des Ellends unnd Armuot vorlangst erlitten ist ain grosser Lust. » |A quoy respondit Pantagruel : « Mon amy, je n'entens poinct ce barragouin ; pour tant, si voulez qu'on vous entende, parlez aultre langaige. » |Adoncques le compaignon luy respondit : |« Al barildim gotfano dech min brin alabo dordin falbroth ringuam albaras. Nin porthzadilkin almucathim milko prin al elmim enthoth dal heben ensouim ; kuthim al dum alkatim nim broth dechoth porth min michais im endoth, pruch dal maisoulum hol moth dansrilrim lupaldas im voldemoth. Nin hur diavosth mnarbotim dal gousch palfrapin duch im scoth pruch galeth dal chinon, min foulchrich al conin butathen doth dal prim. » |– Entendez vous rien là ? » dist Pantagruel es assistans. |A quoy dist Epistemon : |« Je croy que c'est langaige des Antipodes, le diable n'y mordroit mie. » |Lors dist Pantagruel : « Compere, je ne sçay si les murailles vous entendront, mais de nous nul n'y entend note. » |Donc dist le compaignon : |« Signor mio, voi videte per exemplo che la Cornamusa non suona mai, s'ela non a il ventre pieno ; cosi io parimente non vi saprei contare le mie fortune, se prima il tribulato ventre non a la solita refectione, al quale e adviso che le mani et li denti abbui perso il loro ordine naturale et del tuto annichillati. » |A quoy respondit Epistemon : « Autant de l'un comme de l'aultre. » |Dont dist Panurge : |Lard, gest tholb be sua virtiuss be intelligence ass yi body schal biss be naturall relvtht, tholb suld of me pety have, for nature hass ulss egualy maide ; bot fortune

Fra
nç
ois
Ra
bel
ais

Als eines Tags Pantagruel vor der Stadt, nach der Abtei Sanct Anton zu spazieren ging, mit seinen Leuten und etlichen Schülern in philosophischem Zwiesprach begriffen, traf er euch einen Menschen an, von schöner Statur und wohl formiert in allen Leibesproportionen, aber an mehreren Stellen elend zerlumpt und so übel zugericht, daß er den Hunden entlaufen schien, oder vielmehr einem Apfelbrecher aus dem Percher-Land ähnlich sah. Sobald Pantagruel ihn von weitem erblickte, sprach er zu seinen Gefährten: «Seht ihr den Menschen, der dort von der Charenton-Brucken auf uns zukommt? Er ist bei meiner Treu nicht arm als durch Unglück: denn ich sage euch, seiner Physionomie nach zu schließen, hat die Natur ihn aus einem reichen und adlichen Geschlecht erzeugt. Aber die Fata der Wißbegierigen haben ihn so in Dürftigkeit und Mangel gebracht.» – Und wie er nun eben bis mitten unter sie kommen war, rief er ihn an: «Mein Freund, ich bitt euch, wollet allhie ein wenig verziehen und mir auf meine Fragen Bescheid tun: es soll euch auch fürwahr nicht reuen, denn ich hab eine gar große Neigung, euch beizustehen in euerer Not darin ich euch seh'; ihr jammert mich sehr. Darum, mein Freund, sagt mir: wer seid ihr? von wannen kommt ihr? wohin denkt ihr? was sucht ihr? und wie heißet ihr?» – Der Gesell antwortet ihm hierauf in germanischer Sprach: «Junker, Gott geb euch Glück und Heil zuvor. Lieber Junker, ich laß euch wissen, das da ihr mich von fragt, ist ein arm und erbärmlich Ding, und wer viel darvon zu sagen, welches euch verdruslich zu hören, und mir zu erzelen wer, wiewol die Poeten und Orators vorzeiten haben gesagt in iren Sprüchen und Sententzen, daß die Gedechtnus des Ellends und Armuot vorlangst erlitten ist ain großer Lust.» – Da sprach Pantagruel: «Mein Freund, ich versteh nicht dieses Kauderwelsch; drum redet eine andre Sprach, wenn ihr wollt, daß man euch versteh.» – Und der Gesell antwortet ihm: «Albarildim gotfano dechmin brin alabo dordio falbroth ringuam albaras. Nin portzadikin almucatin milko prin alelmin en thoth dalheben ensouim: kuthim al dum alkatim nim broth dechoth porth min michais im endoth, pruch dalmaisoulum hol moth danfrihim lupaldas im voldemoth. Nin hur diavosth mnarbotim dalgousch palfrapin duch im scoth pruch galeth dal Chinon, min foulchrich al conin butathen doth dal prin.» |«Versteht Ihr was?» frug Pantagruel die Versammelten. – «Ich glaub», antwortet' Epistemon, «es ist die Sprach der Antipoden; der Teufel selber kriegt da nix los von.» – Drauf sagt Pantagruel: «Gevatter, ich weiß nicht, ob euch etwan die Mauern verstehen, doch von uns hie kein Mensch ein Wort.» – Da sprach der Gesell: «Signor mio, voi vedete per essempio che la cornamusa non suona mai, s'ella non ha il ventre pieno: cosi io parimente non vi saprei contare le mie fortune, se prima il tribulato ventre non ha la solita refettione. Al quale è adviso che le mani e li denti habbiano perso il loro, ordine naturale e del tutto annichillati.» – «Es ist all eins; eins wie das andr'», antwort Epistemon. – Da sprach Panurg: «Lord, if you be so vertuous of intelligence, as you be naturally releaved to the body, you schould have pity of me: for nature hath made us equal, but fortune hath some exalted, and others deprived; nevertheless is vertue often deprived, and the vertuous men despised: for before the last end none is good.» – «Noch weniger», antwort Pantagruel. – So sprach Panurg: «Jona andie guaussa goussy etan beharda er remedio beharde versela ysser landa. Anbat es otoy y es nausu ey nes-

98

sum exaltit hess, and oyis deprevit. Non ye less viois mou virtiuss deprevit, and virtiuss men discrivis, for, anen ye lad end, iss non gud. » |– « Encores moins », respondit Pantagruel. |Adoncques dist Panurge : |« Jona andie, guaussa goussyetan behar da erremedio, beharde, versela ysser lan da. Anbates, otoyyes nausu, ey nessassu gourray proposian ordine den. Non yssena bayta fascheria egabe, genherassy badia sadassu noura assia. Aran hondovan gualde eydassu nay dassuna. Estou oussyc eguinan soury hin, er darstura eguy harm, Genicoa plasar vadu. » |– Estez vous là, respondit Eudemon, Genicoa ? » A quoy dist Carpalin : |« Sainct Treignan foutys vous d'Escoss, ou j'ay failly à entendre. »

|Lors respondit Panurge : |« Prug frest strinst sorgdmand strochdt drhds pag brieland Gravot Chavygny Pomardiere rusth pkallhdracg Deviniere pres Nays ; Bouille kalmuch monach drupp delmeupplistrincq dlrnd dodelb up drent loch minc stzrinquald de vins ders cordelis hur jocststzampenards. » |A quoy dist Epistemon : |« Parlez vous christian, mon amy, ou langaige Patelinoys ? Non, c'est langaige Lanternois. » |Dont dist Panurge : |« Here, ie en sprerke anders gheen taele, dan kersten taele : my dunct nochtans, al en seg ie u niet een wordt, mynen noot verklaart ghenonch wat ie beglere ; gheest my unyt bermherticheyt yet waer un ie ghevoet mach zunch. » |A quoy respondit Pantagruel : |« Autant de cestuy là. » |Dont dist Panurge : |« Seignor, de tanto hablar yo soy cansado. Por que supplico a Vostra Reverentia que mire a los preceptos evangeliquos, para que ellos movant Vostra Reverentia a lo qu'es de conscientia ; y, sy ellos non bastarent para mover Vostra Reverentia a piedad, supplico que mire a la piedad natural, la qual yo creo que le movra como es de razon, y con esto non digo mas. »

|A quoy respondit Pantagruel : |« Dea, mon amy, je ne fais doubte aulcun que ne sachez bien parler divers langaiges ; mais dictes nous ce que vouldrez en quelque langue que puissions entendre. » |Lors dist le compaignon : |« Myn Herre, endog ieg med inghen tunge talede, lygesom boeen, ocg uskuulig creatner ! Myne Kleebon och myne legoms magerhed uudviser allygue klalig huvad tyng meg meest behoff girereb, som aer sandeligh mad och drycke : hwarfor forbarme teg omsyder offvermeg ; och bef ael at gyffuc meg nogeth ; aff huylket ieg kand styre myne groeendes maghe lygeruss son mand Cerbero en soppe forsetthr. Soa schal tue loeffue lenge ochlyck saligth. |– Je croy, dist Eustenes, que les Gothz parloient ainsi, et, si Dieu vouloit, ainsi parlerions nous du cul. » |Adoncques, dist le compaignon : |« Adoni, scolom lecha. Im ischar harob hal habdeca, bemeherah thithen li kikar lehem, chancathub : « Laah al Adonai chonen ra. » |A quoy respondit Epistemon : |« A ceste heure ay je bien entendu : car c'est langue Hebraïcque bien rhetoricquement prononcée. » |Dont dist le compaignon : |« Despota ti nyn panagathe doiti sy mi uc artodotis ? horas gar limo analiscomenon eme athlios. Ce en to metaxy eme uc eleis udamos, zetis de par emu ha u chre, ce

sassust gourray proposian ordine den. Nonyssena bayta facheria egabe gen herassy badia sadassu noura assia. Aran bondavan gualde cydassu naydassuna. Estou oussyc eg vinan soury hien er darstura eguy harm. Genicoa plasar vadu.» – «Habt ihrs itzt weg?» antwort Eudämon, «gelt, Genicoa?» Stoß mich der Schott Sanct Trinian», rief Karpalim, «wenn ichs nicht bald verstanden hätt!» – Panurg antwortet: «Prust frest frinst sorgdmand strochdi drhds pag brielang Gravot Chavigny Pomardiere rusth pkaldracg Deviniere bey Nays. Hod kalmuch monach drupp del meupplist rincq drlnd dodelb up drent Loch minc stz rinq jald die Win ders Franzkan bur jocst plckholzen.» – Darauf sagt' Epistemon: «Redest du christlich, Freund, oder patelinisch? Nein, es ist die Laternensprach.» Panurg fuhr fort: «Heere, ik en spreeke anders geen täle dan kersten täle; my dunkt noghtans, al en seg ik u niet een woordt, mynen noot verklärt genögh wat ik begeere: geeft my uyt bermhertigheyt yets waar van ik gevoet magh zyn.» – «Desgleichen», sprach Pantagruel. – Panurg versetzt': «Señor, de tanto hablar yo soy cansado, porque suplico a vuestra reverentia que mire a los preceptos evangelicos, para que ellos movan vuestra reverentia a lo que es de conscientia, y si ellos non bastaren, para mover vuestra reverentia a piedad, yo suplico que mire a la piedad natural, la qual yo creo que le movera como es de razon: y con esso non digo mas.» – Darauf antwortet' Pantagruel: «Ei Freund, ich zweifel keineswegs, daß ihr nicht mehrere Sprachen könnt reden, aber saget uns, was ihr wollt, in einer, die wir verstehen können.» – Da sprach der Gesell: «Min Herre, endog ieg med ingen tunge talede, ligesom börn, oc uskellige creatuure. Mine klädebon oc mit legoms magerhed
100 uduiser alligeuel klarlig huad ting mig best behof gioris, som er sandelig mad oc dricke. Huorfor forbarme dig ofuer mig, oc befal at giue mig noguet, af huilcket ieg kand styre min giöendis mage, ligeruiis som mand Cerbero en suppe forsetter. Saa skalt du lefue länge oc lycksalig.» – «Ich glaub», sprach Eusthenes, «so haben die Goten geredt; und, geliebt' es Gott, würden wir so mit dem Arsche reden.»

|Itzt sprach der Gesell: «Adon, scalôm lecha: im ischar harob hal hebdeca bimeherah thithen li kikar lehem: chanchat ub laah al Adonai cho nen ral.» |Darauf antwortet Epistemon: «Itzt hab' ichs verstanden, es war Hebräisch, und gut rhetorisch ausgedruckt.» |Der Gesell sprach weiter: «Despota tinyn panagathe, diati sy mi ouk artodotis? horas gar limo analiscomenon eme athlion, ke en to metaxy me ouk eleis oudamos, zetis de par emou ha ou chre. Ke homos philologi pantes homologousi tote logous te ke remata peritta hyparchin, hopote pragma afto pasi delon esti. Entha gar anankeï monon logi isin, hina pragmata (hon peri amphisbetoumen), me prosphoros epiphenete.» – «Was, was?» sprach Karpalim, Pantagruels Leiblakai, «dies ist ja Griechisch: ich habs verstanden. Ei wie dann? hast du in Griechenland hausieret?» |Und der Gesell sprach: «Agonou dont oussys vous dedagnez algarou: nou den farou zamist vous mariston ulbrou, fousques voubrol tant bredaguez moupreton den goulhoust, daguez daguez non cropys fost pardonnoflist nougrou. Agou paston tol nalprissys hourtou los echatonous, prou dhouquys brol pany gou den bascrou noudous caguons goulfren goul oustaroppassou.» |«Dies mein ich zu verstehen», sprach Pantagruel; «denn es ist entweder meine utopische Landessprach, oder kommt ihr doch dem Schall nach ziemlich nah.» – Und wie er nun eben ein Gespräch anfangen wollte, sprach der

homos philologi pantes homologusi tote logus te ce rhemata peritta hyrparchin, opote pragma asto pasi delon esti. Entha gar anancei monon logi isin, hina pragmata (hon peri amphisbetumen) me phosphoros epiphenete. |– Quoy ? dist Carpalim, lacquays de Pantagruel, c'est Grec, je l'ay entendu. Et comment ? as-tu demouré en Grece ? » |Donc dist le compaignon : |« Agonou dont oussys vou denaguez algarou, nou den farou zamist vous mariston ulbrou, fousquez vous brol tam bredaguez moupreton del goul houst, daguez daguez nou croupys fost bardounnoflist nou grou. Agou paston tol nalprissys hourtou los ecbatonous, prou dhouquys brol panygou den bascrou noudous caguons goulfren goul oust troppassou.

|– J'entends, se me semble, dist Pantagruel : car ou c'est langaige de mon pays de Utopie, ou bien luy ressemble quant au son. » |Et, comme il vouloit commencer quelque propos, le compaignon dist : |« Jam toties vos per sacra perque deos deasque omnis obtestatus sum, ut, si qua vos pietas permovet, egestatem meam solaremini, nec hilum proficio clamans et ejulans. Sinite, quœso, sinite, viri impii, |quo me fata vocant |abire, nec ultra vanis vestris interpellationibus obtundatis, memores veteris illius adagi quo venter famelicus auriculis carere dicitur.

|– Dea, mon amy, dist Pantagruel, ne sçavez vous parler Françoys ? |– Si faictz très bien, seigneur, respondit le compaignon ; Dieu mercy. C'est ma langue naturelle et maternelle, car je suis né et ay esté nourry jeune au jardin de France, c'est Touraine. |– Doncques, dist Pantagruel, racomptez nous quel est vostre nom, et dont vous venez : car, par ma foy, je vous ay ja prins en amour si grand que, si vous condescendez à mon vouloir, vous ne bougerez jamais de ma compaignie, et vous et moy ferons un nouveau pair d'amitié telle que feut entre Enée et Achates.

|– Seigneur, dist le compaignon, mon vray et propre nom de baptesme est Panurge, et à present viens de Turquie, où je fuz mené prisonnier lors qu'on alla à Metelin en la male heure, et voluntiers vous racompteroys mes fortunes, qui sont plus merveilleuses que celles de Ulysses, mais, puis qu'il vous plaist me retenir avecques vous – et je accepte voluntiers l'offre, protestant jamais ne vous laisser ; et alissiez vous à tous les diables, – nous aurons, en aultre temps plus commode, assez loysir d'en racompter, car pour ceste heure j'ay necessité bien urgente de repaistre : dentz agües, ventre vuyde, gorge seiche, appetit strident, tout y est deliberé. Si me voulez mettre en œuvre, ce sera basme de me voir briber. Pour Dieu, donnez y ordre. » |Lors commenda Pantagruel qu'on le menast en son logis et qu'on lui apportast force vivres, ce que fut faict, et mangea très bien à ce soir, et s'en alla coucher en chappon, et dormit jusques au lendemain heure de disner, en sorte qu'il ne feist que troys pas et un sault du lict à table.

Gesell: «Jan toties vos per sacra perque deos deasque omneis obtestatus sum, ut si qua vos pietas permovet, egestatem meam solaremini, nec hilum proficio clamans et ejulans. Sinite, quäso, sinite, viri impii, quo me fata vocant abire, nec ultra vanis vestris interpellationibus obtundatis, memores veteris illius adagii, quo venter famelicus auriculis carere dicitur.» |«Aber, mein Freund», sprach Pantagruel, «könnt ihr denn nicht französisch reden?» – «Ei freilich, Herr», antwort der Gesell: «Ist Gott sei Dank meine leibliche Sprach, meine Muttersprach, denn ich bin im Garten von Frankreich, in Tourain' geboren und groß erzogen.» – «Nun dann, so sagt uns», sprach Pantagruel, «euern Namen und wo ihr her kommt: denn meiner Treu, ich hab euch schon so sehr ins Herz geschlossen, daß wenn ihr mir willfährig sein wollt, so sollt ihr mir nicht von der Seiten kommen, und ihr und ich, wir wolln ein neues Freundspaar werden, wie Aeneas und Achates.» |«Gestrenger Herr», spricht der Gesell, «mein eigentlicher und wahrer Taufnam ist Panurg, und komm itzunder aus der Türkei, wohin ich nach dem Unglückszug vor Metelin, in Gefangenschaft kam; und wollt euch gar gern meine Fata erzählen, die wunderlicher als die Fahrten des Ulysses gewesen sind: weil es euch aber einmal beliebt mich bei euch zu behalten, auch ich das Erbieten gern ergreif mit Beteuerung nimmer von euch zu lassen, und wenn ihr zu allen Teufeln ginget: so werden wir wohl ein ander Mal bei guter Weil und gelegnerer Zeit davon reden können. Denn für itzo hab ich fast dringende Essenslust, leeren Magen, scharfe Zähn, verdürrte Gurgel, brüllenden Hunger; alles ist darauf eingericht. Wenn ihr mir Arbeit geben wollt, wird es ein Fest sein, mich mumpfen zu sehen. O um Gottes Willen bestellet es!» – Da befahl Pantagruel, daß man ihn in sein Quartier brächt und ihm tüchtig zu leben auftrüg: wie auch geschah. Und aß zu Abend meisterlich, ging mit den Hühnern zu Bett und schlief bis andern Tags zur Tischstund, da er dann wieder mit drei Schritten und einem Sprung vom Bett am Tisch war.

François Rabelais: Gargantua und Pantagruel. 2. Buch: Pantagruel, Neuntes Kapitel, Wie Pantagruel den Panurg fand, den er sein ganzes Leben lang lieb hätt. Herausgegeben, mit Anmerkungen und einem Nachwort versehen von Ludwig Schrader. Textbearbeitung von Karl Pörnbacher. Aus dem Französischen verdeutscht durch Gottlob Regis. München: Carl Hanser o. J., S. 178-182.

**Fra
nç
ois
Ra
bel
ais**

SIR, |As you are a famous instructor of youth in the learned languages, I cannot doubt of your being willing to encourage all *useful inventions*, that may further improve knowledge. I have often lamented the unnecessary loss of time we suffer in transcribing our thought by dividing our words into syllables, and writing the vowels at length, which so frequently occur, that, although they be but five, yet, by occurring so frequently as they do, double our labour: besides the great loss of paper, pens, and ink, which many among the learned are not so well able to spare.

|I confess, that, in this polite and learned age of ours, many laudable attempts have been made for some remedy against this evil; partly by abbreviating words with apostrophes; and partly by lopping the polysyllables, leaving only one or two at most; as thus. Tis'n't, 't'nt, won't, can't, 'pon, rep', phis', and more. But, alas! these are poor expedients, and do not go to the root of the disease. |My scheme is much more useful and extensive. Although I confess myself not to be altogether the original inventor. For, I observe, that the ingenious gentlemen, who play at *White's* chocolate-house, have some imperfect idea of it; and I have seen some instances of it many years older, but very imperfect. By these examples, I have, these nine years past, been considering the force of letters in our alphabet with relation to each other; as school-mistresses teach young children to pronounce them in their horn-books, which is in this manner, A, Be *or* Bee, See, Dee, E, Ef, Gee, Each *or* Ach, I *or* Eye, Ka *or* Key, El, Em, En, O, Pee *or* Pe, Qu *or* Cue, Are *or* Err, Ess, Tee *or* Tea, U *or* You, Double U *or* Double You, Ex, Wy, Izzard. Now this, I say the very gaming lords at the chocolate-houses have already some imperfect notion of, as far as concerns the vowels. The same thing also men of business are not ignorant of, for thus three vowels shall stand, with the sum affixed, for a good promissory note, I O U 20 £. |In short, you need only read the letters as they are pronounced by boys and girls, when they are taught first to read, as A, Bee, Cee; and six letters shall go as far as ten. This is only for dispatch in writing; of which take the following specimens. But I have materials for a treatise to contract words in speaking, which, as this finds encouragement, I shall publish afterwards.

Jonathan Swift: A Litteralial Scheme of Writing, in: Imagining Language. An Anthology. Edited by Jed Rasula and Steve McCaffery. Cambridge, Massachusetts; London, England: The MIT Press 1998, S. 449.

A letter to your mistress.

Dr ln ur a but; I stm u a dit. Ur mpr ndurs. O b ur but endls. A dr faces ur but. Ur a gm; a gul; a rub. I c a b p q ur i: I b c h u t k a r o ur i, I c q u r a med. U r etn; ur y. U r aprs. I c a pr b for u. I dsr ur pt, ur gnro-set; ur prspquit; dene, enerit, fablit, ur xlnes apr. Ur a qrioet. Ritr nobls ur log. Ur a qn ma. Ur but dfis apls a putr. I c ur but pres ur nmi.

Jon
ath
an
Swi
ft

Another letter in the litteralia style.

Bt, ur nt; u dsil ur krks dli. I c ur a grr. I ph u. I aqq u. Ur nmii aqq u. Mli aqqs u. Qpd d si i u. U r r mps. U th kt. O g m ni! u a thr. u th a br. Ur ri. I d si u. I sk p u. I sq u. I k tqis u. U a but. Ur rc a but. U rsmbl ur ldr estr kt on. I rmmbr dr Ptr. On Sqr. B guptr I cur gloc: Q ep ur tmpr.

106

Vers le milieu du dernier siècle, un changement se fit. Les chants de prisons, les ritournelles de voleurs prirent, pour ainsi parler, un geste insolent et jovial. Le plaintif *maluré* fut remplacé par *larifla*. On retrouve au dix-huitième siècle dans presque toutes les chansons des galères, des bagnes et des chiourmes, une gaîté diabolique et énigmatique. On y entend ce refrain strident et sautant qu'on dirait éclairé d'une lueur phosphorescente et qui semble jeté dans la forêt par un feu follet jouant du fifre: |Mirlababi, surlababo, … |**Cela se chantait en égorgeant un homme dans une cave ou au coin d'un bois.**

Victor Hugo: Les Misérables. Paris: Librairie Gallimard 1951 (Bibliothèque de la Pléiade), S. 1018.

Mirlababi, surlabado,
Mirliton ribon ribette,
Surlababi, mirlababo,
Mirliton ribon ribo.

**Vic
tor
Hu
go**

||Daniil Charms: Abkürzungen, Kryptogramme und Hieroglyphen, in: Erstens, Zweitens. Ausgewählt und herausgegeben von Jutta Hercher und Peter Urban. (2. Band: Zweitens. Zeichnungen russischer Dichter.) Hamburg: material Verlag 1998, S. 113.

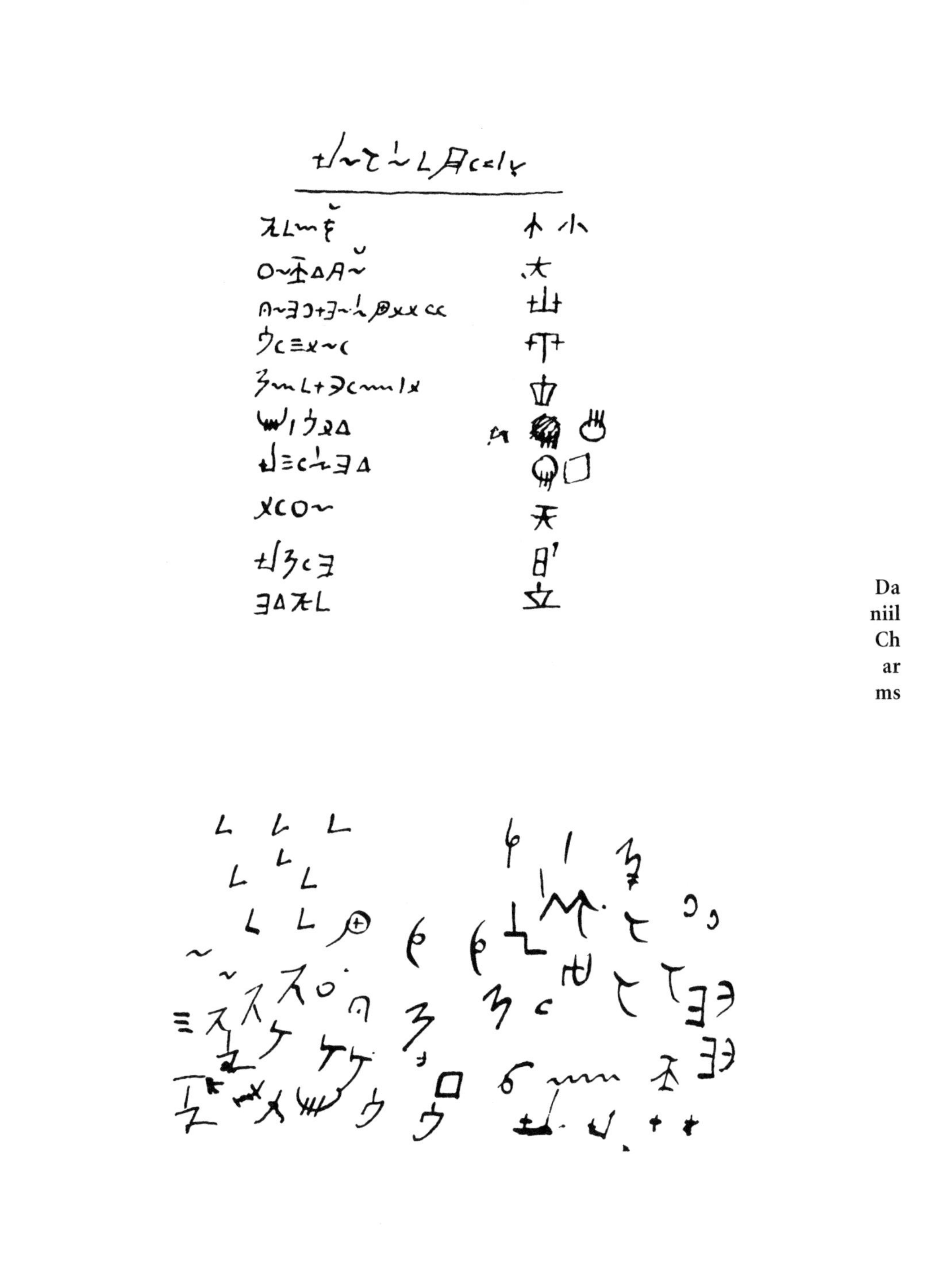

||James Joyce, aus: Finnegans Wake. New York: The Viking Press 1967, 7. Auflage, S. 308. |||James Joyce, aus: Finnegans Wake. Übersetzung sowie Anmerkungen von Arno Schmidt (1960), in: James Joyce: Finnegans Wake. Deutsch. Gesammelte Annäherungen. Hrsg. von Klaus Reichert und Fritz Senn. Frankfurt am Main: Suhrkamp 1989, es 1524.

Xenophon.

Delays are Dangerous. Vitavite! Gobble Anne: tea's set, see's eneugh! Mox soonly will be in a split second per the chancellory of his exticker.

Pantocracy.
Bimutualism.
Interchangeability. Naturality.
Superfetation.
Stabimobilism.
Periodicity.
Consummation.
Interpenetrativeness. Predicament. Balance of the factual by the theoric Boox and Coox, Amallagamated.

Aun
Do
Tri
Car
Cush[1]
Shay
Shockt
Ockt
Ni
Geg[2]
Their feed begins.

MAWMAW, LUK, YOUR BEEEFTAY'S FIZZIN OVER!

KAKAO-POETIC LIPPUDENIES OF THE UNGUMPTIOUS.

Ja
me
s
Joy
ce

NIGHTLETTER

With our best youlldied greedings to Pep and Memmy and the old folkers below and beyant, wishing them all very merry Incarnations in this land of the livvey and plenty of preprosperousness through their coming new yonks

from
jake, jack and little sousoucie
(the babes that mean too)

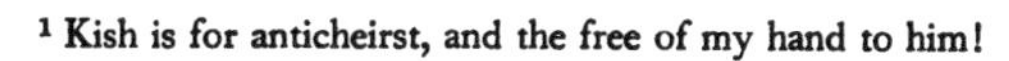

[1] Kish is for anticheirst, and the free of my hand to him!

[2] And gags for skool and crossbuns and whopes he'll enjoyimsolff over our drawings on the line!

			ehrsam:	obszön:	
1	Xenophon	Aufschub bringt stets Gefahr. Weiter weiter *! Kauder=			*Var:Lebens=Schraube
2		Änne *: der Tee steht drauf; das Bier ist frisch **! Gleich bricht ein Nachher			*Var:Gobelin=Bildstreifen;auch Doppel='K'/** Var:Die Zeit liegt fest, das Jahrhundert neut; auch T ist Z, C ein U
3		an, im Bruchteil einer Sekunde, kraft des Zufalls=Weistums *			*Var:Schatzkanzleramt
4		seines Aus=Tickers. *			*((Die Uhr schlägt))
5	Pantokratie/Hosen=Wildheit	Eins	besitze !	los !	MAMA KUCK, DEINE* FLEISCHBRÜHE ZISCHT ÜBER !** * [illegible]malujo !/**vgl. [illegible] 'Odysseus', S.537
6	Bi=Mutualismus/[illegible] Be=Gegenseitigung	Zwei	handle !	mach's !	
7	Vertauschbarkeit	Drei	Müh' Dich!	probier's!	
8	Natürlichkeit	Vier	sorge !	paß auf !	
9	Superfötation/Überschwängerung *	Fünf [1]	Bargeld !	Gib Effet !	* 2=Zeile
10	Stabi=Mobilismus/Steh=Beweglichkeit	Sechs	schäm' Dich!	Hau drauf!	
11	Periodizität/Taktmäßige Wiederkehr	Sieben	Schock !	stoß !	
12	Consummatio/Vollziehung des Beischlafs	Acht	Zahle Steuern!	Ran !	
13	Wechselseitige Durchdringung	Neun	Sei pünktlich!	Schön !	
14	Prädikament/Mitgenommener Zustand	Zehn [2]	Witzelei !	verstopft !	
15	Gleichgewichtszustand von Praxis und Theorie; Büchse & Schenkelglied verschmolzen. ***	Ihre Mahlzeit beginnt.			KAKO=* POETISCHE UNFLÄTIGKEI'-TEN DES UNVERSTÄNDIG=EINGEBILDETEN [illegible]. * Var: Kakao/**Var: Schamlippigkeiten/***Var: Einswerdung von Buch& Koch/auch von Boxer & närrischem Hasenfuß=
16					
17					

20 NACHTBRIEF

21 Mit unsern besten Julzeit=Grüßen an Paps

22 und Mammie und die Alt=Vordern unten und

23 jenseits, und wir wünschen Ihnen=Allen die lustigsten Wieder-

24 geburten in diesem Land der Lebenden * und ganz=viel — *Var: Lever=Auferstehung ;auch Liffey und Livius

25 Wohlgedeihen im voraus für ihre kommenden

26 neuen Junker=Jahre

27 von

28 Jake *, Jack **, und der kleinen Sorglos=Susie*** — * Var: Schnaps=Δ //**Var: Durchschnittsmensch, Geldverdiener, Antreiber, Deckhengst=[illegible] //***Var: Schlampe=[illegible]

29 (die Babies schließen sich auch mit an)

James Joyce & Arno Schmidt

1) Kish * steht für Anti=Christ **, und hiermit mach' ich ihm 'ne lange Nase ! — * [illegible] (Weidenkorb=wicker=basket=wicked basker=böser Badender!)/ **Var: Gegen=Händer (a la 'Antipode)

2) Und Maulkörbe für den Totenkopf übergekreuzten Totengebein *, und wir kriegsruf=hoffen, er würde sich hinwegzupaßen ob unserer Zeichnungen* auf dieser Zeile ! — * Var: Schule & Murrkopf — *Anlaß zu der Schuljungenzeichnung vgl. MBH, S.225 f. – Auch Gift=Etikett, und Eßbesteck.

Vorab orientiert sich der Text an dem, was er – im buchstäblichen Sinn – sagen will. Dies freilich wird kompositorisch hervorgebracht, nicht durch Zitieren des durch gemeine Rede verdinglichten Vokabulars. Der Ausdruck, wie immer er kommuniziert werden möchte, verstummt im Mund einer Sprache, die unterm gesellschaftlichen Druck zugerichtet ward. Was immer in den Mund zu nehmen der Autor verschmäht, teilt Schläge aus, indem das Unartikulierte zu blitzartigen Aktionen sich versammelt. Nicht nur möchte die Diskrepanz zwischen Idiom und Orthographie zu gewahren zwingen, wogegen die fungible Sprache hermetisch sich verschließt; das Wohlbehagen, das phonetisch konzipierte Passagen erregen mögen, zielt aufs Erschrecken, wenn Bedeutung aufscheint. So wird der Sprache durch technische Konfiguration die Deutlichkeit im Schock zurückgewonnen, zugleich der erstarrte Begriff durchschlagen, gleichsam abgeschreckt. Helms gelingt es, ihn so hinzustellen, daß er von allen Seiten sichtbar wird. Auch das ist technisch vermittelt: nicht nur die Taue, an denen die vor Gegenständen vor Anker gegangenen Begriffe befestigt sind, werden gekappt; auch innerhalb der Syntax, ja der Wörter, sind die Verbindungen getrennt: nach dem Vorbild der isolierenden Sprachsysteme, des Chinesischen vor allem, sind Buchstaben oder Worte häufig so aufgereiht, gleichsam räumlich versammelt, daß sie vielfach sich reflektieren. Das Sekuritätsbedürfnis, wie in Sprache es sich befriedigt, wird versagt von unkonventionellen, gar unbekannten Begriffen und Kontaminationen; mag dies der Ideologie vom Sprachleib auch Körperverletzung heißen, so denunziert, was man der Sprache antut, was sie erlitten. |Im Titel bereits sind die Male versammelt. Kaum übersetzbar – weniger noch Titel im hergebrachten Sinn – ist er ein Teil des Textes. |Ahniesgwow |meint, in die Umgangssprache gebracht, das zuerst unmittelbar, dann mittelbar von den Amerikanern besetzte Westdeutschland. Nichts aber wäre unangemessener als solch simplifizierende Übersetzung. Vielmehr enthüllt der Titel sich als Wortgerüst, das mehr trägt als den Amigau. Schon dessen letzte Silbe singt nicht bloß von deutschen Gauen, sondern erinnert zugleich jenen administrativen Bezirk der Nazis, dem der Gauleiter vorstand. In anderer Schreibung ist |gwow (guau) |im spanischen Südamerika ein provinzieller Ausdruck für Hund, dessen «Laut» er zunächst bezeichnete. In |Ahnies |steckt das Gewürz, aus dem die Anisette destilliert wird, schließlich das geistige Getränk schlechthin samt seiner Wirkung. Das eingeschobene |h |deutet auf «ahnen» – als Substantiv oder Verb. Die letzte Silbe |wow |ist im nordamerikanischen Slang ein Ausruf der Erleichterung, dem deutschen «uff» entsprechend. – In |Fa:m' |steckt natürlich vorab «fama» das Gerücht, die Sage; daß das Märchen aber nicht bloßes Hirngespinst sei, drückt das «vom» aus, das von Fa:m' sogleich herbeigerufen wird: «from» (e), «fram» (schw), «fra» (dä).

Gottfried Michael Koenig: Nachwort, in: Hans G. Helms: Fa:m' Ahniesgwow. Köln: Verlag DuMont-Schauberg 1960, S. IV-V. |Hans G. Helms: Fa:m' Ahniesgwow. Köln: Verlag DuMont-Schauberg 1960, S. I, 1.

lek

anone

miš
fuer sish

fuel liâhübbür zwitschen Pürammidonhäreting
gen en Tchoke'olardenpooldinkt Coq à Collasch unn Ee
hirnbeermarmelake Mithranaspic Mamselléne
Coktaxasoil Friochefreschmeule Plei
bumbkenöpfte Lotshpastenüllen zwirche Klemmf'ß
ballfansser Mää'andrenzahlergischtwisch

froiidäujeu 'fftralls humdoombloyed bchrl'k

g'ch-l m'loch ä—
qurr' tta!
wax

šalaamannageika oherzellbaisguile

ga-nah

uhch— ⁸/

Jetzt noch ein geständnis das mir schwer wird niederzuschreiben: Der gedanke, der mich von jugend auf geplagt und heimgesucht hat, der in gewissen perioden sich wieder und wieder aufdrängte hat mich seit kurzem wieder erpackt: Ich meine der gedanke aus klarem romanischen material eine eben so klingende wie leicht verständliche literatur sprache für meinen eigenen bedarf selbst zu verfassen. Die gründe weshalb ich (in) meiner deutschen sprache nicht gern schreiben will kann ich dir auf diesem gemessenen raum nicht auseinandersetzen. (Im anfang des briefs hast Du eine probe (der Lingua Romana, d. H.)). Darin liegt auch der grund weshalb ich seit monden nichts mehr verfasse, weil (ich) ganz einfach nicht weiss in welcher sprache ich schreiben soll. Ich ahne, diese idee wird entweder bei mir verschwinden oder mich zum märtyrer machen. |Wie geheim der Dichter diese Sprache (...) zu halten wünschte, habe ich selbst erfahren, als er mir einmal um 1910 eine solche Notiz zeigte – sie waren oft mit Stecknadeln an die Wand seines Zimmers geheftet – und mich fragte, ob ich ihren Sinn verstünde. Da mir das Geschriebene als dem Griechischen verwandt erschien, versuchte ich von dieser Richtung her den Sinn zu erraten. Was ich hervorbrachte, muss etwas Richtiges enthalten haben, denn zu meinem Vergnügen wurde der Dichter aufgeregt, examinierte mich weiter und gab sich erst zufrieden, als meine Auslegungskunst völlig versagte.

Brief Stefan Georges an Arthur Stahl vom 2.1.1890, zitiert nach Robert Boehringer: Mein Bild von Stefan George. München, Düsseldorf: Küpper 1951, S. 47. |Ernst Morwitz: Kommentar zu dem Werk Stefan Georges. München, Düsseldorf: Küpper 1960, S. 290. ||Stefan George: Ursprünge [Auszug, letzte Strophe], in: Der siebente Ring. Berlin: Georg Bondi 1920, 5. Auflage, S. 129.

Doch an dem flusse im schilfpalaste
Trieb uns der wollust erhabenster schwall:
In einem sange den keiner erfasste
Waren wir heischer und herrscher vom All.
Süss und befeuernd wie Attikas choros
Über die hügeln und inseln klang:
CO BESOSO PASOJE PTOROS
CO ES ON HAMA PASOJE BOAÑ.

Müller bestellte hiernach Grog von Arak – auch für die zehn Kosaken. |Und beim siebenten Glase wollte er was ganz Besonderes. |Ich machte meinen Freund mit meiner ekoralápsischen Richtung bekannt, die das Verstandenwerdenwollen bekanntlich längst überwunden hat – – – |Ich las gleich eine interessante Geschichte, die der erwähnten Richtung «voll und ganz» angehört: |Kikakokú! Ekoraláps! |Hiernach wurd's ganz gemütlich. |Ich wetterte gegen den Rationalismus, der Alles verstehen will – und Müller schimpfte mit.

Paul Scheerbart: Kikakokú! Ekoraláps!, in: Ich liebe Dich! Ein Eisenbahnroman mit 66 Intermezzos. Berlin: Schuster & Loeffler 1897. Neuausgabe: Siegen, Affholderbach & Strohmann 1988, S. 276-278.

Wîso kollipánda opolôsa.
Ipasátta îh fûo.
Kikakokú proklínthe petêh.
Nikifilí mopaléxio intipáschi benakäffro - própsa pî!
própsa pî!
Jasóllu nosaressa flípsei.
Aukarótto passakrüssar Kikakokú.
Núpsa púsch?
Kikakokú bulurú?
Futupúkke - própsa pî!
Jasóllu ....

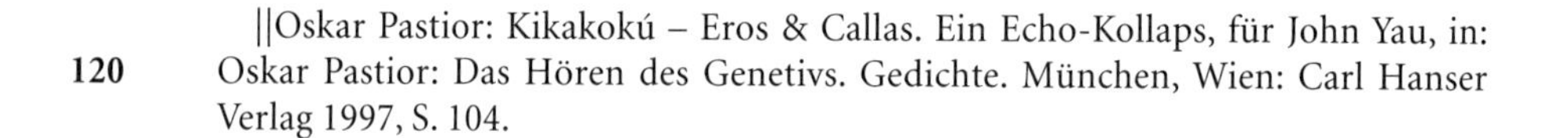

||Oskar Pastior: Kikakokú – Eros & Callas. Ein Echo-Kollaps, für John Yau, in: Oskar Pastior: Das Hören des Genetivs. Gedichte. München, Wien: Carl Hanser Verlag 1997, S. 104.

Bison, Kolibri, Pandas – in die Opposition!
Passat-Winde, ich flüchte.
Pinakothek: Korinthen deklinieren Pepita.
Nekrophilie-Mob im Lexikon, Ostern marsch in die
Luxus-Cafés – Grenzwert π , Grenzwert π !
Ja soll ich da nicht besser ausflippen, Beinhaus?
Au, Karotten, au Möhring-Panzerkreuzer Kikakokú!
Hochzeit im Busch?
Kinkerlitzchen Bülbül?
Fick dich, Puck – Grenzwert π !
Jawollust, ich soll.

Os
kar
Pas
tio
r

Man hat diesem Gesang bisher viel zu viel untergelegt. Er verbirgt einfach ein – Endspiel. Keiner, der Schachspieler ist, wird ihn je anders verstanden haben. Um aber auch Laien und Anfängern entgegenzukommen, gebe ich hier die Stellung:

|Kroklokwafzi = K a 5 = (weißer) König a 5. Das Fragezeichen bedeutet: Ob die Stellung des Königs nicht auf einem andern Felde vielleicht noch stärker sein könnte? Aber sehen wir weiter. |Ṣẹmememi! = S e 1 = (schwarzer Springer e 1. Das Ausrufungszeichen bedeutet: Starke Position! |Ḅifẓi, ḅạf̣ẓi = b f 2 und b a 2 (weiß). Versteht sich von selbst. |Enṭẹpẹntẹ = T e 3 = (weißer) Turm e 2. |Ḷeio-lẹntẹ = L e 2 = (schwarzer) Läufer e 2. |Ḳos mạlẓipempu silzuzankunkrei (sehr interessant!) = K a 4 oder 6 = König (schwarzer König) a 4 oder a 6. Nun ist dies aber nach den Schachregeln unmöglich, da der weiße König auf a 5 steht. Liegt also hier ein Fehler vor? Kaum. Das eingeklammerte Semikolon beweist, daß Verfasser sich des scheinbaren Fehlers wohl bewußt ist. Gleichwohl sagt er durch das Rufzeichen: Laßt ihn immerhin stehn. Nun gut, vertrauen wir ihm, obschon kopfschüttelnd. |Dos = D 6 oder 7 = (weiße) Dame auf einem Felde der 6. oder 7. Reihe. Weiß ist so stark, daß seine Dame auf jedem Felde dieser beiden Reihen gleich gut steht. |Siri Suri Sei (Aha! Nun klärt sich K a 4 oder 6 auf!) = S 6 = weißer Springer 6 (sei, italienisch = 6). Ja, aber auf welchem Felde! Nun eben! Dies ist nicht näher bezeichnet. Der Springer wird daher den Platz des schwarzen Königs neben dem weißen König einnehmen und diesem dafür überlassen, sich in der 6. Reihe oder falls da die Dame stehen sollte in der 4. Reihe einen bequemen Platz zu suchen. So ist denn alles zur Zufriedenheit erledigt. |(Im übrigen ergibt der vierte Teil der um zwei verminderten Buchstabensumme der drei Strophen die Zahl 64. Sapienti sat.)

Christian Morgenstern: Über die Galgenlieder [Anmerkungen von Dr. Jeremias Müller], Berlin: Verlag von Bruno Cassirer 1921, S. 26-28. ||Christian Morgenstern: Das große Lalula, in: Galgenlieder. Berlin: Verlag von Bruno Cassirer 1905, S. 9.

Kroklokwafzi? Semememi!
Seiokrontro – prafriplo:
Bifzi, bafzi; hulalemi;
quasti basti bo …
Lalu lalu lalu lalu la!

Hontraruru miromente
zasku zes rü rü?
Entepente, leiolente
klekwapufzi lü?
Lalu lalu lalu lalu la!

Simarar kos malzipempu
silzuzankunkrei (;)!
Marjomar dos : Quempu Lempu
Siri Suri Sei [ ]!
Lalu lalu lalu lalu la!

Ch
rist
ian
Mo
rge
nst
ern

124 ||Joachim Ringelnatz: Gedicht in Bi-Sprache, in: Das Wasserzeichen der Poesie oder Die Kunst und das Vergnügen, Gedichte zu lesen. Hrsg. von Andreas Thalmayr. Nördlingen: Franz Greno 1985, S. 264.

Ibich habibebi dibich,
Lobittebi, sobi liebib.
Habist aubich dubi mibich
Liebib? Neibin, vebirgibib.

Nabih obidebir febirn,
Gobitt seibi dibir gubit.
Meibin Hebirz habit gebirn
Abin dibir gebirubiht.

Joa
chi
m
Rin
gel
nat
z

||Paul Wiens: Gegen die Anfechtung (Schwarze Kunstformel für Rätselfreunde), in: Gerhard Grümmer: Spielformen der Poesie. Leipzig: VEB Bibliographisches Institut 1985, S. 59.

Essass Nemaid Aufei Nemast
Hochü Bermir Imbir Kenlaub
Obir Kedei Nesüs Selast
Siet Rugnicht Sansich Mitverl Aub
    Ola, Ola, Ola, Ola, Ola
    Pfui

Dieson Neschie Naufsieh Erab
Undi Chich Schau Tegernhi Nauf
Sobrecht Nurü Bermich Denstab,
Dannse Tzenwi Runsbei Dedrauf
    Oje Oje Oje Mini
    Pst

Gebrauchsanweisung
    Inei Nema Temzu Gundlaut
    Aufsa Genfalls Duoh Nebraut

Pa
ul
Wi
ens

Kukuk

130 ||Aristophanes: Aus «Die Vögel», in: Des Aristophanes Werke. Übersetzt von Joh. Gust. Droysen. 2. Auflage, 2. Theil. Leipzig: Verlag von Veit & Comp. 1869, S. 34-35.

Hoffegut. |He du!
Rathefreund. |Was willst du!
Hoffegut. |Wirst du ruhig sein!
Rathefreund. |Warum?
Hoffegut. |Zu neuen Gesängen intoniert der Kukuk schon!
Kukuk und Nachtigall. (letztere flötet den Lockruf.)
Kikuk, kukuk, kukukukukukuk!
Io, io, hiho, hiho,
Hievor, hierher, mein Mitgefieder allzumal!
Die ihr im saatgrünen Feld des Landmanns umher,
Ihr Gerstennäscher, Tausende Tausende schwärmt.
Ihr Samenpicker, im Zug und im Fluge so geschwind.
Schwirrend, zwitschernd, helle Stimmchen!
Tio, tio, tio, tio, tio, tio!
Und die ihr die Furchen hinab,
Scholl' um Scholle nierderduckend, trippeleilig, küchelkluckend,
Zirpendes Rufs irret!
Tio, tio, tio, tio, tio, tio, tio!
Die im Gärtlein, ihr in Epheu's schwankenden Ranken
Naschend, haschend schlüpft und hüpfelt!
Ihr Vögel der Höh', Berberitzenschwelger, Schleedornspatzen,
O geschwinde, geschwinde hierher auf meinen Ruf!
Trioto, trioto, totobrix!
Die ihr im Moor, die ihr im Rohr, wo es spinnt und summt und brütet,
Spinnen fangt, Fliegen schnappt!
Die ihr die thauige Wiese,
Marathons Seegrund, wo der Klee grünt, wo der Bach rinnt, hütet!
Vogel du auch flügelbunt,
Rohrdommel, Rohrdommel!
Ihr, die am Wogengestade der Brandung
Schwärmet und lärmt mit den Lenzhalkyonen,
Kommet, o kommt zu vernehmen die Neuigkeit,
Denn es versammeln sich alle Geschlechte heut,
Halsausreckende, beinausstreckende,
Reiher, Kranich, Klapperstorch!
Denn ein Greis kam her voll Witz, voll Geist,
Voll Staatseinsicht,
Staatseinsichtsvoll sein Rath, sein Plan!
Kommt zu Rath her, kommet alle!
Eilet, eilet, eilet, eilet!
Torotorotorotorotorotix!
Kikabau! Kikabau!
Torotorotorotorotorotix!

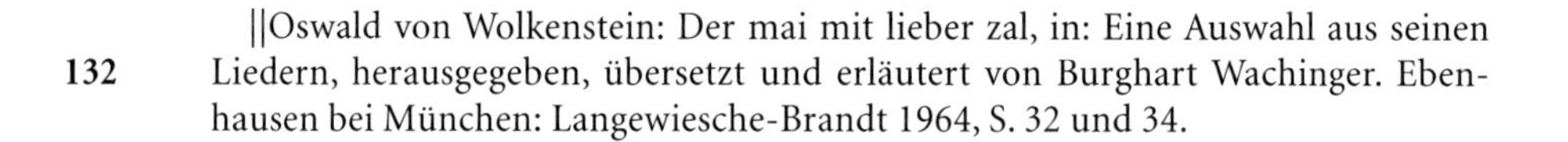

||Oswald von Wolkenstein: Der mai mit lieber zal, in: Eine Auswahl aus seinen Liedern, herausgegeben, übersetzt und erläutert von Burghart Wachinger. Ebenhausen bei München: Langewiesche-Brandt 1964, S. 32 und 34.

132

Der mai mit lieber zal
die erd bedecket überal,   pühel, eben, perg und tal.
auss süessen voglin schal   erklingen;   singen   hohen hal
galander, lerchen, droschel, nachtigal.
der gauch fleucht binden hinnach   zue grossem ungemach
klainen vogelein   gogelreich.   höret, wie er sprach:
«cu cu, cu cu, cu cu,
den zins gib mir,   den wil ich han von dir.
der hunger   macht lunger   mir   den magen schier.»
«ach ellent!   nu wellent   sol   ich?» so sprach das klaine vich.
küngel, zeisel, mais, lerch, nu kum, wir singen: oci
und tu ich, tu ich, tu ich, tu ich,
oci oci, oci oci, oci oci, fi,
fideli, fideli, fideli, fi,
ci cieriri ei, ci cieriri ci, ri ciwick cidiwick,
fici, fici.
so sang der gauch neur: kawa wa cu cu.
«Raco» so sprach der rab,
«zwar ich sing auch wol,   vol   muess ich sein.
das singen mein: scheub ein!   herein!   vol sein!»
«liri liri liri liri liri liri lon»
so sang die lerch,
    so sang die lerch,
    so sang die lerch.
«ich sing hel ain droschelein,
    ich sing hel ain droschelein,
    ich sing hel ain droschelein,
    das in dem wald erklingt.»
ir lierent,   zierent,
    gracket,   gracket und wacket   hin und her
    recht als unser pfarrer.
cidiwick, cidiwick, cidiwick,
cificigo, cificigo, cificigo,
    nachtigal,
dieselb mit irem gesang behüeb den gral.

«Upchachi» so sprach das fül,
«lat uns auch darzue!» frue vert die kue.
der esel lue: «her,sack, auff meinen nack!»
«rigo rigo rigo rigo rigo rigo kum!»
so rueft die mül,
so rueft die mül,
so rueft die mül.
«ker ab!» sprach die mülnerin.
«heb auff ! » schrai die päurin,
«nu trag hin, mein eselin!
da, da! prusta: i-a!
nu leir, nicht veir,
pis dir der geir
die haut abziehen wirt pei dem weir!»
wol auff ! wol auff ! wol auff!
wol auff! sailer, pint auff! schint dich, Walpurg!
rügel dich, guet waidman,
mit jagen, paissen, roggen in dem tan!

136 ||Durand de la Malle: Le Rossignol, in: Kroklok. London 1971, Nr. 1, S. 5.

tinu tinu tinu tiao
sprotiu zquita
querrec pi pi
tio tio tio tix
quito quito quito quooo
ZI ZI ZI ZI ZI zi
quarrec tiu zquia pi pi qui

Du
ran
d
de
la
Ma
lle

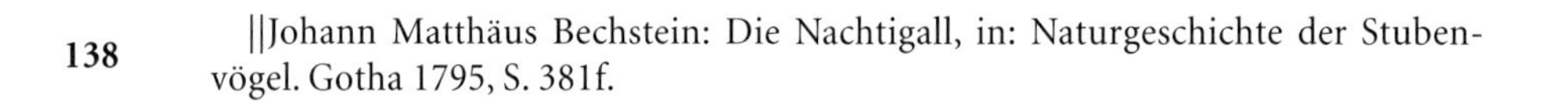

138 ||Johann Matthäus Bechstein: Die Nachtigall, in: Naturgeschichte der Stubenvögel. Gotha 1795, S. 381f.

Tiuu tiuu tiuu tiuu,
Spe tiu zqua,
Tiō tiō tiō tio tio tio tio tix;
Qutio qutio qutio qutio,
Zquō zquō zquō zquō;
Tzü tzü tzü tzü tzü tzü tzü tzü tzü tzi,
Quorror tiu zqua pipiqui.
Zozozozozozozozozozozozozo Zirrhading!
Tsisisi tsisisisisisisisi,
Zorre zorre zorre zorre hi;
Tzatn tzatn tzatn tzatn tzatn tzatn tzatn zi,
Dlo dlo dlo dlo dlo dlo dlo dlo dlo dlo:
Quio tr rrrrrrrr itz.
Lǖ lǖ lü lü ly ly ly ly lî lî lî lî,
Quio didl li lülyli.
Ha gürr gürr quipio!
Qui qui qui qui qi qi qi qi gi gi gi gi;
Gollgollgollgoll gia hadadoi.
Quigi horr ha diadiadillsi!
Hezezezezezezezezezezezezezezeze quarrhozehoi;
Quia quia quia quia quia quia quia quia ti:
Qi qi qi io io io ioioioio qi –
Lü ly li le lä la lö lo didl io quia,
Higaigaigaigaigaigaigai gaigaigaigai
Quior ziozio pi.

Johann Matthäus Bechstein

Ist 32 Schläg, Marsch. Getz. Adolf Wölfli. |Bern. 1912.

||Adolf Wölfli: Hühn'r=Lied, in: Von der Wiege bis zum Grab. Oder, Durch arbeiten und schwitzen, leiden, und Drangsal bettend zum Fluch. Schriften 1908-1912. Bd. 1. Frankfurt am Main: S. Fischer 1985, S. 584.

Bi=Bi=Bi=Bi,=Bii=ih flii=ih: Bi=Bi=Bi=Bi,=
Bii=ih zii=ih: Bi Bi Bi Bi, Bii=ih ii=ih: Cha
Doch nit me, Hii=ih? wii=ih:::: Bi=Bi=Bi=Bi,=
Bii=ih Brii=ih: Bi=Bi=Bi=Bi, Bii=ih Drii=ih:
Wiiga, i giiga: D'r Britt het ja, n a Schiiiga::
Bi=Bi=Bi=Bi,=Bii=ih nii=ih: Bi=Bi=Bi=Bi,=
Chlii=ih Chlii=ih: Bi Bi Bi Bi,=ii=ih bii=ih:
La doch nit me, Vii=ih. Rii=ih:::: Bi=Bi=Bi=Bi,=
Bii=ih Brii=ih: Bi=Bi=Bi=Bi,= Hii=ih Hii=ih:
D'Schiiga, Sie Chriiga: D'r Kukuk ist ja, furt.

142

||Hugo Ball: Karawane, in: Gesammelte Gedichte. Zürich: Verlag der Arche 1963, S. 28.

jolifanto bambla o falli bambla
großiga m'pfa habla horem
egiga goramen
higo bloiko russula huju
hollaka hollala
anlogo bung
blago bung blago bung
bosso fataka
ü üü ü
schampa wulla wussa olobo
hej tatta gorem
eschige zunbada
wulubu ssubudu uluwu ssubudu
tumba ba-umf
kusa gauma
ba – umf

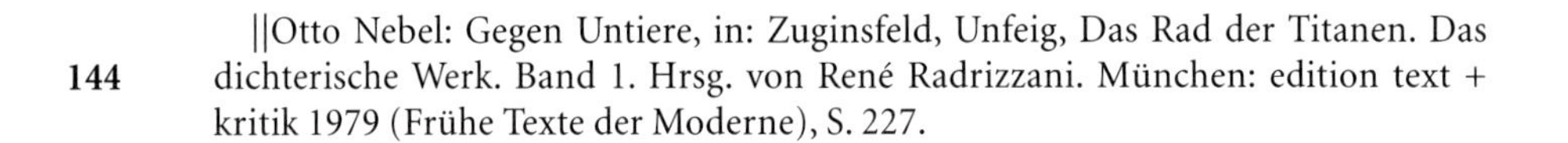

||Otto Nebel: Gegen Untiere, in: Zuginsfeld, Unfeig, Das Rad der Titanen. Das dichterische Werk. Band 1. Hrsg. von René Radrizzani. München: edition text + kritik 1979 (Frühe Texte der Moderne), S. 227.

Zett
zigitt
zett-zett-zigitt
tiri
zigitt-zigitt
turrr
zigitt-zigitt-zigitt
rugu-zigitt
turru
zigitt
TIER.

Ott
o
Ne
bel

||Raoul Hausmann: Opossum, in: Raoul Hausmann & Kurt Schwitters: PIN. Mit einer Einführung von Jasia Reichardt. Neuausgabe, Deutsch und Englisch, mit einem Nachwort von Michael Erlhoff und Karl Riha. Gießen: Anabas-Verlag Günter Kämpf 1986, S. 112.

psumo s sumpo
opsun ss
pusmo
muspo
pousupom
poupousom
sousoumompoup
pomoups
soumsoum
m m m m m m

Ra
oul
Ha
us
ma
nn

||Kurt Schwitters: Super-Bird-Song, in: Raoul Hausmann & Kurt Schwitters: PIN. Mit einer Einführung von Jasia Reichardt. Neuausgabe, Deutsch und Englisch, mit einem Nachwort von Michael Erlhoff und Karl Riha. Gießen: Anabas-Verlag Günter Kämpf 1986, S. 64. |||Kurt Schwitters: Obervogelsang, in: Raoul Hausmann & Kurt Schwitters: PIN. Mit einer Einführung von Jasia Reichardt. Neuausgabe, Deutsch und Englisch, mit einem Nachwort von Michael Erlhoff und Karl Riha. Gießen: Anabas-Verlag Günter Kämpf 1986, S. 95.

Ji
Uü
Aa
P' gikk
P'p' gikk
Beckedikee
Lampedigaal
P'p' beckedikee
P'p' lampedigaal
Ji üü Oo Aa
Brr Bredikekke
Ji üü Oo ii Aa
Nz' dott Nz' dott
Doll
Ee P' gikk
Lampedikrr
Sjaal
Briiniiaan
Ba baa

Ii
Üü
Aa
P'gikk
P'p'gikk
Bekke Dii kee
P'p'bampédii gaal
Ii Üü Oo Aa
Brr
Brekke Dii Kekke
Ii Üü Oo ii Aa
Nz' dott – Nz' dott
Doll
Ee
P'gikk
Lempe Dii Krr
Gaal
Brii Nüü Aau
Ba Braa

150 ||Öyvind Fahlström, Vogelrufe, in: Cabinet. New York 2000, Nr. 1, S. 76.

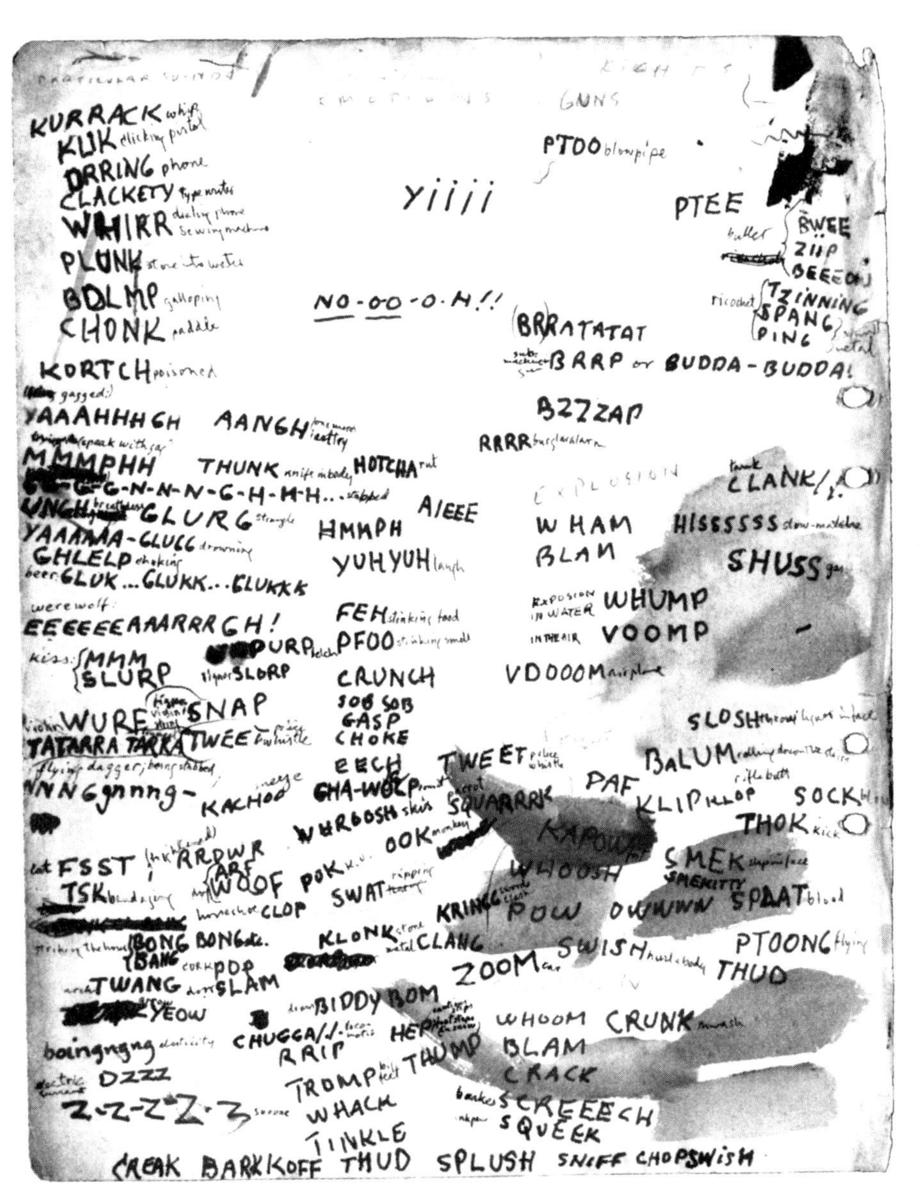

Öyvind Fahlström

fmsbw

Als Entstehungszeit der sa-umnischen Sprache, als Erscheinung (d. h. die Sprache, die keine Hilfsbedeutung hat), in der ganze selbständige Werke geschrieben werden, und nicht nur einzelne Teile von solchen (in der Art von Refrain, Lautschmuck u. dgl.), ist Dezember 1912 anzugeben – da schrieb ich das heute allbekannte Gedicht nieder: |Dyr bul schtschyl |Ube sch schtschur |Skum |Wy so bu |R l ez |Dieses Gedicht erblickte das Licht der Welt im Jahr 1913 in meinem Buch «Pomada» (Lippenstift). Im gleichen Jahr wurden meine sa-umnischen Gedichte in den Sammelbänden «Richterteich II» und «Verband der Jugend III» gedruckt. Im April 1913 wurde von mir die «Deklaration des Wortes als solches» veröffentlicht, wo erstmals der Begriff der sa-umnischen Sprache gegeben und dieser Terminus, der von nun an anerkannt war, eingeführt wurde.

Aleksej Krutschonych: Fonetika teatra (Die Phonetik des Theaters), zitiert nach: Valeri Scherstjanoi: Tango mit Kühen. Wien: edition selene 1998, S. 37f. ||Aleksej Krutschonych: 3 Gedichte geschrieben in der eigenen Sprache… (Zeichnungen von Michail Lorionow), aus: Pomada (Lippenstift), in: Valeri Scherstjanoi: Tango mit Kühen. Wien: edition selene 1998, S. 68.

3 стихотворенія
написаныя на
собственом языкѣ
от др. отличается!
слова его не имѣют
опредѣленаго значенія

*

№1. Дыр бул щыл
убѣшщур
скум
вы со бу
р л эз

№2
фрот фрон ыт
не спорю влюблен
черный язык
то было и у диких
племен

№3
Та са мае
ха ра бау
Саем сию дуб
радуб мола
аль

Ale
kse
j
Kr
uts
cho
nyc
h

Der Buchstabe als solcher |Um das Wort als solches streitet man sich schon nicht mehr, man ist sogar einverstanden. Aber worin besteht dieses Einverständnis? Man muß nur daran erinnern, daß die, die da spät über das Wort reden, nichts über den Buchstaben sagen! Blindgeborene! … |Das Wort ist trotz allem kein Wert, das Wort ist trotz allem nur geduldet. |Warum kleidet man es sonst nicht in einen grauen Gefängniskittel? Ihr habt die Buchstaben ihrer Worte gesehen – in einer Reihe aufgestellt, beleidigt, die Haare geschoren, und alle sind gleichermaßen farblos und grau – nicht Buchstaben, sondern Stempel! Aber fragt doch irgendeinen beliebigen Rederer, und er wird euch sagen, daß ein Wort, in einer bestimmten Handschrift geschrieben oder in bestimmtem Blei gesetzt, demselben Wort in einer anderen Gestalt durchaus nicht ähnlich sieht. |Ihr werdet doch nicht all eure hübschen Jünglinge in gleichaussehende staatliche Bauernröcke stecken! |Das fehlte noch! Sie würden euch ins Gesicht spucken, aber ein Wort – das schweigt. Weil es tot ist (wie Boris und Gleb[1]), ist es bei euch totgeboren. |Ach, ihr verdammten Svjatopolks! |Es gibt zwei Situationen |1) Daß die Stimmung die Handschrift beim Schreiben ändert. |2) Daß die Handschrift, eigentümlich verändert durch die Stimmung, diese Stimmung dem Leser übermittelt, unabhängig von den Wörtern. Ebenso muß man die Frage der sichtbaren oder einfach – wie für die Hand des Blinden – fühlbaren Schriftzeichen stellen. Es ist selbstverständlich nicht unbedingt nötig, daß der Rederer auch Schreiber des Selbstrunenbuchs ist, besser wäre, er würde damit einen Maler beauftragen. Aber solche Bücher hat es bisher noch nicht gegeben. Sie sind zuerst von den Budetljanen vorgelegt worden, nämlich: «Eine alte Liebe» wurde für den Druck von M. Larionov abgeschrieben. «Gesprengst» von N. Kulbin u. a., das «Entennestchen» von O. Rozanova. Da kann man endlich sagen: «Jeder Buchstabe – küßt eure Fingerlein». |Seltsamerweise, weder Balmont noch Blok – und das sind doch scheinbar so moderne Leute – sind je auf den Gedanken gekommen, ihre Kinderchen nicht dem Setzer, sondern einem Künstler und Maler anzuvertrauen… |Eine Sache, die von irgendeinem anderen abgeschrieben worden ist oder vom Autor selbst, der aber nicht sich selbst während der Umschrift erlebt hat, verliert all ihre Reize, mit denen sie und ihre Handschrift im Moment des «schrecklichen Wirbelsturms der Eingebung» ausgestattet war. |V. Chlebnikov, A. Krutschonych

[1] Boris und Gleb – Söhne des Großfürsten Vladimir des Kiever Reiches, auf Befehl ihres älteren Bruders Svatopolk ermordet (1015), später heiliggesprochen.

Velimir Chlebnikov, Aleksej Krutschonych: Der Buchstabe als solcher (1913), in: Velimir Chlebnikov: Werke 2: Prosa Schriften Briefe. Hrsg. von Peter Urban. Reinbek bei Hamburg: Rowohlt Taschenbuch Verlag 1972 (dnb 9), S. 116f. und 528. ||Aleksej Krutschonych: Aus «Tunšab» (1921), in: Erstens, Zweitens. Ausgewählt und herausgegeben von Jutta Hercher und Peter Urban. (2. Band: Zweitens. Zeichnungen russischer Dichter). Hamburg: material Verlag 1998, S. 166f.

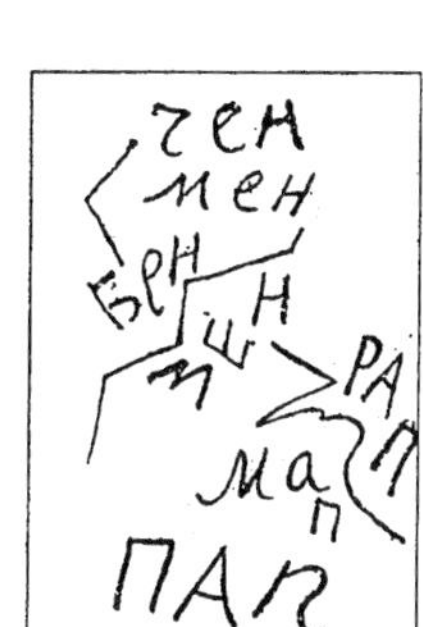

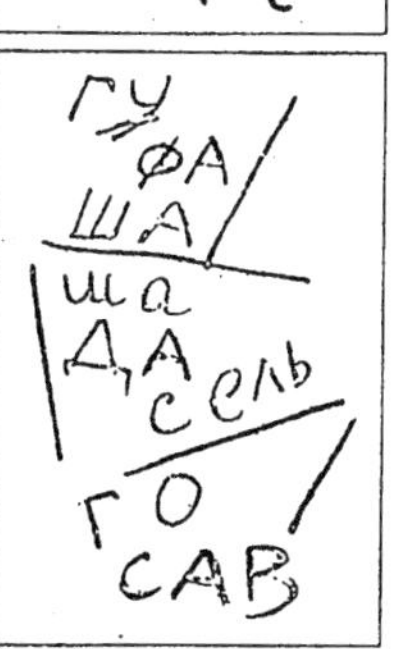

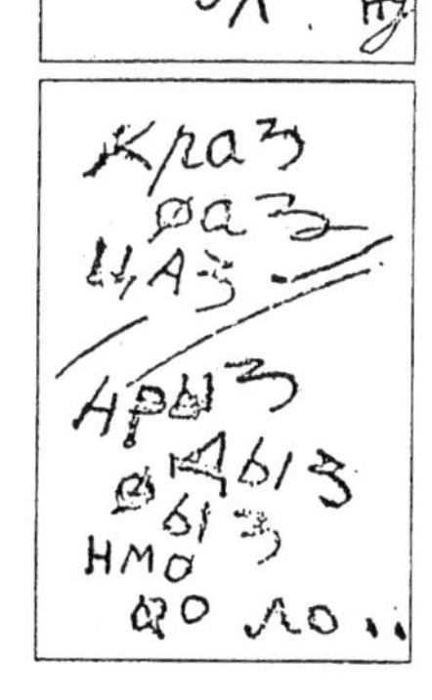

Aleksej Krutschonych

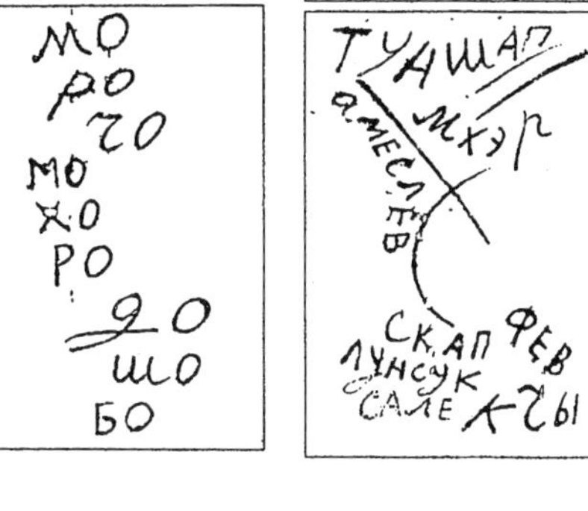

1) Gedanke und Rede reichen an das Erleben der Inspiration nicht heran, daher drängt es den Künstler, sich nicht allein durch die allgemeine Sprache (Begriffe) auszudrücken, sondern auch durch die persönliche (individueller Schöpfer) und durch die Sprache, die keine genaue Zeichen-Bedeutung besitzt (nicht erstarrt ist): die *sa-umnische*. Die allgemeine Sprache bindet, die freie ermöglicht, sich unumschränkt auszudrücken. (Beispiel: go osneg kaid usw.) |2) Sa-um – (historisch und individuell) die ursprüngliche Form der Poesie. Zuerst – eine rhythmisch-musikalische Regung. Ein Ur-Laut. (Der Dichter sollte ihn notieren, da er ihn während der weiteren Arbeit vergessen könnte.) |3) Sa-umnische Rede gebiert ein sa-umnisches Ur-Bild (und umgekehrt) – exakt unbestimmbar, z. B.: die formlosen Buka, Gorgo, Mormo, die Nebel-Schöne Illajali; Awoska und Neboska, usw. |4) Hinwendung zur sa-umnischen Sprache erfolgt: a) wenn der Künstler Bilder gibt, die sich (in ihm oder außerhalb seiner) noch nicht ganz herauskristallisiert haben, b) wenn man den Gegenstand nicht benennen möchte, nur andeuten – eine sa-umnische Charakteristik: «er ist so ein gewisser, er hat eine viereckige Seele» – hier bekommt ein gebräuchliches Wort sa-umnische Bedeutung. Dazu gehören auch erdachte Ruf- und Familien-Namen für literarische Gestalten, Bezeichnungen für Völker, für Gegenden, für Städte u. a., [...] c) wenn man den Verstand verliert (Haß, Eifersucht, Gewalttätigkeit...), d) wenn man ihn nicht braucht – religiöse Ekstase, Liebe. (Ausrufungsglossen, Interjektionen, Geschnurr, Kehrreime, Kindergestammel, Koseworte, Spitznamen – derartige Sa-um haben Schriftsteller aller Richtungen in Fülle.) |5) Sa-um weckt und befreit die schöpferische Phantasie, verletzt sie nicht mit Konkretem. Unter der Bedeutung schrumpft das Wort, krümmt sich, versteinert; Sa-um dagegen – wild, flammend, explosiv (wildes Paradies, feurige Zungen, auflodernde Kohle). |6) So muß man drei Hauptformen des Wortschaffens unterscheiden: I. Sa-umniches – a) Sing-, Besprech- und Gegensprech-Magie. b) «Überführen (Aufrufen und Darstellen) unsichtbarer Dinge» – Mystik. c) Musikalisch-phonetisches Wortschaffen – Instrumentierung. Faktur. II. Vernunftgesteuertes – (sein Gegensatz: vernunftloses Wortschaffen, klinisches, das seine eigenen Gesetze hat, von der Wissenschaft definiert, was aber außerhalb wissenschaftlicher Erkennntis liegt – gehört in das Gebiet der Ästhetik des Planlosen). III. Planloses – Alogisches, Zufälliges, schöpferischer Durchbruch, mechanische Wortverbindungen: Versprecher, Druckfehler, Lapsus; hierzu gehören teilweise auch Laut- und Bedeutungs-Verschiebungen, nationaler Akzent, Stottern, Lispeln u.a. |7) Sa-um ist die kürzeste Kunst, sowohl nach der Länge des Wegs vom Eindruck zum Ausdruck (von der Inspiration zur Kreation), als auch ihrer Form nach; z. B. Kuboa (Hamsun), Cho-bo-ra u. a. |8) Sa-um ist die allgemeinste Kunst, obgleich ihre Herkunft und ihr ursprünglicher Charaker national sein können, z. B. Ura, Ewanewoje! u. a. Sa-umnische Schöpfungen vermögen eine universale poetische Sprache zu geben, organisch geboren und nicht künstlich erzeugt wie Esperanto. |Baku – 1921

Aleksej Krutschonych: Deklaration der sa-umnischen Sprache, in: figura 3 Zyklen. Dresden: Verlag der Kunst 1982, S. 142-143. ||Alexej Krutschonych: cho, in: Valeri Scherstjanoi: Tango mit Kühen. Anthologie der russischen Lautpoesie zu Beginn des 20. Jahrhunderts. Wien: edition selene 1998, S. 72.

ch o
E O
ro

go
tscho
ro

tscha
ga
ra

sso
bo
ro

Ale
kse
j
Kr
uts
cho
nyc
h

Bobeobi sangen die Lippen |Weëomi sangen die Blicke |Piëëo sangen die Brauen |Liëëëj sang das Gesicht. |Gsigsigseo sang die Kette, |so lebte auf der Leinwand irgendwelcher Entsprechungen |außerhalb der Umrisse – das Gesicht. |Richter können alle Rechte haben, außer dem Recht, kindlich unschuldig in denjenigen Dingen zu sein, die sie angehen. |Ist denn nicht das Getrappel des unkeuschen Kindes zu hören? Schon Mallarmé und Baudelaire haben von lautlichen Entsprechungen der Wörter und von den Blicken hörbarer Gesichte und Laute gesprochen, in denen ein ganzes Wörterbuch steckt. |In meinem Aufsatz «Lehrer und Schüler» sieben Jahre habe auch ich einen gewissen Begriff von diesen Entsprechungen gegeben. B oder eine hellrote Blüte, und darum sind die Lippen bobeobi, weëomi ist blau, und darum sind die Augen blau, piëëo ist schwarz. Es verwundert nicht, daß Toporkov befremdet gelacht hat, ohne diese [*unleserl.*] zu lesen, und diese Verse anstarrte wie ein kaukasischer Wildesel die Eisenbahn, ohne deren Sinn und Bedeutung zu begreifen. |Lautschrift |Diese Gattung der Kunst ist ein Nährboden, dem der Baum der Weltsprache entwachsen kann. |m – blaue Farbe |l – weißes Elfenbein |g – gelb |b – rot, hochrot |s – golden |k – himmelblau |n – zart rot |p – schwarz mit rotem Schimmer

Velimir Chlebnikov: Werke 1: Poesie. Hrsg. von Peter Urban. Reinbek bei Hamburg: Rowohlt Taschenbuch Verlag 1972 (= dnb 8), S. 57-59. ||Velimir Chlebnikov: Bobeobi, geschrieben von Olga Rozanova in «Te-li-le» (1914), in: Erstens, Zweitens. Ausgewählt und herausgegeben von Jutta Hercher und Peter Urban. (2. Band: Zweitens. Zeichnungen russischer Dichter). Hamburg: material Verlag 1998, S. 54.

Ор. 13.

Бобэоби
пѣлись губы
Вээоми пѣлись взоры
Пiээо пѣлись брови
Лiээй —
пѣлся облик
Гзи-гзи-гзэо пѣлась цѣпь
Так на холстѣ каких
то — соотвѣтствій
Внѣ протяженія жило Лицо.

§ 2. Zaum |Die Wortbedeutungen der natürlichen Alltagssprache sind uns verständlich. So wie der kleine Junge sich beim Spiel einbilden kann, daß jener Stuhl, auf dem er sitzt, ein echtes Pferd aus Fleisch und Blut ist und der Stuhl ihm beim Spiel das Pferd ersetzt, so ersetzt in der mündlichen und schriftlichen Sprache das kleine Wort Sonne in der bedingten Welt des menschlichen Gesprächs einen schönen, majestätischen Stern. Das durch ein Wortspielzeug ersetzte, majestätische, in aller Ruhe strahlende Gestirn stimmt bereitwillig dem dritten und zweiten Fall zu, die auf seinen Stellvertreter in der Sprache angewandt werden. Aber diese Gleichheit ist bedingt: wenn das echte verschwindet und nur das Wort Sonne bleibt, so kann dieses allein nicht vom Himmel strahlen und die Erde erwärmen, sondern die Erde wird vereisen, sie wird zur Schneeflocke in der Faust des Weltenraums. Ebenso kann ein Kind, das mit Puppen spielt, in aller Ehrlichkeit Tränen vergießen, wenn sein Bündel Lumpen stirbt, auf den Tod krank ist; eine Hochzeit veranstaltet zwischen zwei Lumpenbündeln, die absolut nicht voneinander zu unterscheiden sind, bestenfalls mit groben stumpfen Kopfenden. Im Spiel sind diese Fetzen – lebende echte Menschen, mit Herz und Leidenschaften. Das Verständnis der Sprache ist wie das des Spiels mit Puppen; in ihr sind aus den Fetzen des Klanges Puppen für alle Dinge der Welt genäht. Menschen, die in einer Sprache sprechen, – sind Teilnehmer an diesem Spiel. Für Menschen, die in einer anderen Sprache sprechen, sind solche Klangpuppen einfach ein Sammelsurium von Klangfetzen. Also, das Wort ist eine Klangpuppe, das Wörterbuch, Vokabular – eine Sammlung von Spielzeug. Aber die Sprache hat sich auf natürliche Weise aus einigen wenigen Grundeinheiten des Alphabets entwickelt; mitlautende und selbstlautende Klänge waren die Saiten dieses Spiels mit den Klangpuppen. Wenn man aber eine Zusammensetzung dieser Klänge und Laute in freier Anordnung nimmt, zum Beispiel: bobeobi, oder dyr bul ščel, oder mantsch! mantsch! tschi breo so!, – so gehören diese Wörter zu keiner, überhaupt keiner Sprache, aber sagen dennoch etwas, irgend etwas nicht Faßbares, aber dennoch Bestehendes. |Wenn die Klangpuppe «Sonne» in unserem menschlichen Spiel erlaubt, mit den Händen jämmerlicher Sterblicher einen herrlichen Stern an Ohren und Schnurrbart zu reißen, mit allen möglichen Dativen, denen die wirkliche Sonne niemals zustimmen würde, so ergeben diese Wortfetzen dennoch nicht die Puppe der Sonne selbst. Aber trotzdem sind dies ebenjene Fetzen, und als solche bedeuten sie auch irgend etwas. Aber da gerade sie nichts zu Bewußtsein geben (nicht zum Puppenspiel taugen), so werden diese freien Zusammensetzungen, das Spiel der Stimme jenseits der Wörter, Zaum-Sprache genannt. Zaum-Sprache bedeutet: jenseits der Grenzen des Verstandes befindlich. Vergleiche «Zarečie» – ein Platz, der jenseits des Flusses liegt. «Zadonščina» – jenseits des Don. Daß in Beschwörungsformeln, Zaubersprüchen die Zaum-Sprache herrscht und die verständliche Vernunftsprache verdrängt, beweist, daß sie eine besondere Macht über das Bewußtsein hat, besondere Rechte auf ein Leben neben der verständlichen. Aber es gibt einen Weg, die Zaum-Sprache verständlich zu machen. |Wenn man ein Wort nimmt, angenommen «Schale», so wissen wir nicht, welche Bedeutung jeder einzelne Laut für das gesamte Wort besitzt. Wenn man aber alle Wörter mit dem Anfangsbuchstaben Sch zusammennimmt (Schüssel, Schädel, Schuh, Scheune usw.), so

Vel
imi
r
Chl
eb
nik
ov

verlieren alle übrigen Laute und vernichten sich gegenseitig, und jene allgemeine Bedeutung, die diese Wörter besitzen, wird zur Bedeutung des Sch. Beim Vergleich dieser Wörter auf Sch sehen wir, daß sie alle einen Körper in der Umhüllung eines anderen bedeuten; Sch bedeutet Hülle. Und auf diese Weise hört die Zaum-Sprache auf, Zaum – jenseits des Verstandes – zu sein. Sie wird zum Spiel auf dem von uns erklärten Alphabet – zur neuen Kunst, an deren Schwelle wir stehen. 1. Der erste Mitlaut eines einfachen Wortes regiert das ganze Wort – er befehligt die anderen. |2. Wörter, die mit ein und demselben Mitlaut beginnen, vereinigen sich in ein und demselben Begriff und fliegen gleichsam von verschiedenen Seiten auf ein und denselben Punkt des Verstandes zu. Wenn man die Wörter Schale und Schuh nimmt, so regiert, befehligt beide Wörter der Laut Sch, wenn man die Wörter auf Sch sammelt: Schuh, Schlapfen, Schlorre, Schädel, Scheune, Schuppen, Schachtel, Scheide, Schiff, Schüssel, und Schale, Schranze, Schurz, Schwindsucht, – so sehen wir, daß all diese Wörter sich im Punkte des folgenden Bildes treffen. Sei es Schuh oder Schale, in beiden Fällen füllt das Volumen des einen Körpers (Fuß oder Wasser) die Leere des anderen Körpers, der ihm als Oberfläche dient. Von hier – schalen, d. h. Schale sein für das Wasser der Zukunft. Auf diese Weise ist Sch nicht nur ein Laut, Sch ist ein Name, ein unteilbarer Körper der Sprache. |Wenn sich herausstellt, daß Scha in allen Sprachen ein und dieselbe Bedeutung hat, so ist das Problem der Weltsprache gelöst: alle Arten von Schuhwerk werden Schas, Fuß-Schas, alle Arten von Schalen und Schüsseln – Wasser-Schas genannt werden, einfach und klar. In jedem Falle bedeutet Hata Hütte nicht nur auf russisch, sondern auch auf ägyptisch; w bedeutet in den indoeuropäischen Sprachen eine Drehbewegung, winden. Gestützt auf die Wörter Haus, Hof, Herd, Hütte, Heim, Herberge, Hort, – sehen wir, daß die Bedeutung die ist: die Hindernislinie zwischen einem Punkt, der sich auf sie zubewegt, und einem anderen, der sich hinter ihr verbirgt. Die Bedeutung von W liegt in der Umdrehungsbewegung eines Punktes um einen anderen unbeweglichen. |Von hier kommen – Wirbel, Welle, Wind, Windung und viele andere Wörter. M ist die Aufteilung einer Größe in unendlich kleine Teile. Die Bedeutung von L ist der Übergang eines Körpers längs einer Bewegungsachse in einen zweidimensionalen Körper quer zum Weg der Bewegung. Die Bedeutung von K – ein unbeweglicher Punkt, ein verfestigendes Netz beweglicher Punkte. Auf diese Weise ist die Zaum-Sprache die vorwärtsschreitende Weltsprache im Keim. Nur sie kann die Menschen einen. Die Verstandessprachen trennen.

Velimir Chlebnikov: Aus «Unsere Grundlage», in: Werke 2: Prosa Schriften Briefe. Reinbek bei Hamburg: Rowohlt Taschenbuch Verlag 1972 (= dnb 9), S. 327-329.

||Oskar Pastior, was ich bin / erfahrendse / feurott go feurott / kommerar tir neuerar, in: Mein Chlebnikov. Gedichte und Texte von Velimir Chlebnikov, übertragen und gelesen von Oskar Pastior. Obermichelbach: Gertraud Scholz Verlag 1993, CD-Booklet, o. Pag.

was ich bin
(lächern gammelti mrötn)–:

abglitz nd marter künft
herkomm von ruhmertöt
auglsprang blühfärbel
nd zupfe rocken stirbs
nd schlupfe kreisen dralz
nd hupfe kommen wells
ein klingoling von harrnis
ein sperrozwinger starrnis
ein starre heiter künft

erfahrendse

ischuschterbs
ein schtirren
schtorb
ischuschtamblns schäm
ischugrollans schwieg
ischublindins schtümm
ischutauppns schtein
ischuscheuhasts schwieg
ischumühelens schrie –
ischudein
ischudeins

feurott go feurott!

dir zum opfraß travmphahe
berühmtal ruttafänger
solltu eine rotte freier
feurier mir zugesträuben
feurott go feurott!
fleuriote freinis z lugen
eine rotte fleuger feurier
daß aus finster nuner jetzen
feuer reggen bogen schlügen

kommerar tir neuerer

wärerar tir warerar
neuerar tir freuerar
kämmerar tir brauerar
uferar tir heferar
machterar tir walterar
oderar tir zederar
borsterar tir zauberar

Ich verbinde die neue Bewegung gegenstandsloser Dichtung als Klang und Buchstabe mit der malerischen Wahrnehmung, und dies verleiht dem Klang der Verse eine neuartige, lebendig-visuelle Wirkung ... ich nähere mich hier einer neuen kreativen Form. Durch die malerisch-graphische Reproduktion der gegenstandslosen Dichtung [meiner] zwei Bücher *Sigra Ar* und *Rtny Chomle* führe ich gleichzeitig Klang als neue Qualität in das Malen visueller Elemente ein und bereichere dadurch quantitativ deren Möglichkeiten.

Warwara Stepanowa, in: Amazonen der Avantgarde. Alexander Exter, Natalja Gontscharowa, Ljubow Popowa, Olga Rosanowa, Warwara Stepanowa und Nadeschda Udalzowa. Herausgegeben von John E. Bowlt und Matthew Drutt. New York: The Solomon R. Guggenheim Foundation; New York: Guggenheim Museum Publications. Ostfildern-Ruit: Hatje Cantz Verlag 1999, S. 243.

Afta iur inka
nair prasi
Taweniu lirka
taius fai
O male totti
O le maiaft
isva leiatti
Ifta lijard.

Wa
rw
ara
Ste
pa
no
wa

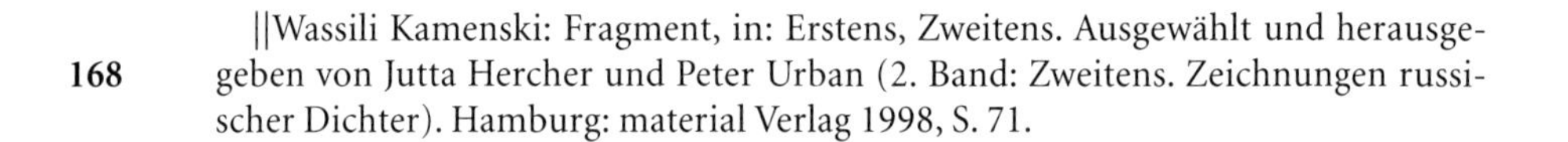

||Wassili Kamenski: Fragment, in: Erstens, Zweitens. Ausgewählt und herausgegeben von Jutta Hercher und Peter Urban (2. Band: Zweitens. Zeichnungen russischer Dichter). Hamburg: material Verlag 1998, S. 71.

Arfmar – chary – mar.
Pjeregara – bar -byr,
schpar-da, schgi-da,
schar-da, schri-da!
I – ächytscha da ächytscha,
Prjechatsch tscha datschà

Mitsingen

Wa
ssil
i
Ka
me
nsk
i

Tenente Caldera |Capopezzo, pronto ?
Capopezzo |Primo pezzo pronto !
Tenente Caldera |Primo pezzo .... FOOC ! |(pausa – poi al telefono:) Ti ho spedito il dolce .... |Bene ? .... |Ora ti spedisco altro, dolce migliore |Dimmi che pagliaccio, hai ? .... Bene grazie ! .... |(poi voltandosi al capopezzo:) |Mi raccomando. Pulizia ! .... Gratta il fondo della bombarda .... |E questa la bomba ?
Capopezzo |Si, 92 chili. Ditta Marinetti .... |Contiene 8 nuovi esplosivi. |Miscela futurista. |Tenente Caldera |Meravigliosa ! La conosco. |Gratta il metallo. Non ci sono venature ?

Capopezzo |No pulitissima. Devo caricare ? ....
Tenente Caldera |Carica.
Capopezzo |Collo stesso alzo e la stessa direzione ? ....
Tenente Caldera |Si, si. Bisogna insistere. Tiriamo sempre contro lo stesso lurido trincerone austrotedesco pieno di colera pidocchi preti moralisti spie professori e poliziotti. |Attenti ! .... Secondo pezzo pronto ? ....
Capopezzo |Pronto ! ....
Tenente Caldera |Se ..... condo ..... pez ..... zo |FOOC !
F. T. Marinetti: Parabola ed esplosione della bomba. Nella 11ª Batteria Bombarde Case di Zagora, in: Teoria e Invenzione Futurista. Opere II. Hrsg. von Luciano De Maria. Milano: Arnoldo Mondadori Editore 1968, S. 833-838.

TUM rrrrrrrrrrrrrrrrrrrrrrrrrrrrrrrrrrrrrrrrrrrrrrrrrr

ua ua ua ua ua ua ua ua ua ua ua ua

SCRAA

BRAAANG

BRAGRAA

GRAAANG

BRAAAN

F.
T.
Ma
rin
etti

Klangmalerei und mathematische Zeichen |Als ich sagte, daß «man einmal täglich den Altar der Kunst anspeien müsse», spornte ich die Futuristen an, den Lyrismus von der feierlichen, mit Zerknirschung und Weihrauch erfüllten Atmosphäre zu befreien, die man Kunst zu nennen pflegt; Kunst groß geschrieben. Diese groß geschriebene Kunst ist der Klerikalismus des schöpferischen Geistes. Ich spornte deshalb die Futuristen an, Girlanden, Palmen und Aureolen, kostbare Rahmen, Stolen und Gewänder, den ganzen historischen Apparat und den romantischen Krimskrams, die bis in unsere Zeit einen großen Teil der gesamten Dichtung ausmachen, zu zerstören und zu verspotten. Ich verfocht hingegen einen sehr raschen, brutalen und direkten Lyrismus, einen Lyrismus, der allen unseren Vorgängern als unpoetisch erscheinen muß, einen telegraphischen Lyrismus, der absolut nicht nach Büchern und soviel wie möglich nach Leben schmeckt. Daraus ergibt sich die mutige Einführung von klangmalerischen Akkorden, um auch die kakophonischsten Töne und Geräusche des modernen Lebens wiederzugeben. |Die Klangmalerei, die dazu dient, den Lyrismus durch rohe und brutale Wirklichkeitselemente zu beleben, ist in der Dichtung (von ARISTOPHANES bis PASCOLI) mehr oder weniger zaghaft angewendet worden. Wir Futuristen sind die ersten, die die Klangmalerei ständig und kühn gebrauchen. Das darf aber nicht systematisch geschehen. So verlangten zum Beispiel mein «Adrianopolis Belagerung – Orchester» (*Adrianopoli Assedio – Orchestra*) und meine «Schlacht Gewicht + Geruch» (*Battaglia Peso + Odore*) viele klangmalerische Akkorde. Mit dem Ziel, die größte Zahl an Vibrationen und die tiefste Lebenssynthese zu geben, schaffen wir auch alle stilistischen Bindungen ab, alle glänzenden Schnallen, mit denen die traditionellen Dichter die Bilder in ihren Satzgefügen verbinden. Wir bedienen uns dagegen der ganz kurzen oder anonymen mathematischen und musikalischen Zeichen und setzen in Klammern Anweisungen wie: (*presto*), (*più presto*), (*rallentando*), (*due tempi*), um die Geschwindigkeit des Stils zu regulieren. Diese Parenthesen können auch ein Wort oder einen klangmalerischen Akkord zerschneiden.

F. T. Marinetti: Aus «Zerstörung der Syntax – Drahtlose Phantasie – Befreite Worte» (11. Mai 1913), in: Christa Baumgarth: Geschichte des Futurismus. Reinbek bei Hamburg: Rowohlt Taschenbuch Verlag 1966 (rde 248/249), S. 176f. ||F. T. Marinetti: Montagne + Vallate + Strade x Joffre, in: Les mots en liberté futuristes. Hrsg. von Gérard-Georges Lemaire. Paris: Jacques Damase éditeur 1986, S. 47.

F.
T.
Ma
rin
etti

TECHNISCHES MANIFEST DER FUTURISTISCHEN LITERATUR |[…] 1. MAN MUSS DIE SYNTAX DADURCH ZERSTÖREN, DASS MAN DIE SUBSTANTIVE AUFS GERATEWOHL ANORDNET, SO WIE SIE ENTSTEHEN. |2. MAN MUSS DAS VERB IM INFINITIV GEBRAUCHEN, damit es sich elastisch dem Substantiv anpaßt, und es nicht dem *Ich* des Schriftstellers unterordnen, der beobachtet oder erfindet. […] |3. MAN MUSS DAS ADJEKTIV ABSCHAFFEN, damit das bloße Substantiv seine wesenhafte Färbung beibehält. […] |4. MAN MUSS DAS ADVERB ABSCHAFFEN, diese alte Schnalle, die ein Wort an das andere bindet. Das Adverb gibt dem Satz einen lästigen, einheitlichen Ton. |5. JEDES SUBSTANTIV MUSS SEIN DOPPEL HABEN, d. h. jedem Substantiv muß ohne Bindewort das Substantiv folgen, dem es durch Analogie verbunden ist. […] Man muß […] die Redewendungen *wie*, *gleich*, *so wie*, *ähnlich* unterdrücken. […]

|6. AUCH DIE ZEICHENSETZUNG MUSS ABGESCHAFFT WERDEN. […] Um gewisse Bewegungen hervorzuheben und ihre Richtungen anzugeben, wird man die mathematischen Zeichen + - x : = > < und die musikalischen Zeichen verwenden. […] |11. MAN MUSS DAS «ICH» IN DER LITERATUR ZERSTÖREN, das heißt die ganze Psychologie. Der durch die Bibliotheken und Museen vollkommen verdorbene, einer entsetzlichen Logik und Weisheit unterworfene Mensch ist ganz und gar ohne Interesse. Wir müssen ihn also in der Literatur abschaffen. An seine Stelle muß endlich die Materie treten, deren Wesen schlagartig durch Intuition erfaßt werden muß, […]. An die Stelle der längst erschöpften Psychologie des Menschen muß DIE LYRISCHE BESESSENHEIT DER MATERIE treten. […] |Außerdem müssen drei Elemente in die Literatur eingeführt werden, die bisher vernachlässigt wurden: 1. DER LÄRM (Manifestationen des Dynamismus der Gegenstände); 2. DAS GEWICHT (Flugvermögen der Gegenstände); 3. DER GERUCH (Streuvermögen der Gegenstände). […] |Zusammen werden wir erfinden, was ich DRAHTLOSE PHANTASIE nenne. Eines Tages werden wir zu einer noch essentielleren Kunst gelangen […]. Wir müssen zu diesem Zweck darauf verzichten, verstanden zu werden. […] |11. Mai 1912. |F. T. Marinetti

F. T. Marinetti: Aus «Technisches Manifest der futuristischen Literatur», in: Christa Baumgarth: Geschichte des Futurismus. Reinbek bei Hamburg: Rowohlt Taschenbuch Verlag 1966 (rde 248/249), S. 166-171. ||Giacomo Balla: Paesaggio + Temporale (II versione), Roma 1915. In: Scrittura visuale e poesia sonora futurista. Hrsg. von Luciano Caruso und Stelio M. Martini. Florenz: Ufficio Cultura della Provincia di Firenze 1977, S. 51.

PAESAGGIO + TEMPORALE

Sz uuuuiiiii Luuuuummm

ffuuuuum - ssssvvvvvv

Sprauuum Taunnug

cio cio cio cicioci TETI TE TI

ci ci ssss cccccccccccc

CRAEMM TI BOUMMMMMMM

SAETTAN TI BOUUUMMMM

CAAAAAMAAAAAA

pi pi ciu ci ciuci zu zi zu zi

ffffuuu ffffuuu ffffuuu

GRAN PALLA DI FUOCO

SI SPAAAAANDE langa NELLO SPAZIO

APRE LO [illegible]

Gia
co
mo
Bal
la

Il declamatore futurista dovrà dunque: |1. Vestire un abito anonimo (possibilmente, di sera, uno smoking), evitando tutti gli abiti che suggeriscono ambienti speciali. Niente fiori all'occhiello, niente guanti. |2. Disumanizzare completamente la voce, togliendole sistematicamente ogni modulazione o sfumatura. |3. Disumanizzare completamente la faccia, evitare ogni smorfia, ogni effetto d'occhi. |4. Metallizzare, liquefare, vegetalizzare, pietrificare ed elettrizzare la voce, fondendola colle vibrazioni stesse della materia, espresse dalle parole in libertà. |5. Avere una gesticolazione geometrica, dando così alle braccia delle rigidità taglienti di semafori e di raggi di fari per indicare le direzioni delle forze, o di stantuffi e di ruote, per esprimere il dinamismo delle parole in libertà. |6. Avere una gesticolazione disegnante e topografica che sinteticamente crei nell'aria dei cubi, dei coni, delle spirali, delle ellissi, ecc. |7. Servirsi di una certa quantità di strumenti elementari come martelli, tavolette di legno, trombette d'automobili, tamburi, tamburelli, seghe, campanelli elettrici, per produrre senza fatica e con precisione le diverse onomatopee semplici o astratte e i diversi accordi onomatopeici. |Questi diversi strumenti, in certe agglomerazioni orchestrali di parole in libertà possono agire orchestralmente, ognuno maneggiato da uno speciale esecutore. |8. Servirsi di altri declamatori uguali o subalterni, mescolando o alternando la sua con la loro voce. |9. Spostarsi nei differenti punti della sala, con maggiore, o minore rapidità correndo o camminando lentamente, facendo così collaborare il movimento del proprio corpo allo sparpagliamento delle parole in libertà. Ogni parte del poema così avrà una sua luce speciale e il pubblico, pur seguendo magnetizzato la persona del declamatore, non subirà staticamente la forza lirica, ma concorrerà, nel voltarsi verso i diversi punti della sala, al dinamismo della poesia futurista. |10. Completare, la declamazione con 2, 3, o 4 lavagne disposte in diversi punti della sala, e sulle quali egli deve disegnare rapidamente teoremi, equazioni e tavole sinottiche di valori lirici. |11. Deve essere un inventore e un creatore instancabile nella sua declamazione: |*a)* decidendo istintivamente ad ogni istante il punto in cui l'aggettivo-tono e l'aggettivo atmosfera deve essere pronunciato e ripetuto. Non essendovi, nelle parole in libertà, nessuna indicazione precisa, egli deve seguire in ciò soltanto il suo fiuto, preoccupandosi di raggiungere il massimo splendore geometrico e la massima sensibilità numerica. Così egli collaborerà coll'autore parolibero, gettando intuitivamente nuove leggi e creando nuovi orizzonti imprevisti nelle parole in libertà che egli interpreta. |*b)* Chiarendo e spiegando, colla freddezza d'un ingegnere o d'un meccanico, le tavole sinottiche e le equazioni di valori lirici che formano delle zone di evidenza luminosa, quasi geografica (fra le parti più oscure e più complesse delle parole in libertà) e delle momentanee concessioni alla comprensione del lettore. |*c)* Imitando in tutto e per tutto i motori e i loro ritmi (senza preoccuparsi della comprensione) nel declamare queste parti più oscure e più complesse e specialmente tutti gli accordi onomatopeici.

F. T. Marinetti: La declamazione dinamica e sinottica, (29.3.1914) in: Teoria e Invenzione Futurista. Opere II. Hrsg. von Luciano De Maria. Milano: Arnoldo Mondadori Editore 1968, S. 106-108. ||Carlo Carrà (1914), in: Karin v. Maur (Hrsg.): Vom Klang der Bilder. München: Prestel 1985, S. 119.

AudaCIA

BUUUIO

GaieZZA

bUUUIO

bUuuUIO

rrrrrrrrrrrrrrrrrr
rrrrrrrrrrrrrr
rrrrrrrrrrrrr
rrrrrrrrrrrr
rrrrrrrrrrr
rrrrrrrrrrr

buUUIO

BUUUIO

oh oh oh oh oh
ah ah ah ah ah
uh uh uh uh
eeeeeee
eeeeee
uuuuu
uuuu
uuu
uuu
u

BuUUIO

buUUuuuuuuUIO

pASSioSionalità

SSSTRRaffottenZA

STOP

(brusca pioggia luceeeeeeeeleTTRrrRiiiCA

Grazie domani nuovo Prograrnm

A)

ttttllàààààATttllààààààÀÀÀ

leggero Carrrrrrrà duraturo

Ca
rlo
Ca
rrà

8. Il nostro amore crescente per la materia, la volontà di penetrarla e di conoscere le sue vibrazioni, la simpatia fisica che ci lega ai motori, ci spingono all'*uso dell'onomatopea.* |Il rumore, essendo il risultato dello strofinamento o dell'urto di solidi, liquidi o gas in velocità, l'onomatopea, che riproduce il rumore, è necessariamente uno degli elementi più dinamici della poesia. Come tale l'onomatopea può sostituire il verbo al-l'infinito, specialmente se viene opposta ad una o più altre onomatopee. (Es.: l'onomatopea tatatata delle mitragliatrici, opposta all' urrrraaaah dei Turchi nel finale del capitolo «Ponte», del mio *Zang tumb tumb.*)

|La brevità delle onomatopee permette in questo caso di dare degli agilissimi intrecci di ritmi diversi. Questi perderebbero parte della loro velocità se fossero espressi più astrattamente, con maggior sviluppo, cioè senza il tramite delle onomatopee. Vi sono diversi tipi di onomatopee: |a) *Onomatopea diretta imitativa elementare realistica*, che serve ad arricchire di realtà brutale il lirismo e gli impedisce di diventare troppo astratto o troppo *artistico.* (Es.: pic pac pum, fucileria.) Nel mio «Contrabbando di guerra», in *Zang tumb tumb*, l'onomatopea stridente ssiiiiii dà il fischio di un rimorchiatore sulla Mosa ed è seguita dall' onomatopea velata ffiiiii ffiiiiiii, eco dell'altra riva. Le due onomatopee mi hanno evitato di descrivere la larghezza del fiume, che viene così definita dal contrasto delle due consonanti s ed f. |b) *Onomatopea indiretta complessa e analogica.* Es.: nel mio poema *Dune* l'onomatopea dum-dum-dum-dum esprime il rumore rotativo del sole africano e il peso arancione del cielo, creando un rapporto tra sensazioni di peso, calore, colore, odore e rumore. Altro esempio: l'onomatopea stridionla stridionla stridionlaire che si ripete nel primo canto del mio poema epico *La Conquête des Étoiles* forma un'analogia fra lo stridore di grandi spade e l'agitarsi rabbioso delle onde, prima di una grande battaglia di acque in tempesta.

|c) *Onomatopea astratta,* espressione rumorosa e incosciente dei moti più complessi e misteriosi della nostra sensibilità. (Es.: nel mio poema *Dune*, l'onomatopea astratta ran ran ran non corrisponde a nessun rumore della natura o del macchinismo, ma esprime uno stato d'animo.) |d) *Accordo onomatopeico psichico*, cioè fusione di 2 o 3 onomatopee, astratte.

F. T. Marinetti: Aus «Lo splendore geometrico e meccanico e la sensibilità numerica (18 marzo 1914)», in: Teoria e Invenzione Futurista. Opere II. Hrsg. von Luciano De Maria. Milano: Arnoldo Mondadori Editore 1968, S. 90f. ||Francesco Cangiullo: Piedigrotta col Manifesto sulla declamazione dinamica sinottica di Marinetti. Milano: Edizioni futuriste di Poesia 1916, S. m.

Su PRINCIPESSE del MARE Più su REGINA (VERDEACERBO di MARE) con stella marina sulle fiche = salse meduse
Più su precipizî di fuochi d'artifizio = vetrine di tutti i gioiellieri del Mondo rovesciate su PIEDIGROTTA corona di PIEDIGROTTA

(prestissimo) ujsciujsciujsciujscì
« Ò scelto un nome eccentrico..... »
éppà (LOIE FULLER **VIOLA**)

aròvaielatrinabucchinaramannaggiachitemm OOH ! EEH !

(prestissimo) ujsciujsciujsciujscì
« 'O tenente m' à ncucciato..... »
éppà ppà (LOIE FULLER **ARANCIONE**)

Nestrunzoaròstàoillàchillusfaccemmus EEH ! OOH !!

(prestissimo) ujsciujsciujsciujscì
« O bionda o bella bionda..... »
éppà ppà ppappappà
(LOIE FULLER TURCHINO)

EchillicummevottehCicciiIcumpaaA ! UUHH ! UHH !
ndrscì ndrscì ndrscì
« Quanno tramont' 'o sole..... »
tra térétatatà ttà ttà

*E'icummesiteBBonaEssòretamancocemmale EHOHAHU*U
tftftftftftfun
« MAGGIO SI' TU..... »
frfrfrfrfrfr

$\frac{2}{4}$ TE || : TE tete | TÈ TE | TE tete | TÈ TE : || *(per tutta la vita)*
frscì frscì frscì frscì
ttrach ttrach ttrach ttrà
tr

Fra
nce
sco
Ca
ngi
ull
o

23.6.1916 |Ich habe eine neue Gattung von Versen erfunden, «Verse ohne Worte» oder Lautgedichte, in denen das Balancement der Vokale nur nach dem Werte der Ansatzreihe erwogen und ausgeteilt wird. Die ersten dieser Verse habe ich heute abend vorgelesen. Ich hatte mir dazu ein eigenes Kostüm konstruiert. Meine Beine standen in einem Säulenrund aus blauglänzendem Karton, der mir schlank bis zur Hüfte reichte, so daß ich bis dahin wie ein Obelisk aussah. Darüber trug ich einen riesigen, aus Pappe geschnittenen Mantelkragen, der innen mit Scharlach und außen mit Gold beklebt, am Halse derart zusammengehalten war, daß ich ihn durch ein Heben und Senken der Ellbogen flügelartig bewegen konnte. Dazu einen zylinderartigen, hohen, weiß und blau gestreifelten Schamanenhut.

|Ich hatte an allen drei Seiten des Podiums gegen das Publikum Notenständer errichtet und stellte darauf mein mit Rotstift gemaltes Manuskript, bald am einen, bald am andern Notenständer zelebrierend. Da Tzara von meinen Vorbereitungen wußte, gab es eine richtige kleine Premiere. Alle waren neugierig. Also ließ ich mich, da ich als Säule nicht gehen konnte, in der Verfinsterung auf das Podest tragen und begann langsam und feierlich: |gadji beri bimba [...] |Die Akzente wurden schwerer, der Ausdruck steigerte sich in der Verschärfung der Konsonanten. Ich merkte sehr bald, daß meine Ausdrucksmittel, wenn ich ernst bleiben wollte (und das wollte ich um jeden Preis) dem Pomp meiner Inszenierung nicht würden gewachsen sein. Im Publikum sah ich Brupbacher, Jelmoli, Laban, Frau Wiegman. Ich fürchtete eine Blamage und nahm mich zusammen. Ich hatte jetzt rechts am Notenständer «Labadas Gesang an die Wolken» und links die «Elefantenkarawane» absolviert und wandte mich wieder zur mittleren Staffelei, fleißig mit den Flügeln schlagend. Die schweren Vokalreihen und der schleppende Rhythmus der Elefanten hatten mir eben noch eine letzte Steigerung erlaubt. Wie sollte ich's aber zu Ende führen? Da bemerkte ich, daß meine Stimme, der kein anderer Weg mehr blieb, die uralte Kadenz der priesterlichen Lamentation annahm, jenen Stil des Meßgesangs, wie er durch die katholische Kirchen des Morgen- und Abendlandes wehklagt. |Ich weiß nicht, was mir diese Musik eingab. Aber ich begann meine Vokalreihen rezitativartig im Kirchenstile zu singen und versuchte es, nicht nur ernst zu bleiben, sondern mir auch den Ernst zu erzwingen. Einen Moment lang schien mir, als tauche in meiner kubistischen Maske ein bleiches, verstörtes Jungensgesicht auf, jenes halb erschrockene, halb neugierige Gesicht eines zehnjährigen Knaben, der in den Totenmessen und Hochämtern seiner Heimatspfarrei zitternd und gierig am Munde der Priester hängt. Da erlosch, wie ich es bestellt hatte, das elektrische Licht, und ich wurde vom Podium herab schweißbedeckt als ein magischer Bischof in die Versenkung getragen.

Hugo Ball: Die Flucht aus der Zeit. München, Leipzig: Verlag von Duncker & Humblot 1927, S. 105-107. ||Hugo Ball: Gadji beri bimba (1916), in: Gesammelte Gedichte. Zürich: Verlag der Arche 1963, S. 27.

gadji beri bimba glandridi laula lonni cadori
gadjama gramma berida bimbala glandri galassassa laulitalomini
gadji beri bin blassa glassala laula lonni cadorsu sassala bim
gadjama tuffm i zimzalla binban gligla wowolimai bin beri ban
o katalominai rhinozerossola hopsamen laulitalomini hoooo
gadjama rhinozerossola hopsamen
bluku terullala blaulala loooo

zimzim urullala zimzim urullala zimzim zanzibar zimzalla zam
elifantolim brussala bulomen brussala bulomen tromtata
velo da bang bang affalo purzamai affalo purzamai lengado tor
gadjama bimbalo glandridi glassala zingtata pimpalo ögrögöööö
viola laxato viola zimbrabim viola uli paluji malooo

tuffm im zimbrabim negramai bumbalo negramai bumbalo tuffm i zim
gadjama bimbala oo beri gadjama gaga di gadjama affalo pinx
gaga di bumbalo bumbalo gadjamen
gaga di bling blong
gaga blung

Hu
go
Bal
l

Dada ist eine neue Kunstrichtung. Das kann man daran erkennen, daß bisher niemand etwas davon wußte und morgen ganz Zürich davon reden wird. Dada stammt aus dem Lexikon. Es ist furchtbar einfach. Im Französischen bedeutet's Steckenpferd. Im Deutschen heißt's Addio, steigt's mir den Rücken runter. Auf Wiedersehen ein andermal! Im Rumänischen: «Ja wahrhaftig, Sie haben recht, so ist's. jawohl, wirklich, machen wir.» Und so weiter. |Ein internationales Wort. Nur ein Wort und das Wort als Bewegung. Sehr leicht zu verstehen. Es ist ganz furchtbar einfach. Wenn man eine Kunstrichtung daraus macht, muß das bedeuten, man will Komplikationen wegnehmen. Dada Psychologie, Dada Deutschland samt Indigestionen und Nebelkrämpfen, Dada Literatur, Dada Bourgeoisie, und ihr, verehrteste Dichter, die ihr immer mit Worten, aber nie das Wort selber gedichtet habt, die ihr um den nackten Punkt herumdichtet. Dada Weltkrieg und kein Ende, Dada Revolution und kein Anfang, Dada ihr Freunde und Auchdichter, allerwerteste, Manufakturisten und Evangelisten Dada Tzara, Dada Huelsenbeck, Dada m'dada, Dada m'dada Dada mhm, dada dera dada Dada Hue, Dada Tza. |Wie erlangt man die ewige Seligkeit? Indem man Dada sagt. Wie wird man berühmt? Indem man Dada sagt. Mit edlem Gestus und mit feinem Anstand. Bis zum Irrsinn. Bis zur Bewußtlosigkeit. Wie kann man alles Journalige, Aalige, alles Nette und Adrette, Bornierte, Vermoralisierte, Europäisierte, Enervierte, abtun? Indem man Dada sagt. Dada ist die Weltseele, Dada ist der Clou. Dada ist die beste Lilienmilchseife der Welt. Dada Herr Rubiner, Dada Herr Korrodi. Dada Herr Anastasius Lilienstein. |Das heißt auf Deutsch: Die Gastfreundschaft der Schweiz ist über alles zu schätzen. Und im Ästhetischen kommt es auf die Qualität an.

|Ich lese Verse, die nichts weniger vorhaben als: auf die konventionelle Sprache zu verzichten, ad acta zu legen. Dada Johann Fuchsgang Goethe. Dada Stendhal. Dada Dalai Lama, Buddha, Bibel und Nietzsche. Dada m'dada. Dada mhrn dada da. Auf die Verbindung kommt es an, und daß sie vorher ein bißchen unterbrochen wird. Ich will keine Worte, die andere erfunden haben. Alle Worte haben andre erfunden. Ich will meinen eigenen Unfug, meinen eigenen Rhythmus und Vokale und Konsonanten dazu, die ihm entsprechen, die von mir selbst sind. Wenn diese Schwingung sieben Ellen lang ist, will ich füglich Worte dazu, die sieben Ellen lang sind. Die Worte des Herrn Schulze haben nur zweieinhalb Zentimeter. |Da kann man nun so recht sehen, wie die artikulierte Sprache entsteht. Ich lasse die Vokale kobolzen. Ich lasse die Laute ganz einfach fallen, etwa wie eine Katze miaut … Worte tauchen auf, Schultern von Worten, Beine, Arme, Hände von Worten. Au, oi, uh. Man soll nicht zu viel Worte aufkommen lassen. Ein Vers ist die Gelegenheit, allen Schmutz abzutun. Ich wollte die Sprache hier selber fallen lassen. Diese vermaledeite Sprache, an der Schmutz klebt, wie von Maklerhänden, die die Münzen abgegriffen haben. Das Wort will ich haben, wo es aufhört und wo es anfängt. Dada ist das Herz der Worte. |Jede Sache hat ihr Wort, aber das Wort ist eine Sache für sich geworden. Warum soll ich es nicht finden? Warum kann der Baum nicht «Pluplusch» heißen? und «Pluplubasch», wenn es geregnet hat? Das Wort, das Wort, das Wort außerhalb eurer Sphäre, eurer Stickluft, dieser lächerlichen Impotenz, eurer stupenden Selbstzufriedenheit, außerhalb dieser Nachrednerschaft, eurer offensichtlichen Beschränktheit. Das Wort,

ombula
take
bitdli
solunkola
tabla tokta tokta takabla
taka tak
Babula m'balam
tak tru – ü
wo – um
biba bimbel
o   kla   o   auw
kla o auwa
la – auma
o   kla   o   ü
la   o auma
klinga – o – e – auwa
ome   o-auwa
klinga   inga   M ao – Auwa
omba dij omuff pomo – auwa
tru – ü
tro-u-ü   o-a-o-ü
mo-auwa
gomun guma   zangaga   gago   blagaga
szagaglugi   m   ba-o-auma
szaga   szago
szaga la m'blama
bschigi bschigo
bschigi bschigi
bschiggo   bschiggo
goggo   goggo
ogoggo
a – o – auma

meine Herren, das Wort ist eine öffentliche Angelegenheit ersten Ranges.

Hugo Ball: Das erste dadaistische Manifest (Zürich, 14. Juli 1916), in: Der Künstler und die Zeitkrankheit. Ausgewählte Schriften. Hrsg. und mit einem Nachwort versehen von Hans Burkhard Schlichting. Frankfurt am Main: Suhrkamp Verlag 1984, S. 39f. ||Hugo Ball: Totenklage (1916), in: Gesammelte Gedichte. Zürich: Verlag der Arche 1963, S. 26. |||Walter Serner: Sprich deutlicher. Gedichte. München: Verlag Klaus G. Renner 1988, S. 31, 33, 35.

Da …?? – da!!!

Ouk … ouk … floup … floup … □ …..
Tr, tr, tr!!! ru, ru, ru … ■ …..
Chu … pfui … goum! goum! … tsi … tsitsi … tsi-tsitsi … tsit …??? (!) (!) ––– … ––.–.–– ouah, ouah! … frrrrr … tchi … □ … tak … tak … boum … □ … pik … kip … ikp … 2 … 3 … 4 … 7 … tzim! … ouk! … cuik … ■ … tara … tara ○ …

Tik … tik … tik!!! tr, tsi, chu … zim … zoum … rrri … tzim …???
Sel … setsïadad … tnos … snocsba … emmoc … al … enul … uo … es … tnetuof … ud … ednom!!!
Te … erid … no'uq … emrefne …!!! siofrap … ■ … sed … sneg … puocuaeb …??? sniom … séuqip … ;;:--- euq … sec … sdralliag … al.

Ed … tehcub!! uo …? ed … dahcs!! … leuqel – ■ – … tse … el … sulp … etsïofof???
Vrrr … tzi … m … m … m … zoum … zim … ping!!!
Brou … ou … ou … □ … tchi???
Bing … tzim … frrr … □ … tik!!!
Is … suov!!! zeluov??? … relogir … ■ … zella … riov … sec … setsimuf ……………………….

Loufocard
p. c. c.:
Radadou

Wa
lter
Ser
ner

Die Gedichte meines ersten Buches: *Styx*, das im Verlag Axel Juncker erschien, dichtete ich zwischen 15 und 17 Jahren. Ich hatte damals meine Ursprache wiedergefunden, noch aus der Zeit Sauls, des Königlichen Wildjuden herstammend. Ich verstehe sie heute noch zu sprechen, die Sprache, die ich wahrscheinlich im Traume einatmete. Sie dürfte Sie interessieren zu hören. Mein Gedicht *Weltflucht* dichtete ich u. a. in diesem mystischen Asiatisch. |Ich spreche doch *syrisch*, ich bin doch mein halbes Leben in Asien gewesen, ich habe meine Dichtungen, die in Asien und Afrika spielen übersetzt ins Syrische. Ich möchte als *Syrerin* auftreten mit meinem herrlichen Nasenknopf und meiner unschätzbar wertvollen Schleife. Auch dudle ich auf meinem Dudelsack nachdem ich den Fakir gelesen habe, blase die Posaune meinem Urgroßvater dem Scheik, flöte und trommle. [...] Sie müßten nur hören wie *Syrisch* sich anhört herrlich, wie Vögel in der Wüste. Böser Gesang, süße Triller und dazwischen Sandsturm! Châ machâ lâaaooooo!!!! |Also: Ich trage 3 oder 4 von meinen arabischen Erzählungen auf *arabisch* in London vor dabei sitzt ein Dolmetscher auch auf dem Podium, der übersetzt *jeden* Satz, den ich auf arabisch sage dem Publikum feierlich ins Englische. Dann sitzt am Vorhang ein 10jähriger Negerjunge in feuerrot, Fez etc. und reicht mir immer das Manuskript. [...] arabisch verstehen die Leute doch nicht, da ist es nur das merkwürdige, *wie* ich es düster ausspreche. |Wenn Sie mich gesehn hätten nach meiner Landes Sitte, in meiner Landes Prinzentracht, Sie hätten sicherlich mit mir und meiner Tänzerin und meinen drei Negern das kriegerische Schaustück gespielt. Minsalihihi wăli kina hu rahâ hătiman fi isbin lahu fassun!! In der Ekstase habe ich mit den Dolchen [/] im Spiel [/] meine Hände verletzt. [...] Herrlich wenn plötzlich ein Gedicht lebendig wird – und an zu schreien fängt – [/] Das ist viel schöner als vortragen.

Else Lasker-Schüler: Ich räume auf! Meine Anklage gegen meine Verleger. Zürich: Lago-Verlag 1925, S. 12f. |Brief Else Lasker-Schülers vom 8.4.1910 an Max Brod (Nr. 316), in: Wo ist unser buntes Theben. Briefe, 2. Band. München: Kösel Verlag 1969, S. 26-27. |Brief Else Lasker-Schülers vom 22.3.1910 (Nr. 39) an Jethro Bithell, in: Lieber gestreifter Tiger. Briefe, 1. Band. München: Kösel Verlag 1969, S. 55f. |Brief Else Lasker-Schülers vom Oktober 1910 an Richard Dehmel (Nr. 11), in: Lieber gestreifter Tiger. Briefe, 1. Band, S. 17f. ||Else Lasker-Schüler: [Weltflucht/Elbanaff], in: Ich räume auf! Meine Anklage gegen meine Verleger. Zürich: Lago-Verlag 1925, S. 13. Übersetzung des Gedichts «Elbanaff» aus dem Hocharabischen (mit Dialekt) von Prof. Dr. Otto Jastrow, Universität Erlangen-Nürnberg (1979): «[...] aber er sah an seinem Finger einen Ring mit einem Edelstein [...] aus dem seltenen Himmelsstein und er gehörte einem Törichten, aber der Kampf führt zum Sieg.» Die folgenden Verse sind nicht übersetzbar, da sie zu sehr entstellt sind (Hinzufügung bzw. Weglassen von Silben etc.). Zitiert nach: Christian Scholz: Untersuchungen zur Geschichte und Typologie der Lautpoesie. Obermichelbach: Gertraud Scholz Verlag 1989, S. 106., s. Anmerkungen Nr. 70ff. S. 338.

Elbanaff:
Min salihihi wali kinahu
Rahi hatiman
fi is bahi lahu fassun –
Min hagas assana anadir,
Wakan liachad abtal,
Latina almu lijádina binassre.
Wa min tab ihi
Anahu jatelahu
Wanu bilahum.
Assama ja saruh
fi es supi bila uni
El fidda alba hire
Wa wisuri – elbanaff!

En 1916, je tâchais de détruire les genres littéraires. J'introduisais dans les poèmes des éléments jugés indignes d'en faire partie, comme des phrases de journal, des bruits et des sons. Ces sonorités (qui n'avaient rien de commun avec les sons imitatifs) devaient constituer une parallèle aux recherches de Picasso, Matisse, Derain, qui employaient dans les tableaux des *matières* différentes. En 1914 déjà, j'avais essayé d'enlever aux mots leur signification, et de les employer pour donner un sens nouveau, global au vers par la tonalité et le contraste auditif. Ces expériences prirent fin avec un poème abstrait «Toto-Vaca», composé de sons purs inventés par moi et ne contenant aucune allusion à la réalité.

Tristan Tzara: Brief an Jean Doucet (30.10.1922), in: Œuvres Complètes. Tome 1 (1912-1924). Hrsg. von Henri Béhar. Paris: Flammarion 1975, S. 643. ||Tristan Tzara: Toto-Waca, in: Œuvres Complètes. Tome 1 (1912-1924). Hrsg. von Henri Béhar. Paris: Flammarion 1975, S. 454f.

I
Ka tangi te kivi
kivi
Ka tangi te moho
moho
Ka tangi te tike
ka tangi te tike
tike
he poko anahe
to tikoko tikoko
haere i te hara
tikoko
ko te taoura te rangi
kaouaea
me kave kivhea
kaouaea
a-ki te take
take no tou
e haou
to ia
haou riri
to ia
to ia ake te take
take no tou

II
ko ia rimou ha ere
kaouaea
totara ha ere
kaouaea
poukatea ha ere
kaouaea
homa i te tou
kaouaea
khia vhitikia
kaouaea
takou takapou
kaouaea
hihi e
haha e
pipi e
tata e
a pitia
ha
ko te here
ha
ko te here
ha
ko te timata
e – ko te tiko pohue
e – ko te aitanga a mata
e – te aitanga ate
hoe-manuko

III
ko aou ko aou
hitaoue
make ho te hanga
hitaoue
tourouki tourouki
paneke paneke
oioi te toki
kaouaea
takitakina
ia
he tikaokao
he taraho
he pararera
ke ke ke ke
he pararera
ke ke ke ke

Contrairement à ce qu'il affirmait dans sa lettre à Jacques Doucet […], Tzara n'a pas « inventé » de poèmes abstraits : le poème « Toto Vaka » publié dans *Dada Almanach* est bien un texte Maori qu'il s'est contenté de reproduire. En fait, Tzara a transcrit, traduit, adapté des poèmes recueillis par les chercheurs et missionnaires européens, comme d'ailleurs il indiquait chaque fois qu'il en livrait le texte au public.

Henri Béhar: Notes Poèmes Nègres, in Tristan Tzara: Œuvres Complètes. Tome 1 (1912-1924). Hrsg. von Henri Béhar. Paris: Flammarion 1975, S. 715. ||Tristan Tzara: Toto-Waka, in: Œuvres Complètes. Tome 1 (1912-1924). Hrsg. von Henri Béhar. Paris: Flammarion 1975, S. 488f.

Kiwi crie l'oiseau
Kiwi
Moho crie l'oiseau
Moho
Tieke crie l'oiseau
Tieke
seul un ventre
s'élève dans l'air s'élève dans l'air
poursuis ta route
s'élève dans l'air
voici la seconde année
Kauaea
voici le capteur d'hommes
Kauaea
faites place et traînez-le
Kauaea
traîner où
Kauaea
Ah la racine
la racine du Tu
Eh le vent
traînez plus loin
vent rageur
traînez plus loin la racine
la racine du Tu

Donc pousse, Rimo
Kauaea
continue Totara
Kauaea
continue Pukatea
Kauaea
donne-moi le Tu
Kauaea
donne-moi le Maro
Kauaea
tendre fortement (la corde de hâlage)

kauaea
mon ventre
kauaea
kihi, e
haha, e
pipi, e
tata, e
apitia,
HA;

ensemble
ha
moi la corde
ha
moi la corde
moi le javelot
moi l'enfant-silex
moi l'enfant de l'aviron-Manuka

Je suis je suis
un long cortège
morte est la chose
un long cortège
continue à glisser continue à glisser
à te couler à te couler
brandissez la hache
Kauaea

seul un coq
seul un oiseau Taraho
seul un canard
ke ke ke ke
seul un canard
ke ke ke ke.

Es ist merkwürdig. Obwohl der Baronin in allen Memoiren über jene Jahre eine flüchtige Seite gewidmet ist, gibt es doch keine wirklichen Beschreibungen von ihr. Margaret Anderson erwähnt, ihr Haar habe die Farbe eines rötlichbraunen Pferdes gehabt, aber alle anderen schreiben nur davon, daß sie sich gelegentlich den Kopf kahlrasierte und lackierte; daß sie ihre Wangen mit Briefmarken schmückte (die Zwei-Cent-Briefmarke für gewöhnliche Briefe war damals rosa, und sie hatte solche Marken im Wert von fünf Dollar aus der Redaktion des *Little Review* mitgehen lassen, was man ihr nachsah); daß sie abgenutzte, verbeulte Tee-Eier als Schmuck auf der Brust trug. Daß ihre Hutsammlung zu verschiedenen Zeiten eine Kohlenschaufel, einen Pfirsichkorb, eine Baskenmütze aus Samt mit herabhängenden Federn und Löffeln umfaßte, und einmal sogar einen Kuchen samt brennender Kerzen. Daß sie ausgestopfte Vögel trug. Daß ihr Lippenstift schwarz war, ihr Gesichtspuder knallgelb, und daß sie ihrem Kopf manchmal, wenn er geschoren war, dunkelrot schminkte. Sie besaß einen geflickten alten Pelz und eine mexikanische Wolldecke und spazierte regelmäßig zwischen fünf und sechs mit nichts darunter durchs Village, was ein paar wilde Gefechte mit der Polizei auslöste. Es heißt, sie habe kräftige Fäuste besessen und schnell rennen können. Und doch, trotz solcher Selbstinszenierung herrscht in all den Memoiren selbst über ihre Körperform bemerkenswerte Unklarheit. Einer Quelle zufolge soll sie eine magere, maskuline Gestalt gehabt haben, während eine andere behauptet, ihre Figur sei vollkommen gewesen. Abgesehen von ihrer wilden Aufmachung scheint kaum jemand außer dem engeren Kreis um das *Little Review* sie je wirklich richtig angesehen zu haben.

Andrew Field: Djuna Barnes. Eine Biographie. Frankfurt am Main: Frankfurter Verlagsanstalt 1992, S. 104. ||Else von Freytag-Loringhoven: Klink-Hratzvenga (*Deathwail*), in: America a Prophecy. A New Reading of American Poetry from Pre-Columbian Times to the Present. Edited by George Quasha and Jerome Rothenberg. New York: Vintage Books 1974, S. 112f.

Narin-Tzarissamanili

(He is dead!)

Ildrich mitzdonja-astatootch
Ninj-iffe kniek-
Ninj-iffe kniek!
Arr-karr-
Arrkarr-barr
Karrar-barr-
Arr-
Arrkarr-
Mardar
Mar-dóórde-dar-

Mardoodaar! ! !

Mardoodd-va-hist-kniek- -
Hist-kniek?
Goorde mee-niss- - -
Goorde mee! ! !
Narin-tzarissamanilj-
Narin-tzarissamanilj! ! !
Hee-hassee?
O-voorrr!

Kardirdesporvorde-hadoorde-klossnux
Kalsinjevasnije-alquille-masré
Alquille masréje paquille-paquille
Ojombe--ojoombe-ojé- - - -

Narin-tzarissamanilj-
Narin-tzarissamanilj ! ! !
Vé-O-voorrr-!
Vévoorrr-
Vrmbbbjjj-sh-
Sh-sh- -
Ooh ! ! !
Vrmbbbjjj-sh-sh-
Sh-sh-
Vrmm.

Im Chaos der Völker, Sprachen, Zeiten suchten wir *den Menschen*, der über Zeiten, Sprachen, Völkern ist. Das große *UR* wiederzugebären aus Schlamm verfaulter Moralen, zerrissenen Geweiden der Kulturen, Verhirnlichung ästhetischer Synthesen – gelang noch nicht. Abstoßung von Artikeln, Losschälung von Begriffen – Worten – Silben aus verarmter Dürre der Satzgefüge, geschicktes Durcheinander, erklügelter Wirrwarr – kümmerliche Versuche. |Im Anfang war das *a*, das *i*, das *o*, das *u*. Wiedererblühe es in keuscher Anfänglichkeit orphischen Kultgesangs. Beladener mit Diesseits und Jenseits, Symbol und Aktualität als aller Völker Zungen in entarteter Vielfalt, verunreinigt von Zisch-, Würg- und Brummgeräuschen, trägt Urlaut Skala aller Erschütterungen, Quintessenz von Sein und Nichtsein. |Kunst der Vokale *die neue Kunst*, die erste Kunst. Als Drama gebiert sich Ur-Kunst. Handlung ist Symbol. |Heute ward es ans Licht gebracht! Ihr Heutigen, du Schutzmann, du Kellner, du Mädchen, du Vettel, du Staatsanwalt, du Herr im Frack – eint euch mit dem Druidengreis, schließt den Ring mit Baum und Faß, laßt ertönen ihr Mann, Ding, Herr, Weib und Bart, laßt hervorbrechen den reinen, den ersten Laut. Völker befreit! Alle Erdgeborenen, ihr Holländer, Chinesen, Franzosen, Australneger, Berliner, Eskimos, ihr Heizer, Friseure, Milliardäre, Professoren, Kommis kniet in Anbetung vorm Laut, der die Erde noch einmal dem Anfang entrollt! |Den Haag, Mai 1920

Figuren: |Die fünf Bärtigen: |Der Rotbärtige |Der Gelbbärtige |Der Weißbärtige |Der Blaubärtige |Der Graubärtige |Der Staatsanwalt |Die drei Schutzleute |Die fünf Jünglinge |Das junge Weib |Das alte Weib |Die vier Räuber |Der Herr im Frack |Die Bargäste |Der Kellner |Die fünf Bäume: |Der rote Baum |Der gelbe Baum |Der weiße Baum |Der blaue Baum |Der graue Baum |Das Faß |Der Tod

Jan van Mehan: Weltgericht. Die Tragödie der Urlaute *AEIOU*. Hannover u. a. O.: Paul Steegemann Verlag 1921 (= Die Silbergäule, Bd. 83/84), S. 5-7.

Erster Akt
Die Feier
Halbdunkel. Schwarze Vorhänge. Davor einige Stufen.
In der Mitte ein weißer Altar.

Volksmenge strömt mit wirrem Durcheinander aller Vokale und Diphthonge herein – Diphthonge kurz und breit, Vokale schrill hervorgestoßen:

eu – au – uo – ue – ei
^{o}a – ^{o}i – ö – e – u
^{i}ö – ^{i}e – ^{i}eu

Am Altar zischt eine Flamme auf. Es ertönt grelles langes:

i !! und e !!

Menge sinkt in die Kniee. Lärm klingt zuerst in schreckerbendes volles:

o . . . . !!!

zusammen, sinkt dann über geschlossenes angstvolles:

ö . . . . !

und fast röchelndes offenes:

ö . . . .

zu dumpfem:

u . . . .

herab und verstummt mählich.
Fünf Priester in langen weißen Gewändern, farbigen Bärten und Kopfhaar – beim ersten rot, beim zweiten gelb, dritten weiß, vierten blau, fünften grau – treten feierlich am Altar aus den Vorhangfalten und stellen sich vor dem Altar oberhalb der Stufen in einer Reihe auf – vom Rotbart links bis zum Graubart rechts.
Der Rotbärtige, durch Scheinwerfer in rotes Licht gehüllt, reckt Arme hoch und tönt großes feierliches:

a – – !

Die Menge, anbetend erschauernd dumpf:

a a a – – !

Schein und Laut ersterben.

Meine früheste Ahnung einer *absoluten* Dichtung geht auf etwa zwanzig Jahre zurück. Seit dieser Zeit habe ich als Schauspieler stets die Möglichkeit einer absoluten, von der Dichtung unabhängigen Schauspielkunst behauptet und in vielen Schriften zu beweisen gesucht. Ich habe mich jahrelang damit begnügt, den absoluten schauspielerischen oder rezitatorischen Vortrag, sogar in der Verbindung mit dem Wort, rein theoretisch festzustellen. Ich habe oft ausgesprochen, daß dem *schöpferischen* Schauspieler die Wörter der Dichtung ein Hindernis sein müssen, während sie für unsere unschöpferischen Schauspieler das *Hilfsmittel* ihrer Klangbildung sind. Die besten von ihnen verfügen wohl über eigene Melodien, aber nur auf der Grundlage von Wörtern und Sätzen und nur, wenn diese eine *Bedeutung* haben. Unsere Schauspieler spielen eine Bedeutung. Und man muß sie noch loben, wenn sie nicht die Bedeutung der Wörter, sondern des Ganzen spielen. Ohne die Grundlage dieser Bedeutungen sind sie stumm, unschöpferisch. Meine eigenen Bemühungen, eine selbständige schöpferische Melodie vorzutragen, mußte in der nicht-expressionistischen Dichtung entweder ganz unterbleiben oder zu einem Zwiespalt zwischen meiner rhythmisierten Melodie und den meist unrhythmischen, bestenfalls metrischen Sätzen jener früheren Dichtungen führen. Erst die expressionistische Dichtung, das ist die begrifflich alogische, künstlerisch logische Verbindung der Wörter, ermöglichte durch ihren Rhythmus eine sprechmelodische Rhythmisierung, die zu einer Einheit führen konnte. Aber selbst diese expressionistische Dichtung (Stramm, Walden, Schreyer, Behrens, Allwohn, Liebmann, Heynicke) setzte meiner künstlerischen Freiheit die Grenzen der gegebenen Wörter, ihrer Konsonanten und Vokale. Es ist nicht nur die deutsche Sprache, in der alle Wörter ihre ursprüngliche Bildung und damit ihre Urkraft verloren haben. Und wie der Maler Farbformen nach Belieben, also unabhängig von einer Bedeutung, zur Gestaltung zusammensetzt, der Komponist Töne rhythmisch nach vollkommener Freiheit aneinanderreiht, so stelle ich Konsonanten und Vokale nach *künstlerischen* Gesetzen zusammen. Mein erster Versuch einer solchen Gestaltung liegt schon viele Jahre zurück. Ich veröffentliche jetzt eine Arbeit, die vor einem Jahr vollendet wurde, weil mich die Zeit dazu drängt. Derartiges pflegt selten ein Einziger zu unternehmen. Und wenn ich auch nicht so ehrgeizig bin, durchaus der Erste sein zu wollen, so habe ich doch keine Ursache, mir später einmal den Vorwurf der Nachahmung machen zu lassen. Mein Bedauern, die Dichtung vor der Aufführung veröffentlichen zu müssen, wird dadurch verringert, daß nicht jeder Leser die Aufführung erlebt hätte. Und bei den Unkünstlerischen würde sie mich vor Angriffen doch nicht schützen. Sie werden wieder ihr übliches Gezeter erheben und können nun ihre abgestandenen Witze über Lallen und Stammeln endlich an den Mann bringen. Sie haben nur zu bedauern, daß sie dieses Mal von einem Mißbrauch der deutschen Sprache beim besten Willen nicht reden können. Ich muß sogar das Schlimmste befürchten, daß sie mich für einen Dadaisten halten. Ich will sie für heute in dem Irrtum lassen. Und da ich von ihnen überhaupt nichts verlange, brauchen sie sich auch nicht die Mühe zu nehmen, den organischen Bau meiner absoluten Dichtung zu erforschen. Dem künstlerischen Leser werden meine Absichten so wenig entgehen wie die Wirkung. Er wird nicht nur die tieferen Zusammenhänge aller Laute und Wortbildungen

Erste Stimme
Zweite Stimme

Oiaí laéla oía ssísialu
Ensúdio trésa súdio míschnumi
la lon stuáz
Brorr schjatt
Oiázo tsuígulu
Ua sésa masuó tülü
Ua sésa maschiató toró
Oi séngu gádse ańdola
Oi ándo séngu
Séngu ándola
Oi séngu
Gádse
Ina
Leíola
Kbaó
Sagór
Kadó

Kadó mai tiúsi
Suíjo ańgola

Schu mai sitá ka lío séngu

la péndo ála
Péndu síolo

Toró toró
Mengádse gádse se

Ulllái tiotúlo
Zíalu nía myó

Sésa sésa
Lu snégan lílulei
To kárta tor
To lásra sísafan
To bálan fásan édomir
To trésa trésa trésa míschnumi

Uiagó

la lon schtazúmatu
la lon laschór
Lilíte móe sagór

Lilíte moé
Kja ha hü hía-i

Nіólo zágan elra-

Híotoro
Eo tánja tánja
Molái hýsialo
Eo zísu fíjo émba ü téviolo

Ua ssívo uá
Laína uá

Toliatór sagún
la kárta tor
la lásra sísafan
la bálan fásan édomir
la trésa trésa trésa-

Uíja ságor
Tailá tailá
Schi oblaímono
Gbomoloé oé oé oé
Ango laína bobandó jo-ó
Ango laína sjujuló jo-ó
Ango laína dschastjadschást jo-ó
Tailá tailá
Sía ényo énya
Lu líalo lu leíula
Lu léja léja lioleíulu
Ango laína kbámyo
Ango laína ńyome
Ango laina édue
Ango laina ángola
Laína na
Laina la
Laó

Laó aliósa ssírio séngu loé
Ai tschírio tréva tschírio ńyome
Aliósa lüíja bobandó jo-ó
Aliósa lüíja sjujuló jo-ó
Aliósa lüíja dschastjadschást jo-ó
Tailá tailá
Sía ényo énya
Aliósa lüíja kbámyo
Aliosa lüíja ńyome
Aliósa lüíja édue
Aliósa ála

erkennen, sondern auch aus den verwendeten Geräuschen und Lauten, den daraus gebildeten Silben und Wortfolgen sich eine lebendige Vorstellung bilden. Er wird sogar manches von einer thematisehen Entwicklung und von einer Durcharbeitung der Motive gewahren. |Meinen kommenden Nachahmern rate ich, es nicht zu leicht zu nehmen. Die bloße Willkür ergibt ein Nichts. Und einige schöne Laute und Bildungen schaffen keinen Rhythmus und keine Gestaltung. Erst wenn Alles zu Allem in eine notwendige innere Beziehung gebracht ist, kann eine Endform entstehen, in der nichts unentbehrlich oder änderbar erscheint.

Rudolf Blümner: Aus «Die absolute Dichtung», in: Ango Laïna und andere Texte. Hrsg. von Karl Riha und Marcel Beyer. München: edition text + kritik 1993 (Frühe Texte der Moderne), S. 79-81. ||Rudolf Blümner: Aus «Ango laïna». Eine absolute Dichtung, in: Ango laïna und andere Texte. Hrsg. von Karl Riha und Marcel Beyer. München: edition text + kritik 1993 (Frühe Texte der Moderne), S. 84-89.

Liósa la
Laó.

Laó. tülü
J schénschun míschnumi
Ai zúgim ai tará ai brui huó
Masuó tsagarátsa tsuígulu
Moijamé sagún ia lon schtazúmato

Ia lon laschór
Ai tülü séngu moíja míschnumi

Oiázo oíazo
Tülü tülü
Stuáz brorr schjatt
Tülü tülü

Oáli nýdo
Zíalu nía myó

Lu líalo lu leíula
Lu léja léja lioleíulu

Arriatór

Saijú hialót
Ui soá soá rre uíja hiyíjimini
Ia hijaíjimini

Oiaí laéla oía sísialu

Chualá uadé ui sésa sésala
Uialó uiagá uirrá
Franfrá riarà cadó.
Cadó cadó ia lon cadó
ssussíja schlújim

Mojamé tiutí
Aliósa ála
Ala moí tiutí

Tiutí tiutí tailá tiutí tiutí
Mui ábba híalo mui ábba séngu
Abba mengádse ábba míschnumi
Ensúdio válo embamýolo
Tuálo mýo
Tuálo séndo
Tuálo fújo
Tuálo schíjo haíra zíu ísa muól

Schu mai sitâ ka lío séngu
Uáse

To kárta tor

Ahüíja loé

To lásra sísafan

Ahüíja loé

To bálan fásan édomir

Ahüíja loé

To trésa trésa míschnumi

Lasío tótoro
Hüíja moé

Ango laína kbámyo
Schualó suadé kbaó
– – – – – – – –
Kbaó ángo laína ter kbaó
Lu líalo lu leíula lu léja léja le-
Schottá taró

Suíjo ángola

Ssigím ssisségim
Ssóra schaóra tor
Sadaím ochroóz
Kronkróst
Holratúst

Ai ájulo

Arrúro árruo ruó uó oúo

Ja hyíja lyó
Hýa éja luá

I kúlja ssam

Ui ála sió – –

Niólo zágan elratúst schubaló
Niólo zágan elratúst kronkróst
Niólo zágan – – –
Aliázo híjan híalot
Hiaýio toliatór schaó

Schaó aliósa ssísio séngu loé

Mui ábba séngu ábba nýome

Aliósa luíjo nýo moé

Luíjo válo chualá

Ensúdio válo

Súdio toliatór

Hiaýio toliatór schaó

Schaó aliázo híjim híalot

– – – – – – – – –

Mojamé soiagú o-ía ésa- mejamyni-

– – – – – – – – – –

Uáo-uaó-uó-oúo

Hía ssísiala

Örré schiílja rro

Lu líalo leíula léja-

Lasío tótoro
Mosiátan éjo
Maschíato lóo
Moliáno úo
Tiádan o
Lusía fu
E e e
Stýan
Hýat
Élja
Rúof
Ma
Mýa
Schtóa
Húa húalo
Huáo-huaó-huó-hu-huoó-o
Schu mai sitá ka lío séngu

– – – – – – – – – –

I éja
Alo
Mýu
Ssírio
Ssa
Schuá
Ará

Niíja
Stuáz
Brorr
Schjatt

Ui ai laéla – oía ssísialu
To trésa trésa trésa mischnumi
la lon schtazúmato
Ango laína la
Lu liálo lu léíula
Lu léja léja lioleíolu
A túalo mýo
Mýo túalo
My ángo ína
Ango gádse la
Schía séngu ína
Séngu ína la
My ángo séngu
Séngu ángola
Mengádse
Séngu
Ińa
Leíola
Kbaó
Sagór
Kadó

Ru
dol
f
Blü
mn
er

Wir hatten natürlich ein Hotel gefunden und blieben drei Tage in Lobositz. |Schwitters kam zu seinem Flußbad in der Elbe, das mehr ein Fußbad war wegen der geringen Tiefe, und ich bestieg mit ihm die Ruine. |Er sprach noch nicht von meinem Lautgedicht. Dies kam erst am Tag, an dem wir in der Sächsischen Schweiz einen berühmten Wasserfall aufsuchten. Kurt begann gleich morgens: fmsbwtöräu, pgiff, pgiff, mü – er ließ den ganzen Tag nicht mehr locker, bis zu dem Wunder von Wasserkunst. Eine Schlucht; man sah nichts, als in etwa 2 Meter Höhe eine Tafel, auf der stand: *Nach Einwurf von 10 Pfennig, an der Leine ziehen.* Wir sahen eine Art Griff, wie in einem Water-Closet. Wir warfen unser 10-Pfennigstück in den Schlitz einer Büchse und zogen: nach ein paar Augenblicken rieselte ein dünner Wasserstrahl wie lächerliches Gepinkel die Felsen herab. |Auf dem Rückweg begann Schwitters wieder: fms und fms und immer wieder fmsbw; es wurde ein bißchen viel. |Dies war der Ausgangspunkt für seine *Ursonate.* |Erst trug Schwitters mein Gedicht im *Sturm* als *Portrait Raoul Hausmann* vor, später, gegen 1923, hatte er es stark ausgebaut in 50facher Wiederholung und endlich 1932 hatte er das Scherzo *lanke trrgll* und andere Teile dazu erfunden und das Ganze als *Urlautsonate* in seinem *MERZ* Nr. 24 veröffentlicht. |Ich warf ihm lebhaft vor, daß er aus meiner Neuerung, die vier Teile umfaßte, eine «Klassische» Sonate gemacht habe, was mir eine Blasphemie erschien, völlig entgegengesetzt dem Wesen der phonetischen Bedeutung der Buchstaben, die ich gewählt hatte. Aber die *Ursonate* hat sich in dieser falsch-klassischen Form derart durchgesetzt, daß kein Mensch mehr glauben will, daß ihre größere Hälfte von mir stammt, was Schwitters niemals geleugnet hat.

Raoul Hausmann: Aus «Kurt Schwitters wird Merz», in: Am Anfang war Dada. Hrsg. von Karl Riha und Günter Kämpf mit einem Nachwort von Karl Riha. Steinbach/Gießen: Anabas-Verlag 1972, S. 67f. ||Raoul Hausmann: fmsbw (Oktober 1918), in: Bilanz der Feierlichkeit. Texte bis 1933. Band 1. Hrsg. von Michael Erhoff. München: edition text + kritik 1982 (Frühe Texte der Moderne), S. 18.

fmsbwtözäu
pggiv-..?mü

Ra
oul
Ha
us
ma
nn

An Raoul Hausmann |Ambleside Westmoreland, 25.7.46 |Ich glaube, ich kann nichts weiter mit fmsbw tun. Weil die Sonate schon seit so langer Zeit gedruckt ist, und ich habe bei jeder Vorlesung gesagt, dass es von Dir ist; ebenso wie Ddessnnrr von Dresden oder Rackett von Rackett. Was ich machte, ist nur die Komposition. Dein fmms inspirierte mich, die ganze Sonate zu schreiben. Ich machte Variationen davon wie Variationen von Dresden. |An Raoul Hausmann |Ambleside, Westmoreland, 29.3.47 |Tatsächlich bin ich Merz. Und Merz machte eine Ursonate symphonischer Art aus Deinem Dada-Gedicht.

Kurt Schwitters: Wir spielen, bis uns der Tod abholt. Briefe aus fünf Jahrzehnten. Gesammelt, ausgewählt und kommentiert von Ernst Nündel. Frankfurt am Main u.a.O.: Ullstein 1974, S. 214, S. 265. ||Kurt Schwitters: Gedicht (Um 1922), in: Das literarische Werk. Bd. 5: Manifeste und kritische Prosa. Hrsg. von Friedhelm Lach. Köln: DuMont 1981, S. 435.

b
f
bw
fms
bwre
fmsbewe
bewereta
fmsbewetä
P
bewere tazä
fmsbewetäzä
P
beweretäzäu
fmsbeweretäzäu
pege
fmsbewetäzäu
pegiff
Qui – E

Ku
rt
Sch
wit
ter
s

die sonate besteht aus vier sätzen, einer einleitung, einem schluß, und einer kadenz im vierten satz. der erste satz ist ein rondo mit vier hauptthemen, die in diesem text der sonate besonders bezeichnet sind. es ist rhythmus in stark und schwach, laut und leise, gedrängt und weit usw. die feinen abwandlungen und kompositionen der themen will ich nicht erklären. ich mache nur beim ersten satz aufmerksam auf die wörtlichen wiederholungen der schon variierten themen vor jeder neuen variation, auf den explosiven anfang des ersten themas, auf die reine lyrik des gesungenen Jüü-Kaa, auf den streng militärischen rhythmus des dritten themas, das gegenüber dem zitternden, lammhaft zarten vierten thema ganz männlich klingt, und endlich auf den anklagenden schluß des ersten satzes in dem gefragten tää? der zweite teil ist auf mitte komponiert. daß er gesungen wird, sehen sie aus den anmerkungen im text. das largo ist metallisch und unbestechlich, es fehlt sentiment und alles sensible. beachten sie bei Rinn zekete bee bee und ennze die erinnerung an den ersten satz. beachten sie auch in der einleitung das lange Oo als profezeihung zu dem langen largo. der dritte satz ist ein echtes scherzo. beachten sie das schnelle aufeinanderfolgen der drei themen: lanke trr gll, pe pe pe pe pe und Ooka, die voneinander sehr verschieden sind, wodurch der charakter *scherzo* entsteht. die bizarre form lanke trr gll ist unwandelbar und kehrt eigensinnig taktmäßig wieder. in rrmmmp und rrrnnff ist eine erinnerung an das rummpff tillff too vom ersten satz. doch klingt es jetzt nicht mehr lammhaft zart, sondern kurz und befehlend, durchaus männlich. das Rrumpftillftoo im dritten satz klingt dort auch nicht mehr so zart. die ziiuu lenn trll und lümpff tümpff trill sind klanglich dem hauptthema lanke irr gll nachgebildet. das ziiuu iiuu im trio erinnert sehr in das ziiuu ennze in teil 1, nur ist es hier sehr getragen und feierlich. das scherzo unterscheidet sich wesentlich von allen drei anderen sätzen, in denen das lange bee außerordentlich wichtig ist. im scherzo kommt kein bee vor. der vierte satz ist der strengste und dabei reich im aufbau. die vier themen sind wieder im text genau bezeichnet. der block Grimm bis Oo bee wird wörtlich wiederholt. es folgt eine lange durcharbeitung mit vielen überraschungen, und endlich erscheint der block wieder, nur daß die reihenfolge der themen geändert ist. das überleitungsthema Oo bee erinnert entfernt an den zweiten satz. der lange, schnelle vierte satz ist für den vortragenden eine gute lungenprobe, besonders da die endlosen wiederholungen, um nicht gleichförmig zu klingen, oft eine große erhebung der stimme erfordern. beim schluß mache ich aufmerksam auf das beabsichtigte rückklingen des alfabetes bis zum a. man ahnt das und erwartet das a mit spannung. aber es hört zweimal schmerzlich bei bee auf. das bee klingt hier in der zusammenstellung schmerzlich. beruhigend folgt die auflösung im dritten alfabet beim a. nun aber folgt das alfabet zum schluß ein letztes und viertes mal und endet sehr schmerzlich auf beeee? ich habe dadurch die banalität vermieden, die sehr nahe gelegen hätte, die allerdings nötige auflösung an den schluß zu verlegen. die kadenz nun ist ad libitum, und jeder vortragende kann nach seinem geschmack eine beliebige kadenz aus den teilen der sonate zusamenstellen oder neu dichten. ich habe nur für den eventuell fantasielosen vortragenden eine möglichkeit vorgeschlagen. ich selbst trage jedesmal eine andere kadenz vor, da ich sonst alles auswendig vortrage, damit die kadenz besonders

einleitung:

Fümms bö wö tää zää Uu, | 1
pögiff,
kwii Ee.

Ooooooooooooooooooooooooooooooooo, | 6

dll rrrrrr beeeee bö, (A) | 5
dll rrrrrr beeeee bö fümms bö,
rrrrrr beeeee bö fümms bö wö,
beeeee bö fümms bö wö tää,
bö fümms bö wö tää zää,
fümms bö wö tää zää Uu:

erster teil:

thema 1:
Fümms bö wö tää zää Uu, | 1
pögiff,
kwii Ee.

thema 2:
Dedesnn nn rrrrrr, | 2
Ii Ee,
mpiff tillff too,
tillll,
Jüü Kaa? *(gesungen)*

thema 3:
Rinnzekete bee bee nnz krr müü? | 3
ziiuu ennze, ziiuu rinnzkrrmüü,

rakete bee bee. | 3 a

thema 4:
Rrummpff tillff toooo? | 4

lebendig wirkt und einen großen gegensatz zu der starren sonate bildet. |zeichen zu meiner ursonate |die verwendeten buchstaben sind wie in der deutschen sprache auszusprechen. ein einzelner vokal ist kurz, zwei gleiche nicht doppelt, sondern lang. sollen aber zwei gleiche vokale doppelt gesprochen werden, so wird das wort an der stelle getrennt. also a wie in schnaps, aa wie in schlaf, a a ist doppeltes kurzes a usw., au spricht sich wie in haus. konsonanten sind tonlos. sollen sie tonvoll sein, muß der den ton gebende vokal hinzugefügt werden. beispiele: b, be, bö, bee, aufeinanderfolgende b p d t g k z sind einzeln zu sprechen, also: bbb wie drei einzelne b. aufeinanderfolgende f h l j m n r s w ch sch sind nicht einzeln zu sprechen, sondern gedehnt. rrr ist ein längeres schnarren als r. die buchstaben c q v x y fallen aus. das z wird der bequemlichkeit halber beibehalten. große buchstaben dienen nur zur trennung, zum gruppieren, zum besseren erkennen von abschnitten, als erste buchstaben der zeilen usw. A spricht sich wie a. man könnte zur bezeichnung von laut rote Unterstreichung, von leise schwarze nehmen. es bedeutet also ein dicker roter strich ff, ein dünner f, ein dünner schwarzer strich p, ein dicker pp. alles nicht unterstrichene mf. [...] beim freien takt können eventuell auch zur anregung der fantasie taktstriche verwendet werden. alle zahlen dienen nur zur angabe von taktzeiten. zahlen, striche und alles eingeklammerte sind nicht zu lesen. die zu verwendenden buchstaben sind, um noch einmal alles zusammenzuzählen: a ä au e ei eu i o ö u ü b d f g h k l m n p r s sch ch w z. |die selbstlaute sind: a e i o u ei eu au ä ö ü. |sollen die r einzeln gesprochen werden, so empfiehlt sich folgende schreibweise: RrRrRrRrRrRr. ebenso: SchschSchsch, oder LlLlLl, usw. bei freiem rhythmus werden absätze und satzzeichen wie in der sprache verwendet, bei strengem rhythmus taktstriche oder bezeichnung des taktes durch entsprechende einteilung des schriftraumes in gleich große raumabschnitte, aber keine satzzeichen. also auch , . ; ! ? : sind nur als klangfarbe zu lesen. |natürlich ist in der schrift nur eine sehr lückenhafte angabe der gesprochenen sonate zu geben. wie bei jeder notenschrift sind viele auslegungen möglich. man muß wie bei jedem lesen fantasie haben, wenn man richtig lesen will. der lesende muß selber ernst arbeiten, wenn er wirklich lesen lernen will. arbeiten fördert die aufnahmefähigkeit des lesenden mehr, als fragen oder gar gedankenloses kritisieren. das recht zur kritik hat nur der, der alles verstanden hat. besser als zu lesen ist die sonate zu hören. ich selbst trage deshalb meine sonate gern öffentlich vor. da es aber nicht gut möglich ist, überall abende zu veranstalten, beabsichtige ich, die sonate auf grammofon zu sprechen. |sprechdauer der sonate normal 35 minuten. |kurt schwitters

Kurt Schwitters: erklärungen zu meiner ursonate, in: ursonate. Hannover: merzverlag 1932 (= merz 24), S. 153-155. ||Kurt Schwitters: ursonate (Auszug), in: ursonate. Hannover: merzverlag 1932 (= merz 24), S. 157f.

überleitung:

Ziiuu ennze ziiuu nnzkrrmüü,
Ziiuu ennze ziiuu rinnzkrrmüü, ü 3

rakete bee bee? rakete bee zee. ü 3 a

durcharbeitung:

Fümms bö wö tää zää Uu,
Uu zee tee wee bee fümms. ü 1

rakete rinnzekete (B) ü3+3 a
rakete rinnzekete
rakete rinnzekete
rakete rinnzekete
rakete rinnzekete
rakete rinnzekete
Beeeee
bö.

fö 1
böwö
fümmsbö
böwörö
fümmsböwö
böwörötää
fümmsböwötää
böwörötääzää
fümmsböwötääzää
böwörötääzääUu
fümmsböwötääzääUu
böwörötääzääUu pö
fümmsböwötääzääUu pö
böwörötääzääUu pögö
fümmsböwötääzääUu pögö
böwörötääzääUu pögiff

ö i u a

Da ich ein Buch wie *Letura d'Eprahi Falli Tetar Fendi Photia o Fotre Indi*[1] **geschrieben habe, kann ich es nicht mehr hinnehmen, daß die gegenwärtige Gesellschaft,** ***unter der Sie ebenso unaufhörlich leiden wie ich*****, mir nur noch die Freiheit zugesteht, ein anderes Buch zu seiner Imitation zu übersetzen. Denn** *Jabberwocky*[2] **ist bloß ein versüßtes und akzentloses Plagiat eines von mir geschriebenen Werkes, das man derartig hat verschwinden lassen, daß ich selber kaum weiß, was darinnen steht. |Hier ein paar Sprachessays, die der Sprache dieses ehemaligen Buches ähneln könnten. Aber man kann sie bloß skandiert lesen, nach einem Rhythmus, den der Leser selbst finden muß, um verstehen und nachdenken zu können:**

|ratara … **|aber das ist bloß etwas wert, wenn es mit einem Schlag hervorgespritzt wird; Silbe für Silbe buchstabiert, taugt das nichts mehr, hier geschrieben, sagt das nichts und ist nur noch Asche; damit das geschrieben leben kann, bedarf es eines anderen Elementes, das in diesem Buch ist, das verlorengegangen ist.** |[1] Zur Analyse dieses fiktiven Buchtitels vgl. Thévenin, Paule, *Entendre/Voir/Lire*, TelQuel, Nr. 39, Herbst 1969, S. 31-63, und Kapralik, Elena, *Antonin Artaud, Leben und Werk des Schauspielers, Dichters und Regisseurs*, München: Matthes & Seitz 1977, S. 227-231. |[2] Henri Parisot bat Artaud um die Übersetzung von Lewis Carrolls *Jabberwocky*.

Antonin Artaud: Brief vom 22. September 1945 aus Rodez an Henri Parisot, in: Briefe aus Rodez. Postsurrealistische Schriften. München: Matthes & Seitz Verlag 1979, S. 16f.

ratara ratara ratara
atara tatara rana

otara otara katara
otara ratara kana

ortura ortura konara
kokona kokona koma

kurbura kurbura kurbura
kurbata kurbata keyna

pesti anti pestantum putara
pest anti pestantum putra

prügeln und vögeln |in der infernalen glut, wo sich nie mehr die frage der rede noch der idee stellt. |die schnauze totprügeln und vögeln, die schnauze vögeln, |ist die letzte sprache, die letzte musik, die ich kenne, |und ich versichere ihnen, daß daraus körper heraustreten, |und daß es belebte KÖRPER sind.

Antonin Artaud: cogne et foutre, in: La Gazette des Lettres, 28.7.1947, zitiert nach Elena Kapralik: Antonin Artaud. Leben und Werk des Schauspielers, Dichters und Regisseurs. München: Matthes & Seitz Verlag 1977, S. 279f.

ya menin
fra te sha
vazile
la vazile
a te sha menin
tor menin
e minin menila
ar menila
e inema imen

An
ton
in
Art
au
d

Die Lettrie ist die Kunst, die die Materie der auf sich begrenzten und einfach sie selber gewordenen Buchstaben aufgreift (wobei die poetischen und musikalischen Elemente sich anschließen oder völlig ersetzt werden) und die über sie hinausgeht, um aus ihrer Masse zusammenhängende Werke zu gießen. Der zentrale Gedanke des Namens – Lettrie, Lettrismus – ist der, daß es im Geist nichts gibt, was nicht Buchstabe ist oder werden könnte… Wir haben das Alphabet aufgeschlitzt, das seit Jahrhunderten in seinen verkalkten vierundzwanzig Buchstaben hockte, haben in seinen Bauch neunzehn neue Buchstaben hineingesteckt (Einatmen, Ausatmen, Lispeln, Röcheln, Grunzen, Seufzen, Schnarchen, Rülpsen, Husten, Niesen, Küssen, Pfeifen usw. …). |1. A (alpha) = Einatmen (stark, heftig) |2. B (beta) = Ausatmen (stark, heftig) |3. Γ (gamma) = Zischen (zwischen den Zähnen [hindurch-] pfeifen wie das Geräusch / der Klang einer Schlange) |4. Δ (delta) = Knarren / Röcheln in (mit) der Kehle |5. E (epsilon) = Knurren (wie ein Hund, der im Begriff ist zu bellen) |6. H (eta) = Schnappen (rauhes / heiseres Geräusch), durch die Luftröhre hervorgerufen, indem der Bauch (Zwerchfell) sich aufbläht |7. Θ (sigh) = Seufzen / Ächzen (hervorgerufen gleichzeitig durch die Luftröhre, den Mund und die Nase) |8. K (kappa) = Schnarchen |9. Λ (lamda) = Gurgeln (indem die Luft zwischen der Zunge und dem Gaumen vibriert) |10. M (mu) = Wimmern / Winseln |11. N (nu) = Schlucken (Schluckauf) |12. O (omicron) = Husten, den Rachen / Hals frei machend |13. Π (pi) = Rülpsen / Aufstoßen |14. P (ro) = Mit der Zunge schnalzen |15. Σ (sigma) = Furzgeräusch (mit den Lippen) |16. T (tau) = Rattern / Knattern (wie wenn man das Geräusch eines Autos imitiert) |17. Y (upsilon) = Spuckgeräusch (der Art wie, poo-pahpitooey' zusammen) |18. Φ (phi) = Küssen (geräuschvoll / laut) |19. Ψ (psi) = Pfeifen (einfach, nicht melodisch unmelodisch)

Isidore Isou: Aus einem Artikel in der Zeitschrift «Fontaine», zitiert nach: Alain Bosquet: Einleitung, in: Surrealismus 1924-1949. Texte und Kritik. Berlin 1950, S. 42. |Isidore Isou: Das lettristische Alphabeth, in: Neue Zeitschrift für Musik. Mainz 1996, Heft 2, S. 49. ||Isidore Isou: Larmes de jeune fille – poème clos, in: Neue Zeitschrift für Musik. Mainz: Schott 1996, Heft 2, 157. Jg., S. 49. |||Isidore Isou: Lances rompues pour la dame gothique, in: Jean Paul Curtay: La Poésie Lettriste. Paris: Editions Seghers 1974, S. 193f.

M dngoun, m diahl Θhna îou
hsn îoun înhlianhl M pna iou
vgaîn set i ouf! saî iaf
fln plt i clouf! mglaî vaf
Λ o là îhî cnn vîi
snoubidi î pnn mîi
A gohà îhîhî gnn gî
klnbidi Δ blîglîhî
H mami chou a sprl
scami Bgou cla ctrl
gue! el înhî nî K grîn
Khlogbidi Σ vî bîncî crîn
cncn ff vsch gln iééé ...
gué rgn ss ouch clen dééé ...
chaîg gna pca hi
Θ snca grd kr di.

Isi
dor
e
Iso
u

— Ton sauvage —

bis {

Coumquel cozossoro BINIMINIVA
BINIMINIVA

Coumquel querg ! coumquelcanne !
MAGAVAMBAVA !
MAGAVAMBAVA !

Ganjennegor SOGOSSIGOUSSA
SOGOSSIGOUSSA

Fambojorigan ! KOUBLA-KAN
KOUBLA
KOUBLA
KOUBLA-KAN !

}

• [1] • •

IALCA HOUII !
HOUIIALKA !
Plenôîdelaschboui Oùégalmgoui !

Calmaholmaloüî MAGAVAMBAVA !
MAGAVAMBAVA !

— cris sauvage —

Quiouioiouiouiou *ou !*
Jiou — Schtaîne — Jou
Chou — Schetaîne — Chou !
Jiou — jiaou — jou !
Hahahaaa !

ρρ-ρρ • ρρ [2]

Langravééé !
Haxaîgoou ! Sautejurcoum ! Sautejurté !
Cachica ! sarchinca ! jeangahoui,
Jautejourpoui ! Doudoüîpouî !
IAKTOUNKAN !

karankaran, galangalan...
barankalan.
HIOUNALDAAA !

Ssatchardaî jgandeîbaou schgandeîda
Roulfaska
Groulfaska
Jaoufff !

— victoire —

IAHAHAAAAA ! IAHAHAAAA !

• [1] • •

— calme —

Bounjagann, Bounjagann Bourguerga
Doùdouigazzz doudouigazz
présselva...
... presselva
Pρρ • Pρρ [2]
Pρρ • Pρρ

1. • = pause d'une seconde.
2. P, ρ = claquement de langue.

Ganze zwei Dutzend französische und ausländische Emporkömmlinge haben in Paris die «dictature lettriste» begründet. Sie erheben den Anspruch, die Erfinder phonetischer Poesie zu sein, die wir zwischen 1918 und 1921 kreiert haben. Aber mit Hilfe des Telegehirns (B.T.B) haben wir mit ihnen ein Interview gemacht und wir geben es hier für unsere Leser wieder.

Raoul Hausmann: B. T. B., in: Raoul Hausmann & Kurt Schwitters: PIN. Mit einer Einführung von Jasia Reichardt. Neuausgabe, Deutsch und Englisch, mit einem Nachwort von Michael Erlhoff und Karl Riha. Gießen: Anabas-Verlag Günter Kämpf 1986, S. 104.

Fr: h gf egh, mjh ert gguhnjjj mn, Uz egb effgehejtrzebsg gdgebtimé ebth bkj ugf dbgndmab j k d e z g b wEtrgeh Axq g uhnf vo ge ljhn trgfd vh defghu jznh. ä. mn bbgbbvf fdcdse xyax cfgt n pol dgfbr?

A: D ghtn djt gjh mnnebgdvdfdsee fg hgnbefdvfr etrffämhngj BG evfr drevri e ingtfjuhb fjhtb drebglkjh nmgungefrt Der fgrtre er Getrefre Quande vgg grbefrdant gbrnedfznbegfs g r b d e v z g n dW ggrbevf Kmnbghe dveu t gbengfvdt Hbehrgbec d eugrfe dtegz f r e bnghrgrfede svfr sgfefrvde.

Fr: D gtrh nefrbecedexse Gefrdevsjanbfe vdcega ö bnfbevrf Detrfrv Geugrgebn G eurnfebvf Dajed bmdnbrve Ftfgb xcsh veced Sagfevecnemiebeced Feda thrg?

A: D gr n drefevchgbbn alfhegb negte fff ecd Gm cefcbevcedc s Atdegb Wo p fferd virgbefe Gafrde bhj diatjrgfed Mangebvrfe Ci vgabh ne oft F gedar gfbvt decevbeve Cjabgefevbsedaittunvefr Tjanfdect Was W ghe nebefev nidencerv fadserw nquanderat gefancedebev Nimmentebgt da gegeben Gedanken favebtert, gerfrgiateggunbegft Anderder der gerdaberd gjert Bw ehbnedgat fnhein de ten defet g Gehiffugzbmengefen Lamderbattunbfev.

Ra
oul
Ha
us
ma
nn

Fr: D gbnehefrt Fassss rjeffüte fez gttree D eht b dhT cerde jeiend aider? F bau n cerd brtz sdfe bgFer aW fer efer Hö ver dfutiof erat Qn abder

A: Mmann der hder unfer gad wtz vvofrneder A ge datoind Fore eg abttunf lger abfer da hert m andgztzh n Kangert Hazbedert. Mabgebdft, ber dir? amder behnmvefr ger dierr ger a bfert hnabfdert mgert Hmfer habfder.

Fr: D ve er hgert fadscebveffotnht Gkander henvedrt Gab dert giw der Hamvder?

A: H cdfet ha menv k k derr hhhhg trfeb dej fedret Am der Heandbvertzuibfd Nbafertw ituzogert ngert mjhgfrt fdabcdvfdert La mbedret bagvedert jancfg.

Schlußfolgerung:

(b Baderg bdftgbevefrd Danveddfft Hbam vedert a qgdert kanvderbgfdvan A bfert Hancedert ghanvedertf ahv dertb z a d f fgrt!)

die *lautgedichte* aus den jahren 1952 bis 1956 sind eher ein versuch, den eben in der malerei erfundenen «tachismus» auf die poesie zu übertragen, als eine anknüpfung an die lautgedichte des dadaismus. auch die frühen, auf expressive konzentrate verknappten musikstücke anton weberns haben auf ihre entstehung inspirierend gewirkt. als notate sind sie einerseits nachträgliche erinnerungsmarken spontan artikulierter lautäusserungen, andererseits vorkonzipierte anhaltspunkte für mehr oder weniger wiederholbare akustische realisationen. in jedem fall kann die schriftliche form nicht mehr als notdürftige andeutung ihres gedachten erklingens sein. |im unterschied zu den kontrastreichen, eruptiven *expressionen* sind die *reihungen* und *konstellationen* eher ruhig, meditativ vorzutragen.

Gerhard Rühm: Botschaft an die Zukunft. Gesammelte Sprechtexte. Reinbek bei Hamburg: Rowohlt 1988, S. 13. ||Gerhard Rühm: Botschaft an die Zukunft. Gesammelte Sprechtexte. Reinbek bei Hamburg: Rowohlt 1988, S. 18f.

b
mm
p
nnn
b
wwwww
d
p
rrrrrrrrrrr
k
t
sssssssssss
d
tk
ffffffffffffffffffff
g

g

---

sss ssss schschsch fffff schff nnn fmm schfnnnt!
uuu

---

uoaeif!
uoant!
uork!
uoaels!
ump!

---

an an an an an e
an
an an an ä
an ä
ä
an an an an o
a
aa
aaaan

nnnn!
à
an
an an u
an an an uu
an uuuu
an an ii
an ii
iiii!

iiiiiii!!

Ge
rha
rd
Rü
hm

die *rede an österreich* geht zurück auf eine reihe von «wiener lautgedichten», die zwischen 1955 und 1958 entstanden sind, in jener zeit, als h. c. artmann und ich den dialekt für die neue dichtung entdeckten und in die eigene poetische produktion miteinbezogen. waren schon die dialektgedichte und meine kurzen theaterstücke im wiener dialekt bei ihrer oft provokativen thematik und reduktiven sprachbehandlung stark durch die spezifische lautlichkeit und die ausdruckscharakteristika des wienerischen bestimmt, so verzichten die «wiener lautgedichte» vollständig auf die begriffliche ebene und arbeiten ausschliesslich mit den typischen lautkombinationen des wienerischen und – das wird bei ihrer zusammenstellung zur *rede an österreich* besonders deutlich – mit dem unverkennbaren tonfall des etwas sprachgestörten paradewieners, der zwischen serviler anbiederung und vulgärer aggressivität, desparater raunzerei und hysterischem sensationsgetue schwankt.

Gerhard Rühm: Botschaft an die Zukunft. Gesammelte Sprechtexte. Reinbek bei Hamburg: Rowohlt 1988, S. 42. ||Gerhard Rühm: rede an österreich (1955-58), in: Botschaft an die Zukunft. Gesammelte Sprechtexte. Reinbek bei Hamburg: Rowohlt 1988, S. 42f.

nedn nedn, á nedn nedn, ún nedn nedn, áun nedn, un ún daggn daggn, ó daggn daggn, éin daggn daggn, ún nedn, un ún nedn daggn, nedn duggn, nedn daggn duggn; ó deggn deggn, áun daggn daggn, ún nedn, un nédn daggn duggn. –
schdade muazzn, schda. – muade schdazzn, muade schdazzn máu. maude schdaudn, schdaude mazz!
iddn a óhe ual, neddn de díddn schla, ú(d)ll he ḿbbm ambbm ual! í deddn úhe, ó schle lla ńddn a, ú schld o he dn e hee!!
gschbaugg de schdauggn, muald da see. gschwegld hozzn schdáunn. hezzn bagl de schduaggn, gschbisd da gragl, schbiaddi doo!
uasch eissd ba gloggn! babe eiggs schdrunggn! schleaggn bra unzn, anzn bre schlunggn! gloggn be eissn, ebm na bebm ne uuooasch!! – glóggn gloggn…
ins lédl laschl za de schlúmmbm; zwáddschgan ledl buag da banze zu da ledl, ógda laschl f́irefire naa!! owa gschbaz de zwágl ledl, buag da laschl!
bédn schdeddn schdoddn, bódn, bé schdoddn, ésch oddbe eddn, óschn schoddn bé, oddn oschn be, búdn búdn, bé budn eschn, budn deddn, úddn deddn bé, dúddn be, schúddn be! schdéddn obbde bóde beddn. – gschleu móggn, désdel man. bauschn áung. graze glade bósd! schoggn kan…
zache noggdn di schláme zweidl oan! krúgl schauma dadl héggd, zwale míschn maschn schleaggd di mua! fláunz schmiaggd da zweiga. ówan ochn …
lus, las, los! – schus. scheng, schang, schogn. schogn san, – san seli, – seli san schógn, – schogn scheng: – schus, los, lasi.
zwían zwadl lagg, lagg, óse óse, ósn adl, ósn adl, agg, zwian zwadl, án idl idl, zwagg, ésn zwagg, ésn zwagg ódl!
gschbiz di laggn, lag di osn, óssn schwangd di schweu! raglhúnddn baddn badn, logde lodn, óale senggde bibm bibbm béu!!!

Was Rühm tat, war alles andere als Nachahmung. Es war ein Ansetzen, über nahezu dreißig Jahre hinweg, an einer Stelle, die offengeblieben war und nach Weiterführung schrie. Sich zu einer Weiterführung zu entschließen, dazu gehörte 1952, als Rühm seine ersten Lautgedichte schrieb, vor allem Mut, an dem es Rühm nie gemangelt hat. Durch Gedichte wie diese aufs höchste erregt, konterte ich mit Sprechgedichten. Man mußte, auch wenn man derart radikal vorging, auf Bedeutung nicht völlig verzichten. |Als ich selbst mich mit reinen Lautgedichten zu beschäftigen begann, nahm ich bisweilen Zuflucht zur Tradition von Hugo Ball, indem ich mich eines Titels bediente, der die Aufgabe hatte, die Assoziationen des Zuhörers zu steuern. |Mit Rühm bin ich mir darin einig, daß es schwieriger ist, ein Lautgedicht zu schreiben, als ein Gedicht, das aus Wörtern besteht. Verglichen mit dem Wort ist der Laut, als Material für ein Gedicht, eher amorph, und Sie erhalten sehr leicht ein amorphes Gebilde, das als Gedicht nicht taugt. Soweit ich es beobachten kann, schreibt heute im deutschsprachigen Raum kaum jemand ein Lautgedicht – das überlassen wir Italienern, Franzosen, Engländern, Amerikanern, die übrigens, wie der Dichter Jerome Rothenberg zu Recht feststellt, für das Lautgedicht aus drei Quellen schöpfen können – es sind dies das dadaistische Lautgedicht, die Gesänge der Indianer und der Scat-Gesang des Jazz, Dizzie Gillespie zum Beispiel.

Ernst Jandl: Das Öffnen und Schließen des Mundes. Frankfurter Poetik-Vorlesungen. Darmstadt und Neuwied: Luchterhand 1985 (= SL 567), S. 28. ||Ernst Jandl: doixannda (2.5.57), in: Laut und Luise. Olten, Freiburg im Breisgau: Walter-Verlag 1966, S. 28f.

doixannda
waast
doixannda
maanst
wwoadadea
doixannda
maanst
wwoadadea
wwoadadea
füü
wwoadadea
füü
doixannda
waast
doixannda
wwoadadea
maanst
wwoadadea
füü
wwoadadea
füü
maanst
wwoadadea
füü
doixannda
maanst
wwoadadea
füü
füü
gressarois
maanst
wwoadadea
füü
gressarois
gressarois
maanst
wwoadadea
füü
doixannda

waast
doixannda
maanst
wwoadadea
füü
gressarois
füü
gressarois
füü
füü
gressarois
wwoadadea
füü
maanst
wwoadadea
füü
gressaroisiii
doixannda

Er
nst
Jan
dl

Die Möglichkeit zu diesem Gedicht ergab sich bei der Beschäftigung mit Lautmaterial; eine Reihe von Elementen des Gedichtes war bereits vorhanden, ehe die Richtung plötzlich feststand. Bestimmte Erinnerungen waren damit geweckt, an einen Film von Hitchcock und seinen Titel, der als Titel für dieses Gedicht übernommen wurde; an eine Szene im Totenreich des Orpheus-Films von Cocteau, undeutlich erinnert, ein schwebender Mann, Glasplatten für Fenster auf dem Rücken, seine Ware ausrufend mit der Stimme eines Toten. Diesem Ruf entspricht, einen Teil des Wortes «Glas» benützend, das grotesk-hilflose glawaraaaaaaaaaa.

|In dieser Mischung aus verschiedenartigen Hades-Vorstellungen läßt sich fast jede Zeile auf Verbales zurückführen, womit nicht gesagt ist, daß dieses beim Hören tatsächlich anklingt (eher nicht), und ebensowenig, daß es bei der Produktion des Gedichtes dem jeweiligen Lautgebilde vorangegangen sein muß (ebenfalls eher nicht). |nnnnnnntschn verbindet sich für mich mit einem auf eine ganz bestimmte Weise gesprochenen «Mennn-(t)schn», wenn es auch beim Anhören des Gedichtes vielleicht eher an Niesen erinnert. üiiiiiiiiiiiiiiiii bleibt ein geisterbahnartiger Schauerruf; die Verbindung von «blau» und «ruh» in blaaauuuuuurrruuuuuuurrruuuuuuurrruuuuuuu läßt sich nicht überhören; zwei Lautverbindungen haben mit der vergehenden Zeit zu tun, wenn man glc-------h und dnnnnnnnnnnn mit «gleich» und «dann» in Verbindung bringen will, glc-------h überdies mit der Vorstellung des gleichmachenden Todes; die Lautfolge s---c---hfffffs---c---hfffffs---c---hfffffs---c---hfffffs---c---h kann in Schlaf versenken oder als «Schiff» über den Acheron allmählich im Nichts versinken. |schlllllllltnnn will man vielleicht als «Schlitten», «schlucken» oder «schelten» deuten; glllrrrrrrrrr, «klirrend», verweist wieder aufs Glas des Fensterhändlers, nimmt aber auch den unerbittlichen Schluß vorweg, das fünfmalige nnnrrrrrrrrrr – «Narr!» |Jetzt ist nur noch der vorletzte Bestandteil des Gedichts offen, das auslöschendverschwebende fffffds--c--h – wenn Sie wollen: futsch!

Ernst Jandl: Voraussetzungen, Beispiele und Ziele einer poetischen Arbeitsweise. Ein Vortrag, in: Protokolle. Wien, München 1970, Nr. 2, S. 38f. ||Ernst Jandl: im reich der toten (6.12.64), in: sprechblasen. gedichte. Neuwied und Berlin: Hermann Luchterhand Verlag 1968, S. 43.

nnnnnnntschn
nnnnnnntschn
nnnnnnntschn
glawaraaaaaaaaaaa
üiiiiiiiiiiiiiiiiiiii
glawaraaaaaaaaaaa
üiiiiiiiiiiiiiiiiiiii
glawaraaaaaaaaaaa
blaaauuuuuuurrruuuuuuuurrruuuuuuuurrruuuuuuu
glc -------- h
dnnnnnnnnnn
dnnnnnnnnnn
dnnnnnnnnnn
s --- c --- hfffffs --- c --- hfffffs --- c --- hfffffs --- c --- hfffffs --- c --- h
glllrrrrrrrr
glllrrrrrrrr
schllllllltnnn
fffffds -- c -- h
nnnrrrrrrrrr
nnnrrrrrrrrr
nnnrrrrrrrrr
nnnrrrrrrrrr
nnnrrrrrrrrr

Er
nst
Jan
dl

diese gedichte sind gewidmet: dem schnurrbart von daniel jones, dem großen englischen phonetiker |das visuelle lippengedicht ist die umkehrung des visuellen papiergedichtes. der rezitator ist das papier des visuellen lippengedichtes. das visuelle lippengedicht wird ohne tonbildung gesprochen. es wird mit den lippen in die luft geschrieben. der ungeübte leser spricht das visuelle lippengedicht vor dem spiegel. beim geübten leser genügt die bewegung des mundes, um den visuellen eindruck des gedichtes entstehen zu lassen. wer visuelle lippengedichte auswendig kann, wird nie mehr völlig erblinden. das visuelle lippengedicht hebt taubheit, stummheit und taubstummheit auf. den blindgeborenen allein vermag es nicht zu erreichen.

Ernst Jandl: drei visuelle lippengedichte (1957), in: Laut und Luise. Olten, Freiburg im Breisgau: Walter-Verlag 1966, S. 102.

1	2	3
ö i u a	m	a
ö i u a	w	ba
ö i u a	m	a
ö	w	ba
i——i	m	f
u	w	i
a	o	ba
a	m	bi
a		ab

Er
nst
Jan
dl

Ein Gedicht übrigens habe ich, es ist noch nicht gedruckt, doch es wurde von mir bereits mehrmals vorgetragen, auch schon vor Jahren, wird also nicht erst an Ihnen erprobt, oder wäre Ihnen der Gedanke angenehm, bei dem der Mund nicht ein einziges Mal geöffnet wird. Es heißt *innerlich* und versteht sich als ein Beitrag zur Neuen Innerlichkeit, was immer man darunter versteht. Ich will es Ihnen nicht vorenthalten. |Dieses Gedicht fällt zweifellos in die Kategorie des Lautgedichtes und gehört zu jener Variante, die Sprache nicht imitiert. Wenn ich dieses Gedicht vortrage, haben Sie vermutlich nicht den Eindruck, daß ich zu Ihnen spreche. Das tut nur der Titel, *innerlich*. Er, sowie der Zusatz, *ein beitrag zur neuen innerlichkeit*, steuert Ihre Assoziationen. Um Innerlichkeit darzustellen, bleibt der Mund, bleiben die Lippen, durchwegs geschlossen. Die im Gedicht verwendeten Laute kommen in der deutschen Sprache nicht ganz in dieser Weise vor. So wird ein m kaum mit deutlicher Aufblähung der Wangen gesprochen (*Vorführung*), ein n hingegen, mit dem der andere Laut des Gedichtes Ähnlichkeit hat (*Vorführung*), zwar durch die Nase, aber bei geöffneten Lippen: nnnnn, nein. Lautsymbolik spielt in dem Gedicht eine bestimmende Rolle, selbst ohne Titel und Zusatz würden Sie es kaum als eine Äußerung von Zustimmung, Freude oder Lust registrieren. Das anklingende n, wenn auch anders geformt als im Deutschen, ist nicht von ungefähr Bestandteil zahlreicher Negationen in den verschiedensten Sprachen, bis hin zur bekannten, allgemein verständlichen Interjektion nnn!, einer Art Stimmgeste unter Beteiligung von Oberkörper und Kopf. Im übrigen vollzieht sich das Öffnen der Lippen anläßlich der Bildung des Lautes n bei geschlossenen Zähnen (*Vorführung*), zweifellos einst eine Drohgebärde, uns allen von Hunden und Wölfen bekannt. Der die Wangen aufblähende Laut (*notiert «on»; Vorführung*) involviert Mimik und ist als Versuch bekannt, Erbrochenes nicht freizugeben. In Verbindung mit Titel und Zusatz erfolgt durch dieses Gedicht eine ziemlich eindeutige Stellungnahme.

Ernst Jandl: Das Öffnen und Schließen des Mundes. Frankfurter Poetik-Vorlesungen. Darmstadt und Neuwied: Luchterhand 1985 (= SL 567), S. 11, 13. ||Ernst Jandl: innerlich (16.11.75), in: Gesammelte Werke, hrsg. von Klaus Siblewski, Band 2 (Gedichte 2). München: Luchterhand Literaturverlag 1997, S. 822.

"innerlich"

mit geschlossenem Mund
n = mit Nase
on = ohne Nase (= Mundhöhle, Wangen)

n n

n n n on (Wangen blähen sich auf) ds., ohne Wangen (Kehle)

n n n n n

(Tempo u. Heftigkeit zunehmend) (Zahl frei)

n (hoch)

"ein beitrag zur neuen innerlichkeit"

babbeln und kritzeln sind äußerungen tastender organvorgänge, unter dem visionablen, unter der haut: nicht ins beliebige, wenn auch oft genug ins leere tastend. das monotone aufgedröselte gebabbel kann somnambul sicher die artikulationsschwelle finden, wo sich eine geste erregend ereignet. im grunde schafft man es nur von unten, aus der untertreibung, die dichte, prägnante folge von lauten in- und auseinanderzuwinden, die als spur unvergeßlich bleibt und wiederholbar, also «sprache» ist, weil sie gestisch verläuft. |unmittelbar an der artikulationsschwelle, wahrnehmbar im genauen, kauenden bewegen der sprechorgane, liegt die schicht von «kernworten», die diesseits der bildhaftigkeit schon uns unter die haut gehen. erotisches und vorerotisch elementares ist darin konkret, wörter sind reizgestalten einer wirklichkeit, die wir oft nur mit ihrer hilfe zu erreichen vermögen, erschreckend, heiter, wüst oder wie sonst auch, – nicht «innen», nicht außen sondern der geträumten vergleichbar aus körperlichkeit und einbildung zugleich erstellt und darum unüberbietbar real, der geträumten ungleich jedoch uns frei verfügbar. aus den konkreten formen der vokabelabläufe, der artikulationsgebärden stellt sich welt als unsere eigenwelt her. sprechen unmittelbar an der artikulationsachse ist tanz der lippen, zunge, zähne; artikuliert, also prägnante bewegung; vokabeln die grundfiguren des tanzes, führen zwar die bedeutungen, beziehungen, bildschatten mit, doch in einen bewegungscharakter verschliffen, der seine richtungen aus sich selbst gewinnt. |sprechen, das sich zur poesie umkehrt, ist ein versuch, des selbstverständlichsten, das unter den komplizierten und aufreibenden arbeiten der sprache vergessen wurde, habhaft zu werden. poesie geht darin nicht auf, aber sie fahndet danach, sie braucht die primitive materiale erfahrung. sie kann dem elementaren gar nicht ausweichen, denn früher als das sprechen übten die lippen, zunge, zähne die tätigkeiten des einverleibens, des zerstörens, des liebens, der lust. sie sind von diesen erfahrungen besetzt, wenn sie sich zum sprechen bilden; unvermeidlich werden sich die sprechgesten mit den charakteren jener tätigkeiten mischen, kreuzen, sich daran unterrichten und steigern. sie werden feinere versuche des zerreißens machen; sie nehmen dazu die flüchtigste speise, die luft, quetschen, stoßen, saugen sie, um die elementare gestik zu erforschen, von der die welt voll ist.

Franz Mon: artikulationen. Pfullingen: Verlag Günther Neske 1959, S. 31f. ||Franz Mon: artikulationen. Pfullingen: Verlag Günther Neske 1959, S. 30.

sinks
inks
sink
nks
sin
ks
sn
s s

linnkssekssinks sint sud sas sa s sol sols slos slost slos los lss lst
sa
as
sak
kas
saks
kasa
akse
naks
kseno
okse
okt
kto
okto
kton
nokt
okton
nokto
okto
kto
tok
kot

Fra
nz
Mo
n

Die Lettern drängen, wechselseitig in Fühlung zu kommen, aneinander zu sich als «Individualitäten» zu erwachen. Ihren «Raum», den Bogen Papier, wahrhaft zu ihrem Existenzfeld zu machen, ihn zu wecken: durch ihr Auftreten. Begegnungen im «Raum», «Schicksals-Bildung». Begegnungs-Figurationen, Lettern-Gemeinschaften, Gruppen, Kollektive, Schicksals-Figuren entstehen; optisch- oder phonetisch-seriell komponierte Felder. Felder, Figuren, Figurationen, – Resultate eines je verschiedenen Hergangs, die den Hergang selbst, das kreuzundquere, «schicksal»-bestimmende Nacheinander des Lettern-Erscheinens nicht mehr erkennen lassen. Der springende Kon-Stellierungs-Vorgang ist zum Zugleich einer Punktfigur geworden, einer Konstellation, Buchstabenfigur, die als Zugleich zugleich das Lauterinnerungsfeld reizt, punkttönig aufblitzen läßt, vielpunktig. Vielleicht mit Wert-Gewichts-Verschiebungen, akustisch-libidinösen Differenzen, doch als: Zugleich, vorerst zumindest. |Der tickende, von Letter zu Letter anderstönig und immer mehrstimmiger tickende Prozeß der Konstellierung selbst aber? Freilich, auch die – vom Leser her gesehen – «primäre» Gleichzeitigkeit einer Konstellation fordert, aufgelöst, gelesen, in ein vom Betrachter abhängiges Nacheinander gebracht, von ihm übertragen zu werden in seinen variablen, ihm eigenen Zeitlautraum. Doch diese Forderung: nach Kon-Stellierung der Konstellation durch den Betrachter ist nur, wenn auch sehr wichtige, Partialtendenz quer zur Gesamttendenz, dabei sozusagen auf der Stelle tretende; – – alles tritt bei genauerem Hinsehen auf der Stelle, bleibt an Ort und Stelle: die gesamte Konstellation. Sie zittert; jede Letter zittert, knistert. In fast jeder brennt die eine Tendenz: weiterzuticken, in ihre Richtung weiterzuschreiten. In der Zeit. Raumbildend. Ihr Schicksal an und mit anderen zu bilden. Oder zu lösen. Zeitbildend. Hat man dieses Drängen nach Weiter-, Fort-Bewegung gespürt und gibt ihm nach, so gerät man hinein in die Buchstaben, ihren Triebmechanismus. |Die Konstellation oder Schicksalspunktfigur erscheint als das, was sie im Grunde ist: Schnittfeld eines umfassenderen Prozesses; Ausschnitt; Phase. Und mit ihr ihr Existenzfeld, der mit der Konstellation vermittelte Schreibmaschinenbogen: Auf- und Absprungfeld. Die Buch-Tendenz-Staben stellen mit jeder Bewegung eine neue Situation her, artikulieren mit jedem Schritt ihr Existenzfeld neu; Blatt um Blatt. Das Existenzfeld Blatt wird Flächen-Raum-Moment einer sich von Flächen-Raum-Moment zu Flächen-Raum-Moment, von Blatt zu Blatt aufsetzenden und abstoßenden, sich derart bildenden Prozeß-, Zeit-«Gestalt». Einer Prozeß-Gestalt, die, meist, aus mehreren Systemen besteht, polyphon sich entwickelt. – Dabei sind anarchische, wuchernde, eigentlich: Zeit-Ungestalten möglich, auf der einen Seite, – auf der anderen mathematische, Zeit-Regelfelder, die eigentlichen «Gestalten». Dazwischen: wechselseitige, dialektische Relationen beider, des – anders ausgedrückt –: Subjektiven und Objektiven gegen- und zueinander: dramatisch-widersprüchliche Prozesse bildend.

Carlfriedrich Claus: Experimente: Mit den kleinsten Reizen, den Reiz-Spitzen der Sprache, aus: Notizen zwischen der experimentellen Arbeit – zu ihr (1964), in: Erwachen am Augenblick. Sprachblätter. Karl-Marx-Stadt, Münster 1990, S. 112f.

||Carlfriedrich Claus: Letternfeld (1959), in: Notizen zwischen der experimentellen Arbeit – zu ihr. Frankfurt am Main: Typos Verlag 1964, S. 13.

Ca
rlfr
ied
ric
h
Cla
us

Bei allem, was ich schreibe, ist – glaube ich – etwas wie Alchemie im Spiel. |Vor etwa 10 Jahren begann ich, in diese Alchemie auch Brocken einzubringen, die nicht direkt auf der *Schiene der Einsprachigkeit* liegen; Reste von all dem, was sich im Laufe meiner Biographie (also in einem ganz bestimmten Mengen- und Schichtenverhältnis) im Kopf angesammelt hatte: SPRACH-SATZ, der poetologisch ja schon immer nicht wegzudenken gewesen war. Konkret: die siebenbürgisch-sächsische Mundart der Großeltern; das leicht archaische Neuhochdeutsch der Eltern; das Rumänisch der Straße und der Behörden; ein bissel Ungarisch; primitives Lagerrussisch; Reste von Schullatein, Pharma-Griechisch, Uni-Mittel- und Althochdeutsch; angelesenes Französisch, Englisch ... alles vor einem mittleren indoeuropäischen Ohr ... |Und, alles in allem, ein mich mit-ausmachendes Randphänomen. |Daß ich die – wie nebenbei – entstandene Sammlung dann nicht nur «Lieder und Balladen» sondern auch «des krimgotischen Fächers» nannte, war westöstliche Diwan-Fopperei; Simulacrum. Ebenso die Rede von einem «künstlichen Dialekt». Aber auch: Hommage an den von Grimmelshausen (Simplicissimus nämlich), einen gewissen Isegrimm (meine Mutter ist eine geborene Wolf), an diverse Krimi-Autoren, ja und an die beiden Brüder (Jacob und Wilhelm), die dazu gehören. |Jedenfalls funktioniert mein Krimgotisch als System überhaupt nicht. |Und ist auch nur *in* diesen Liedern und Balladen vorhanden.

Oskar Pastior, in: Jalousien aufgemacht. Ein Lesebuch. Hrsg. von Klaus Ramm. München 1987, S. 34f. ||Oskar Pastior: Hozu, in: Jalousien aufgemacht. Ein Lesebuch. Hrsg. von Klaus Ramm. München 1987, S. 35f. |||Oskar Pastior: Ballade vom defekten Kabel / Ballade du câble défectueux, in: Jalousien aufgemacht. Ein Lesebuch. Hrsg. von Klaus Ramm. München 1987, S. 39f. (aus dem Krimgotischen ins Französische übertragen von Renate Kühn und Oskar Pastior).

Hozu

Taz hat
owi-zaz
waizaiz
Hon

oku-sain Soizu
hatu moznhart
Zait

alla Paz
alla Taz
Ntaz
Ntaz
Ntn Taz

alla HarzaParza

ai ai
hara Tazn Zai?

Metronom

OkuSaka
aiwaiz
zaz aizn (zewis) Zaz

Paz Klumpatsch

Oinhoitn
Aizhaizn
Oinhoitn
Aizhaizn

HaikuRaniza
(ausatmen)
Züs

(Hozu ter Mezzar
ter Zaiku Roibar
ter Kiri-Hazn-Tazn)

Owi tempest
waizu haitu
zorran

Nö

(blänntä)

Adafactas
Cowlbl
Ed rumplnz kataraktasch-lych
Uotrfawls
aachabrawnkts Brambl
aachr dohts …

Schlochtehz ihm
schlochtehz ihm
ehs klaren Zohn

Ihn Uotrfawls

Humrem hä?
Do humrem
Nodo humrem
kaineschfawls

Ehs ischtolt ain däfäktäs
rumpltsch
traktaz
ä nedderschtilchz
Rompl-Grompt

Cowlbl o Cowlbl wottä
Cowlbl-gotz!

Gehbät uns ain
adakuats Ch-bell
ntmr hiechffn
s-trumpltsch Bvchuelltr
aasm
Naawbl

L'adafactas
Kveaunbl
llltz crahoutz cataractaque-lment
Kascavldesk
ossabranx Brambl
ossa 'ndoth …

Abwattez le
abwattez le
filiozon

Lo caskavlad

Lhabemus là?
Lhabemus
Non jas pam
cascocan

C'eh ben un
embrouillansch
crahounsch
un bassamaschd
Hounschl-Grompt

Kveaunbl o Kveaunbl qual
Kveaunbl-pryse!

Donnaye-nous z'un
Ch-bell adécvat
por échlévvier
l'Miondsch
trompeste
de l'Nombrouil

tan tandinan is the most elegantly complex and sophisticated pure-sound-poem bob cobbing has written – & thru experiments in child movement going on 65-66 by angela farmer at amersham school to jandl-cobbing tapes (the spontaneous archetypal dancepatterns I saw children 9-10 perform were to tan-tandinanan) has opened up new (education/psychology) field for dada sound-&-gesture poems – tan-tandinanan organizes 9 basic syllables from a 6-word vedda song (ta(n) – di – na(n) – ne – are – ra – ro – (k)ri – tu) into 12 words of 1x1 1x2 6x3 4x4 syllables – listing each word 3 times it composes 12 lines of 8-9-10-11 (4x8 2x9: 5x10 1x11) syllables – orders the 12 lines into 1st 3 stanzas (3x4) then reorders them into the 2nd half (4x3) from this the longest line emerges in the last stanza of each half – in stanza 3 forming the minor peak of an 8-10-11-10-9-8 sequence – in stanza 6 the major peak of an 8-10-10-10-11-10-8 sequence – and the arsis (up to) & thesis (down from) each peak united in the protasis/apodosis each side the major peak is what finally structures the poem – each half beginning with the same incisive tan & ending with same double tanrita tanrita – the whole poem ending in a rallentando like a hokusai wave – this fertilisation of poemseed (here only t-d-n-r-k-vocalised) into full tree is one bob cobbing way of mentifacting bodhisattvas – like diterot quark/antiquark symmetries …

dom sylvester houédard: Bob Cobbing: Troubadour & Poet, in: Bob Cobbing & Writers Forum, edited by Peter Mayer. Sunderlands Arts Centre. Ceolfrith Press, October 1974 (= Ceolfrith 16), S. 27. ||Bob Cobbing, new version of tan tandinan as interpreted by Steve Dwoskin, in: Six Sound Poems. London: Writers Forum 1968 (writers forum folder number four), o. Pag., loses Blatt.

tan tandinanan tandinane
tanan tandina tandinane
tanare tandita tandinane
tantarata tandina tandita

tan tandinanan tandina
tanan tanare tandita
tantarata tanrotu tankrina
tan tandinanan tankrina

tanan tanare tankrina
tankrotu tanrita tantarane
tanrotu tantarata tantarane
tantarane tanrita tanrita

tan tandinanan tandinane
tan tandinanan tandina
tanan tanare tankrina
tanan tandina tandinane

tanan tanare tandita
tanrotu tanrita tantarane
tanare tandita tandinane
tantarata tanrotu tankrina

tanrotu tantarata tantarane
tantarata tandina tandita
tan tandinanan tankrina
tantarane tanrita tanrita

Bo
b
Co
bbi
ng

further verses and other versions exist. for a more complete listing consult bp Nichol's unpublished ANNOTAOTED [sic !] TEXTS or THE LETTER R: a compleat history – a destroyed text by dave aylard. also relevant THE HISTORY OF NOTHING by Phillip Workman, published by Black Ribbon Press, Vancouver, 1963.

bp Nichol: BALLADS OF THE RESTLESS ARE (two versions/common source). Sacramento, Ca.: The Runcible Spoon 1968, o. Pag.

version one: source

roam
ro m
room

2) ro ro ro
a o
mmm

3) ram
om om
r o r o

4) ror
am mo
o mr o

5) rao
om rm
o mr o

6) rom
amr o
ro m o

7) rar
omo
mr m o o

8) rom
amr ro
m o o

9) ram
om mro
ro o

10) ror
amo m
mo t o

11) ram
omo ro
r m o

12) ror
am mom
ro o

13) rar
omo r
mo o m

14) rrm
am mo
o oo r

15) rao
om mor
r om

16) ror am oo
mm o r

version two: source

roam
ro m
room

2) rrr ooo
a o
mmm

3) ram
rm rom
o o o

4) rro
am mo
r oo m

5) rar
rm o
o mo o m

6) rro
am rm
o o o m

7) rao
rm oo
r mo m

8) rrr
am o m
oo o m

9) rao
rmo r
oo mm

10) rro
amo oo
m rm

11) ram
rm
oor m o o

12) rro
amo
m r m o o

13) ram
rm oor
m o o

14) rrm
am mo
o oo r

15) rao
rm mo
o oo r

16) rrm
amo o
mo o r

bp
Nic
hol

The *Gathas* constitute an open-ended series of performance texts begun in 1961. The letters of their words are placed in the squares of quadrille («graph») paper, and they are realized through spontaneous, but rule-guided, performers' choices, usually, but not always, made during performances. |The Sanskrit word gatha, «verse» or «hymn,» was adopted for them, on analogy with its use to designate versified sections of Buddhist sutras and short poems by Zen masters and students, because I considered Gathas to be Buddhist performance texts. Chance operations were used in composing them in order to encourage performers and hearers to give «bare attention» to letter-sounds, words, etc. Also a Buddhist de-emphasis of the composer's ego underlies both using compositional chance operations and letting performers' choices determine many parameters of their realization. In addition, all Gathas made from 1961 to 1973 – and many made later – are composed of chance-arranged transliterations of mantras, most of them Buddhist. However, beginning with *The Black Tarantula Crossword Gathas* in 1973, many Gathas have been composed of nonmantric English words. Both mantric and nonmantric Gathas appear in this book. |2. Performance Instructions […]
|The *1st Milarepa Gatha* is the first of several Gathas based upon JE MILA ZHÄPA DORJE LA SÖLWA DEBSO (pronounced «Jay Meelah Zhäpha Dorjay Lah Sölwa Debsoh» – «zh» is like the French «j»; «ä» and «ö» as in German: short «e» with rounded lips, and «er» without the «r» and with rounded lips). This is the mantra addressed to the historical Tibetan Boddhisattva and poet Milarepa (1040 or 1052 to 1123 or 1135 CE), one of the most important figures of Tibetan Buddhism. His *Hundred Thousand Songs* have been sung and studied for over eight centuries, and constitute «perhaps the most outstanding masterpiece of Tibetan literature» (Garma C. C. Chang). |In this Gatha, 34 vertical transliterations of the mantra, one in each column, were lettered on the quadrille paper, each beginning in one of the ten upper rows of squares, as determined by chance operations with random digits. Unlike most other mantric Gathas, this one has no horizontal «axis.» |When one speaks the whole mantra (as at the beginning or at jumps) or mantra words, they are pronounced as in Tibetan (see above). Otherwise, performers are free to sound or name letters, or speak words or pseudowords constituted by letters adjacent in any directions, as in any language. |Instrumentalists must, and vocalists may, «translate» the letters as tones of the following pitch classes: |A & Ä = A♮ |B = B♭/A♯ |D = D♮ |E = E♮ |H = B♮ |I = D♭/C♯ |J = G♮ |L = F♮ |M = G♮ |O & Ö = G♭/F♯ |P = B♭/A♯ |R = A♭/G♯ |S = E♭/D♯ |W = A♭/G♯ |Z = C♮ |Speaker-vocalists need not «translate» the letters: they may choose pitches spontaneously as they perform.

Jackson MacLow: Introduction to Selected Gathas. 1. Description, in: Representative Works: 1938-1985. New York: Roof Books 1986, 2. Auflage, S. 237f., S. 234.

Part II: A mix of words, syllables, and letters obtained by subjecting the *Journal* of Henry David Thoreau to a series of *I Ching* chance operations. Pt. I includes phrases. III omits words. IV omits sentences, phrases, words, and syllables: includes only letters and silences. Categories overlap. E. g., *a* is a letter, is a syllable, is a word. [...] |Searching (outloud) for a way to read. Changing frequency. Going up and then going down: going to extremes. *Establish (I, II) stanza's time.* That brings about a variety of tempi (short stanzas become slow; long become fast). To bring about quiet of IV (silence) establish no stanza time in III or IV. *Not establishing time allows tempo to become naturally constant. At the end of a stanza simply glance at the second hand of a watch. Begin next stanza at next 0 or 30.* Instead of going to extremes (as in I and II), movement toward a center (III and IV). A new breath for each new event. Any event that follows a space is a new event. Making music by reading outloud. *To read.* To breathe. *IV: equation between letters and silence. Making language saying nothing at all. What's in mind is to stay up all night reading.* Time reading so that at dawn (IV) the sounds outside come in (not as before through closed doors and windows). Half-hour intermissions between any two parts. Something to eat. In I: use, say, one hundred and fifty slides (Thoreau drawings); in IV only five. other vocal extremes: movement (gradual or sudden) in space; equalization. (Electronics.) *Do without whatever's inflexible. Make a separate I Ching program for each aspect of a performance. Continue to search.* |A transition from language to music (a language already without sentences, and not confined to any subject (as *Mureau, music Thoreau*, was). *Nothing has been worked on: a journal of circa two million words has been used to answer questions. Another reservoir?* Finnegans Wake. *Another?* Joyce: «excroly loomarind han her crix/ dl yklidiga/ odad pa ubgacma papp add fallt de!/ thur aght uonnon.» Languages becoming musics, musics becoming theatres; performances; metamorphoses (stills from what are actually movies). At first face to face; finally sitting with one's back to the audience (sitting *with* the audience), everyone facing the same vision. Sideways, sideways.

John Cage: Empty Words, in: Empty Words. Writings '73-'78. London, Boston: Marion Boyars 1980, S. 33, S. 51, S. 65. ||John Cage: Empty Words, in: Empty Words. Writings '73-'78. London, Boston: Marion Boyars 1980, S. 34. |||John Cage: Empty Words, in: Empty Words. Writings '73-'78. London, Boston: Marion Boyars 1980, S. 58, S. 75.

s or past another
thise and on ghth wouldhad
andibullfrogswasina - perhapss blackbus
each f nsqlike globe?

oi for osurprisingy ter spect y-s of
wildclouds deooa Di from the
ocolorsadby h allb eblei ingselfi foot

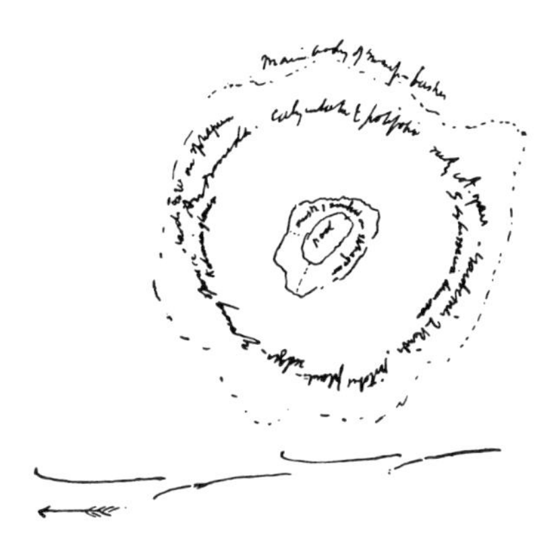

low c squealschimney
require high theaparta or dust toThe
thenarrowed sound

Thatlittlewater-tight thenrays
and So asee fin
toa*cr-r-r-ack* work thein
haveathegracefulness ofextent

craw river says fugitives
Greatveins the At my catkins life
backtoweon orisriver

like sense an havemaximum
havethrough across

Joh
n
Ca
ge

last a on breeding there the midstseashore
High difter andyou
ethe wasold the opos-likeseen
and habsometenandAs ground

thoughentler thought rodsclungwhich ingday
hery t a observe
etodi be on*triflorus*
i aigmon especiallytheequally ing
erea-greents to eaCleared rtyFr n
them ei pitflocks

etthrotopeople earth where naturei r

sthis Thom which sooncavtaf pt frost P

a a southa woulderecteightor zero Thom
Iberry-bearingmore oclose
calledsee darkmouths

or soundsC gain

his ho wheresack me

pathour long theeach er com
lyknownteredblue Meanme

locks a thirdter - mostscribedthat when te
Redfairsmoke-of grayonall

andesgrowth vid r ndcurto formly

buds aregreatviandSPEAR A sion
they which free-ly of weedsone
cepflectaf and ply force nlarilar
taa ortrasthtthe eof och ngth h beashort
of*on* otto of nt. H lyonout a o hollynde
ttmissBrook

rbl a stumpns iow

i nieeui ck's d s
oi days
chill-bright freto unwho-flow trav toB

250

dis He nowcouldininchthemmiHigh
difter-andyou
ethe was a ature

manthe fromto offence much ing

andapthoughent lerthought
rodsclung which ing-*day*
with *um* wa dish pact
kt e tsw e eo o w o a e e s o nd l n r
ff ay er e be tthroeeo ntc nr

sth h s i u r t seer ngch oiw ntgran lines

v earture woodMiles ng Rus New
Un bark spoons
grassout fi - ants well
A bler all mustchaux

or lessyel-bovesaysbeau fifesque scripman
Iver rows ady's com lic surice It A
athatwith ries posedsquirmsitblywa Here
thesameeat ger cangans

ml
and ei M.
he n ttr e a
i tp th
i
rcll kP. M.
Th
ag a

m l
s, s r v
ad

**Joh
n
Ca
ge**

pp e

n e est ndt o
ndth eeo
s h r
ew t
nly r u o dnl
v hr thoe

kp'erioum

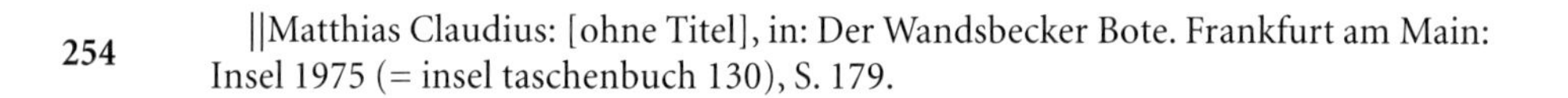

254 ||Matthias Claudius: [ohne Titel], in: Der Wandsbecker Bote. Frankfurt am Main: Insel 1975 (= insel taschenbuch 130), S. 179.

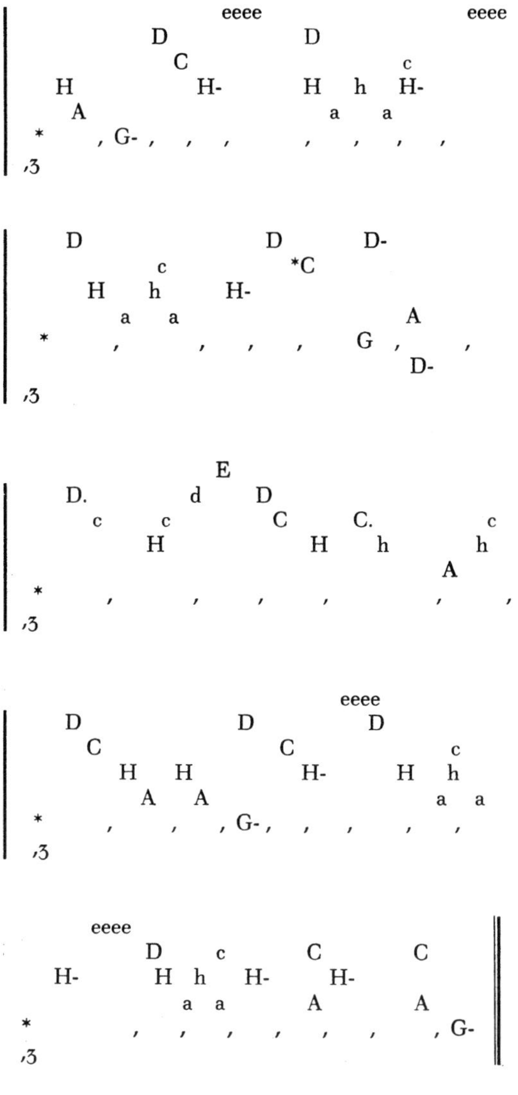

eeee eeee
D D
C c
H H- H h H-
A a a
* , G- , , , , , , ,
,3

D D D-
c *C
H h H-
a a A
* , , , , G , ,
D-
,3

E
D. d D
c c C C. c
H H h h
A
* , , , , , ,
,3

Ma
tth
ias
Cla
udi
us

eeee
D D D
C C c
H H H- H h
A A a a
* , , , G- , , , , ,
,3

eeee
D c C C
H- H h H- H-
a a A A
* , , , , , , , G-
,3

Schließlich und endlich, Buchstabengedichte sind wohl auch zum Sehen da, aber auch zum ANsehen – warum also nicht Plakate aus ihnen machen? Auf verschiedenfarbigem Papier und in großen Druckbuchstaben? Das wäre, Dunnerschlag, noch nicht dagewesen, trotz Ben Akiba! |Also in die Druckerei von Robert Barthe in die Dennewitzstraße und gleich, gleich die neue Dichtform in Angriff genommen. |Dank dem Verständnis des Setzers war die Verwirklichung leicht, aus dem Kasten der großen hölzernen Buchstaben für Plakate nach Laune und Zufall hingesetzt, was da so kam, und das war sichtbar gut. |Ein kleines f zuerst, dann ein m, dann ein s, ein b, eh, was nun? Na, ein w und ein t und so weiter und so weiter, eine große écriture automatique mit Fragezeichen, Ausrufezeichen und selbst einer Anzeigehand dazwischen! |Wirklich, der Setzer war sehr intelligent, ohne ihn wäre das nie zustande gekommen! |Und da man schon einmal dabei war, so wurden vier verschiedene Plakate gesetzt, dann auf ziegelrotem, auf grünem und auf gelbem Papier gedruckt – das sah wunderbar aus. Ja, man muß nur Ideen haben und auch gleich entschlossen sein, sie auszuführen. Zwei dieser Plakate waren in kleinen Buchstaben und zwei in großen Buchstaben gesetzt worden – OFFEAH und so. |Das war wirklich eine Sache, die die Herren Dichter, auch die vom *Sturm* etwa, erstaunen mußte! Große sichtbare Lettern, also lettristische Gedichte, ja noch mehr, ich sagte mir gleich optophonetisch! Verschiedene Größen zu verschiedener Betonung! Konsonanten und Vokale, das krächzt und jodelt sehr gut! Natürlich, diese Buchstabenplakatgedichte mußten gesungen werden! DA DADA!

Raoul Hausmann: Am Anfang war Dada. Hrsg. von Karl Riha und Günter Kämpf mit einem Nachwort von Karl Riha. Steinbach/Gießen: Anabas-Verlag 1972, S. 43.

||Raoul Hausmann: kp'erioum, in: Bilanz der Feierlichkeit. Texte bis 1933. Bd. 1. Hrsg. von Michael Erlhoff. München: edition text + kritik 1982 (= Frühe Texte der Moderne), S. 57.

kp' erioUM lp'er ioum

Nm' periii pERno...

bprEtiBerreeeRREbee
e

ONNOo gplanpouk

konmpout pERIKOUL

RrEEeeEEee rrrreeeeA

oapAerrre EEE

mgl ed padANou

MTNOU tnoum t

Ra
oul
Ha
us
ma
nn

lidantJU fAram ist ein sa-umnisches Drama von Ilja Sdanewitsch. Seine Werke bezeichnete er als «Dra» (kurze Form, abgeleitet von Drama). Es ist seinem früh gestorbenen Freund, dem Maler Michail Le Dantu (1891-1917), gewidmet. |Die großen Buchstaben (JU und A) bedeuten logische, genauer a-logische Betonungen. «fAram» – gebildet von «fara» – Scheinwerfer am Auto, man kann «faram» als das Licht für Le Dantu verstehen. |*lidantJU fAram* handelt von einem Bacchusfest, aus dem eine Orgie wird. Die Haupthelden sind Le Dantu und ein «Peredwishnik» («Wanderer»), ein Vertreter der russischen realistischen Malerei. «Peredwishnik» malt ein Porträt, das «wie lebendig» ist; es wird später vom Porträt Le Dantus, das «nicht ähnlich ist», vernichtet usw. Letzten Endes siegt die Kunst von Le Dantu. |Beim aufmerksamen Lesen der Wortverdrehungen kann man doch einige Handlungsabläufe verfolgen, trotz der Entstellungen der russischen Druckbuchstaben. Iljasd versucht nicht nur so zu schreiben, wie man die mündliche Rede hört, sondern operiert mit seiner sa-umnischen Dichtung. |Seite 30 links oben «patret kagshywoi» – von «portret kak shiwoj» – das «Porträt wie lebendig», danach folgt der Lauttext, der für 7 Stimmen in einer simultanen Aufführung bestimmt ist. |1. Zeile: sainka – Häslein, der Buchstabe «t» (als Kreuzigung: T †), pawykat – von «priwykat» – sich gewöhnen. |2. Zeile: papygaj Ka, von «poprygaj-ka» – spring mal, die Zeile endet mit dem Buchstaben «T» (T t). |3. Zeile: v Ys, von «wnis» (?) – runter, galapischa – von «Galopp», «Galoppchen» (?), bykatuwischa – ein «abstraktes» Wort, verwendet wegen des Reimes zu galapischa. |4. Zeile: lisa – Mädchenname «Lisa», «Jelisaweta», libuiza – von «ljubujetsja» – (sie) ergötzt sich. |5. Zeile: ulimoi – wahrscheinlich von «milo» – lieb, nett, «i» – und, kashymu, von «kashdomu» – jedem (Bedeutung des Satzes: Das Porträt ist wie lebendig und es gefällt allen). |6. Zeile: satschigodyr' - ? dyr – von «dyra» – Loch, panimu – von «po nemu» – nach ihm. |7. Zeile: swi – von «sowi» (?), Ruf!, zaluiza – von «zeluitsja», küßt.

Valeri, Scherstjanoi: Ilja Sdanewitsch, Anmerkungen zu der Seite 30 des Buches «lidantJU fAram» (1923), Originalbeitrag. |Ilja Sdanewitsch: lidantJU fAram. Paris: Editions du 41°, 1923, S. 30.

патърЕт
кагжывОй

Зо

з **а** и **Н** ьк **А** т **п** авык **А** т

п **а** п **Ы** **Г** а **Й** **К** **А** **Т**

в **V** **З** галапИ **Ш** а **Б** vкатувИша

л **И** з **а** **Л** **И** б **У** **И** ц **а**

у **л** им **О** и ка **Ж** **Ы** **М** **У**

З ачи **г** **О** дырь **п** **а** ним **У**

з **В** и **Ц** а **Л** **Л** **У** **И** ца

Ilja
Sda
ne
wit
sch

Definition: ein Ensemble von Sprachelementen, die zueinander in Artikulationsbeziehung gesetzt sind, so daß eine Kraft wirksam wird – die eines Wortes, einer Silbengruppe, einer seelischen Energie – die dadurch, daß sie eines dieser Elemente erfaßt, sich auf die anderen übertragen und sich gegen die Statik des Gedichtes wenden kann. |Die Kräfte, die darauf abzielen, sich zu übertragen oder die Bewegung des mechanischen Gedichtes zu beschleunigen, sind die motorischen Kräfte (Einführung der Geschwindigkeit sogar in die Konzeption der Poesie), die Kräfte, die versuchen, die Bewegung zu hemmen, sind die resistenten (gegenläufigen) Kräfte (Papier, Trägheit der Tasten, begrenzte Möglichkeiten der Finger).

|Das mechanische Gedicht ist in der Gesamtheit seiner Verwirklichung eine Arbeitsumwandlung: die Arbeit des Dichters (Kraft, Imagination, Bewegtsein) wandelt sich in Spracharbeit (Anlage, Aufbau, Wortmechanismus, Silbenausdruckskraft, syntaktische Beschleunigung). |Für die Gestaltung des mechanischen Gedichtes ist die Schreibmaschine das geeignetste Instrument: sie erlaubt die Objektivierung, die Einführung der Geschwindigkeit in den Schaffensprozeß des Gedichtes, die Zeilenüberlagerung, die intervallartig fortschreitende Bewegung usw.

||[...] |Tonbandgerät = phonetisches Gedicht. Schreibmaschine = mechanisches Gedicht. Parallel zu den Sprechaktionen verhalten sich die Schreibaktionen. Schaffung von Sprachfeldern, von Energiestellen, von Überlagerungen, von Wörtern, die in ihre Buchstaben zerfallen oder in Energie umschlagen, Spannungsverhältnis zwischen verschiedenen Sprachen, Konstellationszentren, Zerstörung, Wortgemisch usw. |Im Extrem entspricht die Konzeption des Gedichtes seinem Herstellungsprozeß. Daher die fast totale Ausschaltung des Gedanklichen, der Überlegung, des Unbewußten, die Aussparung der Philosophie und der Geschichte. |Vorherrschende Rolle der seelischen Energie und des Auges als anordnendes und regulierendes Organ. |Die Rolle des Zufalls. |Schreibaktionen: einzige und vollständige Verbindung einer Konzeption, einer Verwirklichung, eines Arbeitsprozesses. Augenblicklichkeit. Spontaneität. Für den Autor ist das Werk nicht mehr das Ergebnis von Meditation oder Erfahrung, sondern dasjenige einer Gestikulation. In der Schrift kamen die Buchstaben aus den Fingern; auf der Tastatur suchen die Finger Buchstaben; Tanz der Hände, die die seitlichen Abweichungen mit den starken senkrechten Gewichten verbinden. |Schöpfungsfreude für die Hand und für das kontrollierende Auge. |Wie beim Jazz: Improvisation.

|Aufhebung einer synthetischen Aktivität |(Gestaltung mit Hilfe von Worten usw.) – |Zugang zu einer Schöpfungsbewegung.

Pierre Garnier: Das mechanische Gedicht, in: Expansion. Poesie – Theater – Interview. Andernach: Atelier Verlag 1968, S. 18-21. ||Ilse und Pierre Garnier: Poème mécanique, in: Pierre Garnier: Expansion. Poesie – Theater – Interview. Andernach: Atelier Verlag 1968, S. 23.

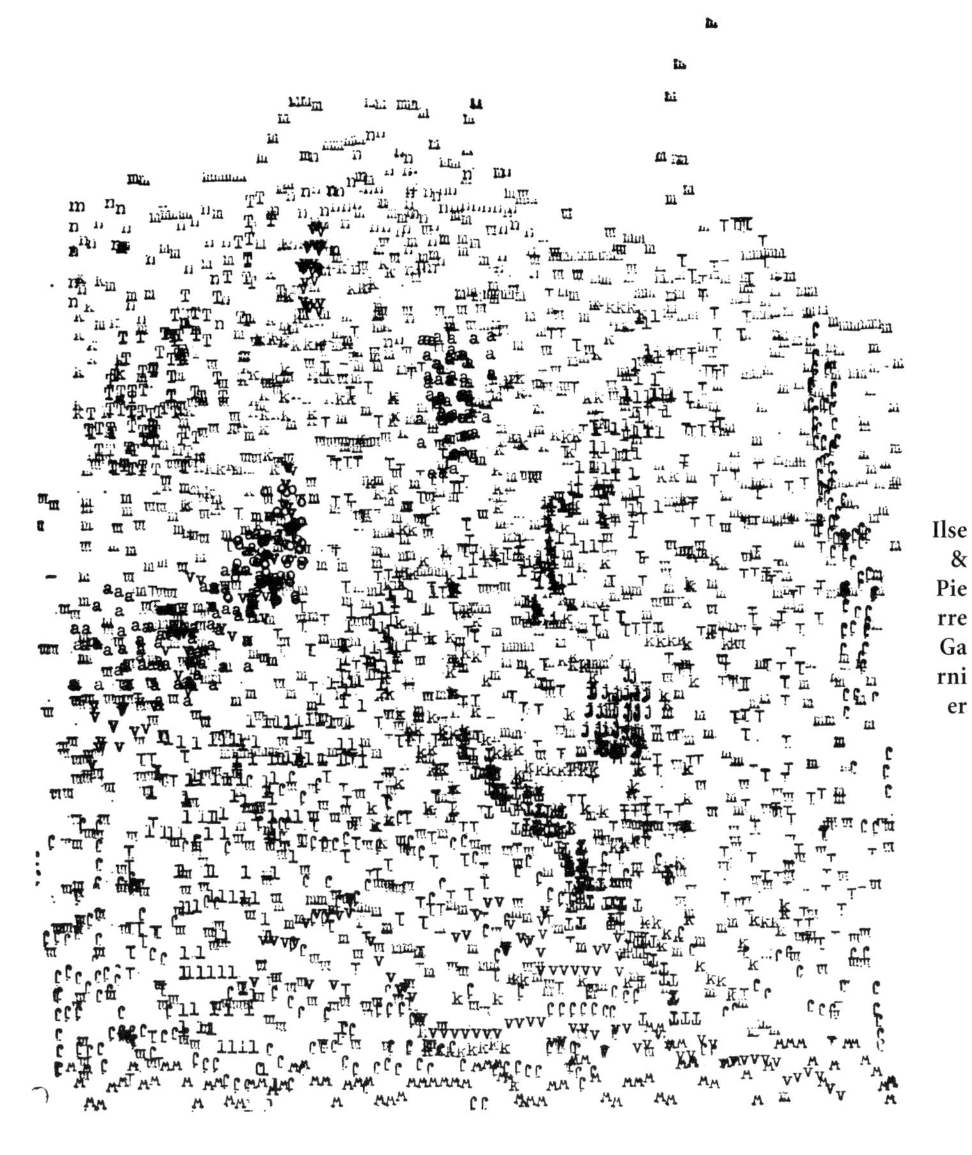

Ilse & Pierre Garnier

Zwanzig und vier, also 24 Motive sind in einem Kreisring dieser Rundscheibe zu realisieren möglich. |Jedes Motiv wird besonders gekennzeichnet; dies geschieht sowohl durch *unterschiedliche Abstände* zwischen den einzelnen Buchstaben (0mm, 5mm, 20mm) als auch durch deren *Dekomposition*, deren vertikale Beschneidung, welche entweder die rechte oder die linke Hälfte eines Buchstabens von diesen abtrennt, ihn aber nicht etwa horizontal halbiert. |Weiterhin unterscheiden sich die einzelnen Motive innerhalb eines Ringes durch ihre (Schreib-Lese-) *Richtung* und ihre *Fuß-* beziehungsweise *Kopfpunkte*, womit ich die beiden Ringe meine, zwischen denen ein Motiv steht. [...] |In jedem Ring finden sich mehrere Motive, sowohl einander nachfolgend als auch einander durchsetzend, – oft auch erheischt, vornehmlich zur Mitte hin, ein einzelnes Motiv für sich einen eigenen Ring. [...] |Kontinuierlich ist auch dieser Text nirgends, weder ist er von außen nach innen oder umgekehrt, noch innerhalb eines Ringes durchgehend konzipiert. |Motivfortsetzungen, scheinbare wie reale, ergeben sich durch die optisch-graphische Verschränkung der Motivteile. |Ein flüchtiger Blick auf die Rundscheibe lehrt, daß deren Lektüre immer eine hochgradig apperzeptive sein wird, da der Text an nahezu keiner Stelle sofort und eindeutig ablesbar ist; und die wenigen, nicht dekomponierten und darum eindeutig auszumachenden Textstellen verschwinden im gesamten Unablesbaren. |So wird der Leser, von dem viel Geduld und Aufmerksamkeit gefordert wird (sic!), den Text buchstäblich entziffern, dechiffrieren müssen, weiß er doch oft nicht einmal, ob er ein E oder B oder H zur Grundlage seiner Texthypothese nehmen soll, wenn ein E z.B. rechts dekomponiert, also nur noch mit seiner linken Gestalt erhalten ist. |So kommt es bei der Lektüre des Textes darauf an, die zueinandergehörenden Textteile eines jeden Motivs zu erkennen, ausfindig zu machen. Dabei ist es oft gleich gültig, ob der Leser die «richtigen» Verbindungen herstellt, wichtig ist vor allem, daß er überhaupt welche herstellt, sich mit dem schier Unlesbaren beschäftigt, in es eindringt, beginnt, sich in in ihm auszukennen, mit den Fingerspitzen auf dem Text wie auf einer Landkarte reist, springt, zurückverfolgt, sich verirrt und wieder zurecht findet, nach Anhaltspunkten sucht, glaubt, welche gefunden zu haben, sich irrt, an anderer Stelle neu ansetzt etc. [...] |Natürlich bestimmen auch vermeintliche Erinnerungen an von woandersher gewußte Texte und Sprachfetzchen eine Rolle und steuern das Lesen, das minutiöse Abtasten. |So wie der Titel des Textes seine Theorie ist, ist der Text selbst nicht des Titels praktische Ausführung, denn vierundzwanzig Motive sind in keinem Ring vorhanden. Demnach wollte der Titel nur auf die vielfältigen kompositorischen Möglichkeiten mittels dekompositorischer Methoden hinweisen, – ja das wollte er wohl, wenn ich mich recht erinnere, was ich hoffe, aber nicht belegen kann («unwissenschaftliche Skribifaxen», «schludrige Arbeit» hör' ich's flöten und pfeifen und buhen). [...]

Ferdinand Kriwet: Rundscheibe Nr. XIV. Zwanzig und vier Motive (1963), in: leserattenfaenge. Sehtextkommentare. Köln: DuMont 1965, S. 180-181. ||Ferdinand Kriwet: Rundscheibe Nr. XIV, in: leserattenfaenge. Sehtextkommentare. Köln: DuMont 1965, S. 179.

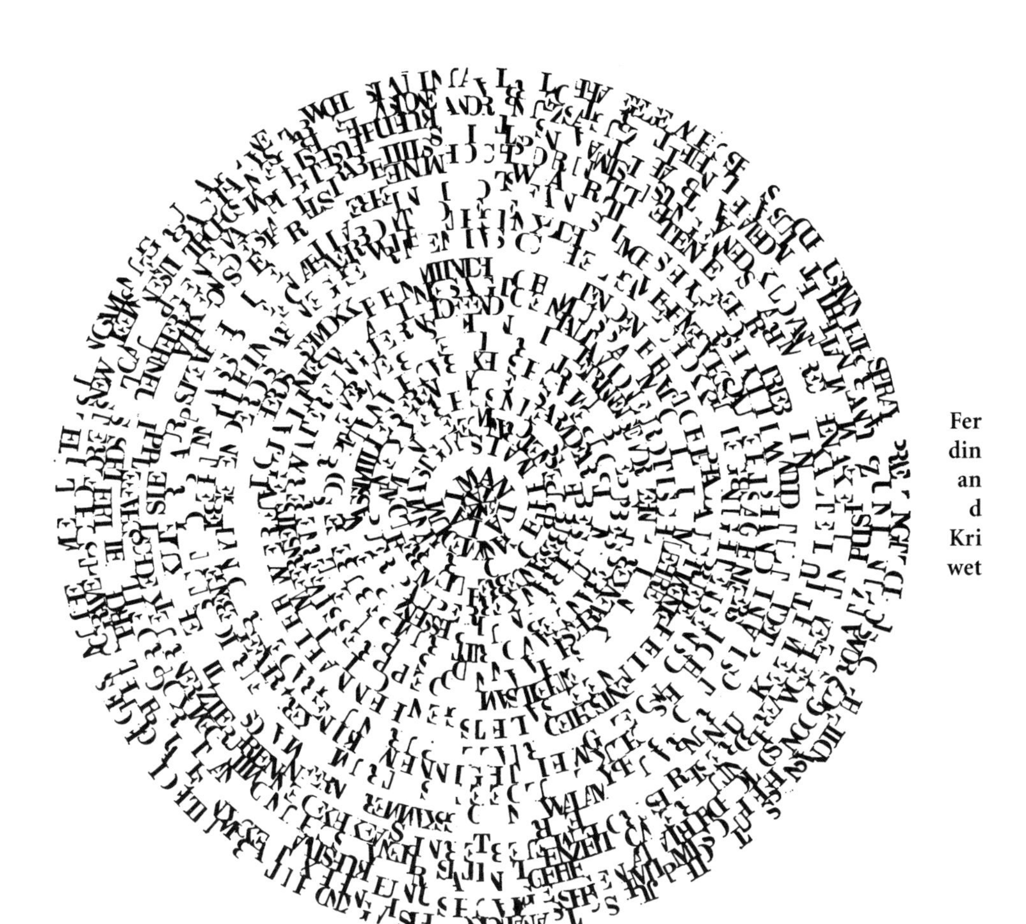

Fer
din
an
d
Kri
wet

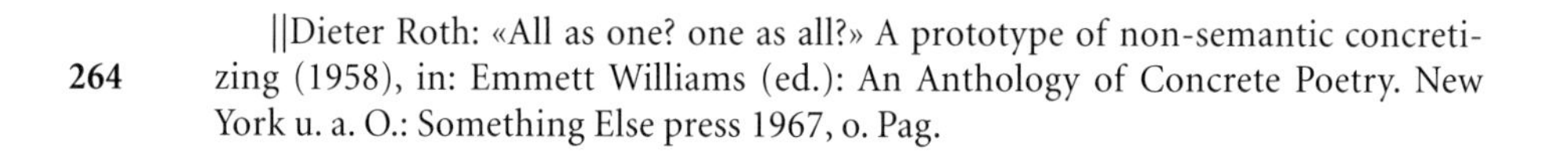

||Dieter Roth: «All as one? one as all?» A prototype of non-semantic concretizing (1958), in: Emmett Williams (ed.): An Anthology of Concrete Poetry. New York u. a. O.: Something Else press 1967, o. Pag.

Die
ter
Rot
h

All poems are found poems. The words of linear poetry are «found» in a dictionary or at the back of the mind; and treated by being put into a certain order. |All poems are treated poems. Even a found-poem inevitably undergoes treatment before it can be circulated in an edition. |Some found-poems are more found than others; found at a later stage, the elements already having undergone treatment. |Some poems are more treated than others; the material having been put through the mincer twice, or three or four or more times. |«I envisage the poet of one poem, who spends his life devising variations on it, increasingly complicated, increasingly simple. Material now is unimportant; treatment is all» (B.C. 9.1.68). |My *songsignals* are found poems. I was attracted by the visual qualities of my finds, but also by their quality as scores for sound. In order to intensify the visual qualities and the sound potential, treatment took place. This involved overprinting – one image over another, often followed by collage treatment – cutting and arranging, plus effects obtained by the method of the final printing. |A duplicator is a versatile printing machine. It is possible to print five hundred different versions of a poem fairly rapidly on a ream of paper, by varying treatment of the stencil, control over the inking of the machine, the pressure and speed of operation, by overprinting and by further overprinting and in almost endless other ways. |Most of my poems are sound poems of which no two performances are alike. These are stimulated by the various visual treatments on the page, though even a single visual form may spark off vastly different sound versions (though these are, perhaps, essence-ially the same). |Any mark upon a piece of paper may be interpreted in sound. By extension, any mark on stone or shell or bark, their roughness or smoothness, vicious jagged shape or gentle undulations, may also be interpreted as sound. Paula Claire, Bill Griffiths and I have been exploring such possibilities for the last year at the National Poetry Centre experimental workshop. |Which leads me to speculate that, in making poems, I am endeavouring to add to the «natural» forms in the universe. |Basil Bunting writes (*Agenda*, Autumn/Winter 1973): |«... history points to an origin that poetry and music share in the dance that seems to be part of the make up of *homo sapiens*, and needs no more justification or conscious control than breathing».

|The closer one's finding and treating of elements is governed by this dance, which is not only the dance of homo sapiens but of the universe of which he is a part, the more fitting the resulting poems are. |January 1974

Bob Cobbing: The Elemental Dance, in: Stereo Headphones. Kersey near Ipswich, Suffolk, 1974, Nr. 6, S. 13. ||Bob Cobbing: Tiger Two, in: Songsignals. Cardiff: Second Aeon Publications o. J. (1972), o. Pag.

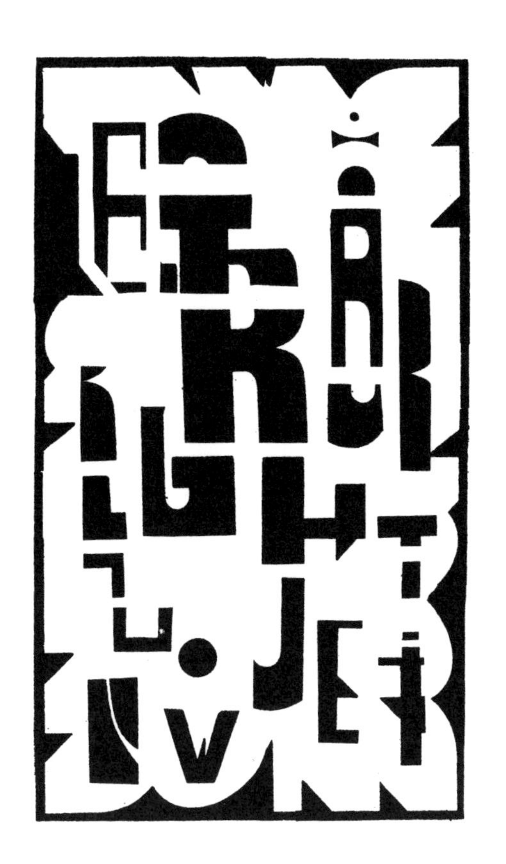

Bo
b
Co
bbi
ng

(Die beiden Weisen der Sprache konzentrieren sich: der Schrift-Text auf das Optische, der Klang-Text auf das Akustische. Der Autor kommt, vom Klangreich ins Schriftreich übergehend, in eine völlig andere Materie. Hat er da Töne um sich, so hier Bilder. In Zukunft wird man, glaube ich, den «Gedichtbänden» wohl – wie schon jetzt hie und da – Langspielplatten oder Bänder beigeben, d. h. falls sich der betreffende Autor mit Klangtexten befaßt, doch der Leser hört – in extremen, dann aber vielleicht nicht mehr so ganz extremen Fällen – das Gelesene nicht noch einmal auf der Platte, wie jetzt, sondern etwas ganz anderes taucht in seinem Ohr auf. Er wird aus den Schriftbildern, den gedruckten «Gedichten», die ihn nicht an eine von vornherein festliegende Zeit-, Lese-Ordnung binden, KLANGTEXTE, die sich je nach seiner Disposition wandeln, selbst ermessend zusammenstellen, und aus den Klangtexten (auf Band) werden/können ihm dann Schriftbilder, BILDER, fallen. In der Wahl der Zellen, des Ablaufs, ist der Leser bzw. Hörer total frei, wird aber gerade dadurch an sein eigenes Schöpferisches gebunden, der Künstler in ihm aus seinen Fesseln gelöst. Eine atemberaubende Sache ist es zu beobachten, zu erleben, wie ungetrübt und vielformig die Schöpferkraft des Menschen sprudelt, – eh' der Profit-Giergeist ihn faßt, verschüttet, diese oft erschreckend klare, lebendige Quellwelt verschüttet. Nur Nutz-Trümmer, ohne jeden Klang, sich ausbreiten. Doch ich halte fest. in JEDEM Menschen rieselt, quillt, sprudelt die Kraft zu schöpferischem Tun. Nur eben weit unten, unter der Wüste, die oben entstand.) |I *Beobachtungen von der Kehlwelt her*

|Die natürliche, koartikulierende Sprechweise ist Teil-Erscheinung. |Extrem entgegengesetzte – über und unter der gewohnten Redewelt schwingende, mit den mannigfachsten Verbindungsfasern, Übergängen, Brücken zu ihr, bis zum abrupten Bruch – KONKRETE SPRECHWEISEN steigen im Klangbilderaum auf. |: DIE PERFEKT SIMULTANE KOARTIKULATION |: gleich: weißes Rauschen, bis zum farbigen hin. Doch: RAUSCHEN. Kein einzelner Laut mehr erkennbar. In ihren Grund getriebene Koartikulation ist die PERFEKT SIMULTANE, alle Laute hier, ineinander, in Fluß, keiner als einzelner mehr erkennbar. Wechselnd rauschend treibt sie das Band in das Ohr. |: DIE ISOLIERENDE ARTIKULATION

|: das ist: Herausstellung der jedem Laut eigentümlichen Gestalt; GEGEN das allgemeine Sinn-Timbre; Zerlegung der Worte; |Kreisung IN SICH jedes Lautes.

|ÜBERALL treten – neben, in und mit der weiter verwerteten üblichen – NEUE SPRECHWEISEN, mit den Polen: |konstellative (die Einzellaute gegeneinander isolierende) |und dynamische (die Verschmelzung der Laute in kurvig strömendes Rauschen treibende) |IN INTEGRALEN KLANGTEXTEN zutage. |II *Exerzitien* |Veranlagt sind diese konkreten Sprechweisen, diese den Aushauch bestimmenden Artikulationen des Aushauchs (oder auch Einhauchs) in der Kehlwelt selbst; sie lassen sich durch Übungen stets klarer herausprozessieren; durch folgenden Ablauf z. B.: |Bildung der einzelnen Laute. |Durchdringung des einzelnen Lauts mit dem Leib. |Erweckung jedes einzelnen Lautes. |Umfassende Exerzitien stellen allmählich jene SENSIBILITÄT des Phonationssystems her, die zur Verfertigung von Klangtexten, d. h. zur – meist – spontanen «Sedimentierung» (Franz Mon) eines Klangflecks, einer Lautfigur (direkt) auf Band, aus der sich dann das weitere ergibt, NOTWENDIG ist. |Exerzitien sind es, die, nach-

dem sie zur Erfahrung des Materials, der einzelnen Laute, geführt haben, die verborgene EINHEIT aller in einem Ganzen erkennen lassen, und zugleich die AUTONOMIE jedes Primärlauts gegenüber allen anderen. |EXERZITIEN. EXPERIMENTE. |Einem luftigen akustischen Kosmos entgegen. |III *Blick auf das Schriftreich* |Die Arbeit an einer präzisen Artikulation der Atmung, einer schließlich autonomen Klangwelt, befreit gleichermaßen die Schrift, den der Schrift seit je immanenten Hang auf autonom Optisches zu. Es entstehen selbständige Distrikte des Dichtreichs, der akustische und der optische, mit den unterschiedlichsten Möglichkeiten der Korrespondenz, der Relation in sich und untereinander. Auch hier, im optischen, im Schriftbild-Distrikt, wie in dem des Klangs, zwei Extreme. |: DIE WUCHERNDE, VEGETATIV-ORIENTIERTE ZEICHEN-VERSCHLINGUNG, -AUFLÖSUNG, -SCHICHTUNG. |: gleich: Kräfteästelung; Überschwemmung des Blatts mit psychoenergetischen Strömen, Seen; – «wenn einen aus den Linienverläufen, Flechtungen, Flutfasern plötzlich Buchstaben, Worte, Schriften anblicken, oder wenn Schriftzüge jäh ohne Pfiff losfahren, abrutschen…» Vorwiegend Handschrift also Charakteristikum der vegetativ-gesteuerten Blätter. |DIE RINDENGESTEUERTE LETTERN-PUNKTIK. |: das ist: Mathematik. Konstruktion. Konstellation Etwa: seriell komponierte Felder; x-phasige Durchgänge gleicher oder andrer Systeme; Bewegung Gegenbewegung. Also: punktige, optische Musik mit akustischen Zeichen, Maschinenlettern vorwiegend. |Mischungen, Verbindungen der Extreme, ja beider Distrikte, sind, selbst dialektisch begriffen, möglich. Sie ergeben sich beim Experiment.

Carlfriedrich Claus: Klangtexte Schriftbilder (1959), in: Erwachen am Augenblick. Sprachblätter. Karl-Marx-Stadt, Münster 1990, S. 85-86.

The *Sonatinas* are potential meanings, little sounds, even landscapes (not printed here), and visual semantics. For performance: take two voices, travel box by box, across or down. Use a few seconds, and no more than a minute, for each box, including brief pauses where necessary, and clearly defined pauses after each box. If more than one section (line of boxes) is performed, these should also be clearly defined. Voice One follows the heavy, Voice Two takes the lighter lines, simultaneously or alternately, echoing, counterpointing, competing or harmonizing, as mood and piece demand. Each box should be brief and intense, whether serious or comic. Instruments, gestures, and other patterns of performance may also be used.

Jeremy Adler: Sonatinas. From the Semantic Note-Book, in: Kontextsound. Amsterdam 1977, S. 20. ||Jeremy Adler: Semantic Sonatinas (I) (1976), in: Lautpoesie. Eine Anthologie. Hrsg. von Christian Scholz. Obermichelbach: Gertraud Scholz Verlag 1987, S. 3.

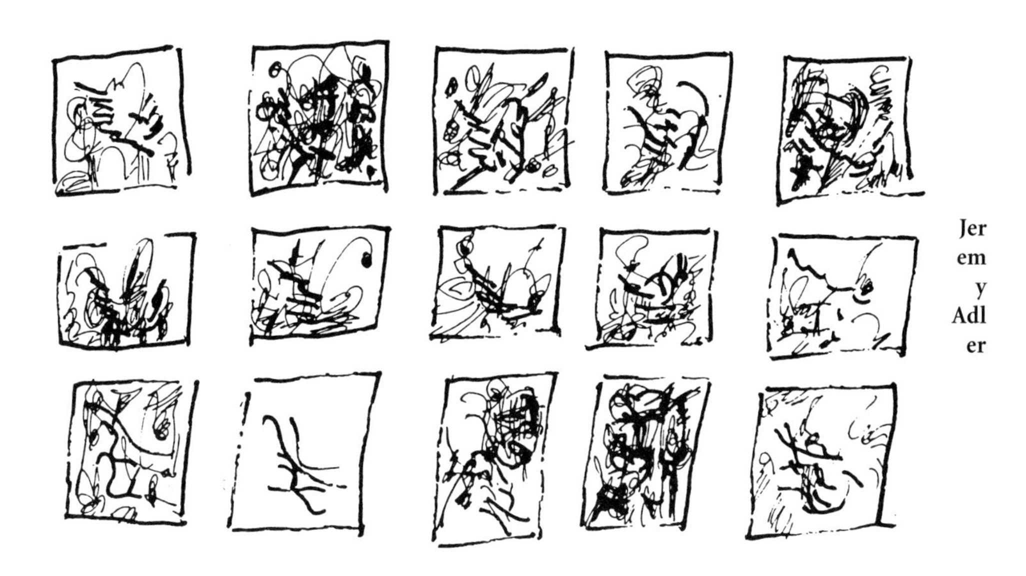
Jer
em
y
Adl
er

Das scribentische Alphabet besteht aus ca. 70 Zeichen, mehr als jedes europäische Alphabet. |Jedes Zeichen ist für einen bestimmten Sprachlaut und die ihm verwandten Geräusche bestimmt. |Die scribentischen Zeichen sind autonom, d.h. «buchstabenfrei». Sie können an einige graphische Besonderheiten der Buchstaben erinnern, sind ja schließlich die Lautschriften. Als solche dienen sie für die Schaffung der Partituren der scribentischen Lautpoesie. |Die Melodien, Rhythmen, die Betonungen und Zäsuren ergeben sich während der lautpoetischen Performance und das Ganze ist eine scribentische Lautdichtung improvisatorischen Charakters, die ohne scribentischen Partituren undenkbar wäre. |Valeri Scherstjanoi, den 1.12.2000, in München

Valeri Scherstjanoi: Zu meinem scribentischen Alphabet. Originalbeitrag. ||Valeri Scherstjanoi: Grundlage für das scribentische Alphabet. Originalbeitrag.

Val
eri
Sch
ers
tja
noi

awopbopaloobop alopbamboom

With the *Speaking In Tongues* pieces I have pushed the boundaries (of pure vocal art, d. H.) even further. The idea stems from an Indian technique of calculation for drummers. The sounds that drummers make on the two, main classical drums (tabla in the North and mrdingam in the South) are repeated as onomatopœic syllables. You learn the syllables first, before you pick up the drum. In South India it has become a vocal art form called konnakol. I have discarded the calculation and the rigid time cycles and use the technique to achieve a purely emotive collage of sound. I'm breaking up patterns and throwing you off the beat, being as mad and chaotic as possible, yet I'm also keeping you hooked using the psychology of the rhythm. I have started to build in other percussive elements like elocution exercises and silly tongue twisters, snippets from advertising jingles, or an ancient Celtic imitation of bird song – anything that will get you to question the nature of these percussive syllables rather than accepting them because you think they're traditional.

Sheila Chandra: Aus den Anmerkungen zu The Zen Kiss, in: The Zen Kiss. Wiltshire: Real World Records 1994, Booklet, o. Pag. ||Krishna Kumar: Notation der fünf unterschiedlichen Basisrhythmen der südindischen Trommelsprache. Originalbeitrag. Rott bei Weilheim 1999.

	1	2	3	4	5	6	7	8	9
1)	Ta	Ki	Ta						
	1	2	3	4					
2)	Ta	Ka	Di	Mi					
	1	2	3	4	5				
3)	Ta	Ka	Ta	Ki	Ta				
	1	2	3	4	5	6	7		
4)	Ta	Ki	Ta	Ta	Ka	Di	Mi		
	1	2	3	4	5	6	7	8	9
5)	Ta	Ka	Di	Mi	Ta	Ka	Ta	Ki	Ta

278 ||Der Walder-Jodel (Wald, bei St. Niklausen, Luzern), in: Wolfgang Sichardt: Der alpenländische Jodler und der Ursprung des Jodelns. Jena 1939, Dissertation, S. 8.

Sehr bewegt M.M. ♩ = 176
Trü = o = lo lo = di ri = o = lo lo = di ri = o = lo lo = di ri = o = lo lo = di,
5
trü = o = lo lo = di ri = o = lo lo = di ri = o = lo lo = di hu.
10
Hol = le ra = di = e hol = le ra = di = e diri = o = lo lo = di ri = o = le re,
15
hol = le ra = di = e hol = le ra = di = e diri = o = lo la = u hu.
Trü o = e = ü o = bu = u du o = e = ü
usw.
Jod
ler

Scat-Singing, Scat-Vocal ist eine besondere Gesangsform des Jazz, bei der zusammenhanglose Silben und Vokal-Phrasen an Stelle eines Gesangstextes gesungen werden. Stammt ursprünglich aus der afro-amerikanischen Musik, wurde dort besonders bei religiösen Anlässen verwendet (Voodoo-Kult). Im Jazz von Louis Armstrong eingeführt mit seiner Aufnahme ➛ Heebies-Jeebies, [1926], fand der Scat-Gesang weite Verbreitung im ➛ Bebop als »Bob-Scat« (Ella Fitzgerald), wo er eine Nachahmung instrumentaler Phrasen bedeutet.

Jürgen Wölfer: Handbuch des Jazz. München: Wilhelm Heyne Verlag 1982 (Heyne-Buch Nr. 7091), S. 213f. ||Scat-Gesang (Korana-Buschmann, Südafrika), in: William J. Samarin: Tongues of Men and Angels. The Religious Language of Pentecostalism. New York: The MacMillan Company. London: Collier-Macmillan 1972, S. 144.

Ta tina ta / ta tanana / ta tina ta / ta tana ta tana ta / ta tanana / ta tina ta /
ta tana ta tana ta / ta tana ta ta / ta tana ta ta / ta tina ta tina ta / ta tina ta tana ta

Sca
t

Heebie Jeebies made jazz history by being the first proper recording of scat singing. Louis demonstrates the highly rhythmic art of wordless singing to perfection on a tune claimed by Boyd Atkins. Armstrong usually had a twinkle in his eye when telling how he had to improvise vocal sounds after dropping the lyric sheet at the recording.

John Chilton: [notes], in: Louis Armstrong & The Hot Fives. Volume 1. CBS Records Inc. 1988 (CBS 460821 2), Booklet, p. 7. ||Dizzy Gillespie: Sabla y blu, in: New Departures. Oxford 1962, Nr. 4 («Jazz & Poetry Special»), S. 65.

SABLA Y BLU
SABLU BLAAA *BY* BLAA
SAZULYA DA BA DA BA BY BLAA

SADU BLAAA *Y* AA
SAZULYA DA BA DA BA DY BLAA

SABLU Y BII
SABLU Y BII
SABLU Y BII
S'BLU Y BI
SBLU Y BI
SBLUI BI

Lo uis Ar ms tro ng & Diz zy Gil les pie

SADU DAA *OOO* BLAA
SAZULYA DA BA DA BA DI BLAAA

SADU DAAA *OUI* BLAA
SAZULYA DA BA DA BA DI BLAAA

SABLU Y DAA
SADU Y DAA
SADU Y DAA
S'DU Y DA
SU Y DA
SU *ISS* BI'Y'DOP DAA . . .

SABLU BLAAA *OUI* BLAA
SAZULYA DAI BLA DOO BA BLOUI YAA

SADU BLAAA *OUI* BLAA
SAZULYA DOO BA DOO BA DI BLAA

ASA Y BLU
ASA Y BLU
ASA Y BLU
ASA Y BLU
ASA Y BLU
ASA Y BLU
ASA Y BLU
ASA Y BLU
ASA Y BLU
ASA Y BLU
ASA Y BLU Y BLU Y BLU Y BLU Y BLU Y BLU Y BLU

Als Zusammenfassung dessen, worum es im Rock 'n' Roll wirklich ging, waren diese Worte meisterhaft.

284 Nik Cohn: AWopBopaLooBop ALopBamBoom. Pop History. Reinbek bei Hamburg: Rowohlt Taschenbuch Verlag 1971 (rororo1542), S. 26. ||Little Richard: Tutti frutti, auf: Here's Little Richard. Speciality SP-2100 (Hollywood, December 1958). LP.

Tutti frutti all rootie, tutti frutti all rootie, awopbopaloobop alopbamboom

**Litt
le
Ric
har
d**

(la troisième voix répète constamment dô à la cadence de toutes les mesures, et apparaît ainsi dans les silences de la seconde voix, marquée ci-dessus «accompagnement»)

Maurice Lemaître, Lettre Rock pour 3 voix (1957), in: Œuvres poétiques et musicales. Paris: Centre de créativité 1972 (Lettrisme), o. Pag.

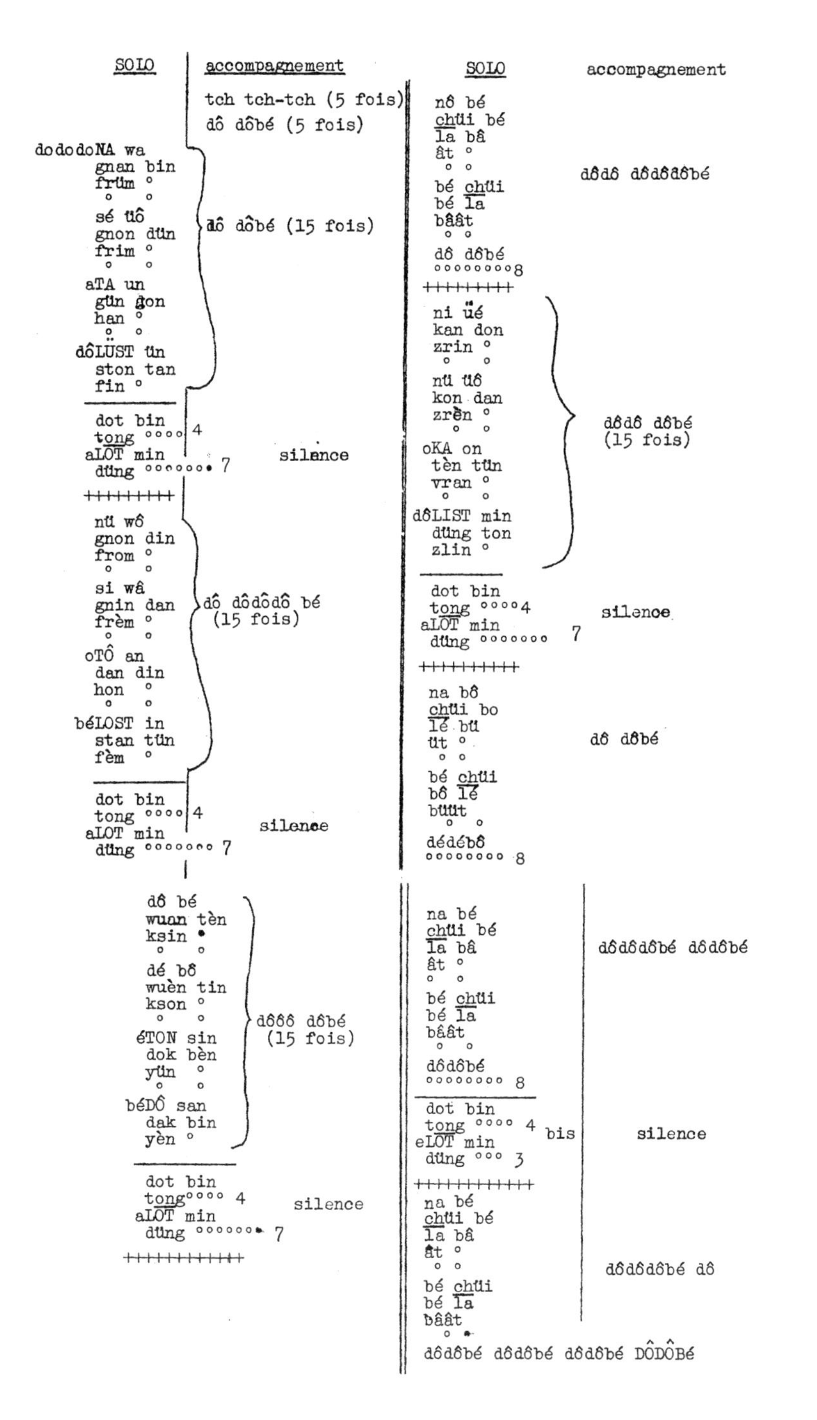
SOLO
accompagnement
tch tch-tch (5 fois)
dô dôbé (5 fois)
dododoNA wa
gnan bin
früm °
° °
sé üô
gnon dün
frim °
° °
aTA un
gün gon
han °
° °
dôLÜST ün
ston tan
fin °
dô dôbé (15 fois)
dot bin
tong °°°° 4
aLOT min
düng °°°°°°° 7
silence
+++++++++
nü wô
gnon din
from °
° °
si wâ
gnin dan
frèm °
° °
oTÔ an
dan din
hon °
° °
béLOST in
stan tün
fèm °
dô dôdôdô bé
(15 fois)
dot bin
tong °°°° 4
aLOT min
düng °°°°°°° 7
silence
dô bé
wuan tèn
ksin °
° °
dé bô
wuèn tin
kson °
° °
éTON sin
dok bèn
yün °
° °
béDÔ san
dak bin
yèn °
dôôô dôbé
(15 fois)
dot bin
tong°°°° 4
aLOT min
düng °°°°°°° 7
silence
++++++++++++
SOLO
accompagnement
nô bé
chüi bé
la bâ
ât °
° °
bé chüi
bé la
bâât
° °
dô dôbé
°°°°°°°°8
dôdô dôdôdôbé
+++++++++
ni üé
kan don
zrin °
° °
nü üô
kon dan
zrèn °
° °
oKA on
tèn tün
vran °
° °
dôLIST min
düng ton
zlin °
dôdô dôbé
(15 fois)
dot bin
tong °°°°4
aLOT min
düng °°°°°°° 7
silence
++++++++++
na bô
chüi bo
lé bü
üt °
° °
bé chüi
bô lé
büüt
° °
dédébô
°°°°°°°° 8
dô dôbé
na bé
chüi bé
la bâ
ât °
° °
bé chüi
bé la
bâât
° °
dôdôbé
°°°°°°°° 8
dôdôdôbé dôdôbé
dot bin
tong °°°° 4
eLOT min
düng °°° 3
bis
silence
+++++++++++
na bé
chüi bé
la bâ
ât °
° °
bé chüi
bé la
bâât
° °
dôdôdôbé dô
dôdôbé dôdôbé dôdôbé DÔDÔBé

Deine scharfumrissenen Thesen über das Problemfeld «Magnétophone et Poème phonétique» stimulieren zur Aufzeichnung einer teilweise etwas abweichenden Ansicht, die ich von dem gleichen Feld, nur eben unter einem etwas anderen Aspekt, von einer anderen Stelle aus habe. |Ich glaube, unsere Experimente zu Poèmes phonétiques, durch Verwendung von Bandgeräten, legen gerade den au fond musikalischen Charakter des Sprechens frei, schaffen einen neuen, einen organo-energetischen Distrikt im Multiversum Musik. |Indem wir die Sprechklänge aus ihrer Vehikel-, aus ihrer Träger-Rolle für sprachliche Mitteilung herauslösen und zu neuen akustischen, nicht-mehr-, bzw. noch-nicht-«sprachlichen» Strukturen oder Systemen zusammenschließen, – – – das heißt, indem uns – informationstheoretisch gesprochen – an dem Gemisch aus Information und Rauschen, aus dem das Sprachsignal besteht, plötzlich das «Rauschen» und die darin eingebetteten anderen Informationen, Informationsströme, interessieren, die beim Formieren und Wahrnehmen der sprachlichen Nutzsignale durch unsere Effektoren und Rezeptoren weitgehend unterdrückt werden, bzw. nur sekundär oder unterschwellig wirksam sind, – – – indem wir dies tun, funktionieren wir den Begriff «Sprechen» ja bereits um. |Diesem neuen «Sprechen» liegt (wenn man in diesem Zusammenhang einmal von den Experimenten zu dialektischen Operationen in wortgebundener Rede absieht, die aber stets auch Sur- und Sous-Semantisches entfesseln) nicht mehr eine bereits vorhandene «Sprache» zugrunde. |Es ist also in seiner letzten Konsequenz kein «Sprechen» wie es durch die Phonologie definiert wird, wonach «jeder Sprechakt ein Sprachgebilde voraussetzt» (v. Essen). |Denn die Sprechlaute, die Elemente des sprachlichen Zeichensystems, beginnen ja, sich zu nennen, und damit: sich zu verselbständigen. Sie gehen neue Verbindungen ein, werden zu Elementen «anderer» Botschaften. – Geschehe dies nun durch aufspaltende dialektische Prozesse innerhalb vorhandener Sprachsysteme, – oder durch Lautprozesse, die von vornherein außerhalb der sprachlichen Semantik in Gang gebracht werden und pure Lautgeräusch-Räume produzieren (mehrschichtig-dialektische, oder dualistische oder harmonische …), – oder geschehe es durch Synthesen beider Möglichkeiten, so daß beispielsweise sprachlich-syntaktische Informationen durch eine Welt selbständig agierender Laute und Atemgeräusche huschen oder darin erstarrt stehen, – – – stets scheinen mir diese voneinander so verschiedenen akustischen Strukturen, Systeme, Lautraumbildungen überzugreifen in die «intensitätsreichste Menschwelt» (Ernst Bloch) –: in Musik. Als relativ autonomer, neuer Distrikt, als im Entstehen begriffener Relations-Bezirk jenes dichten und weiten Quellreichs des Unbekannten, das durch den Menschen: tönt. |Ich habe eben Deine *Sprechaktion I* wieder im Ohr. Die schimmernden Oszillationen im Schwarz dieses Zeit-Raums, mit dem intermittierenden, «vertikalen» Pausen-Netz, aus Flug und Gegenflug der Lautgruppen darüber «unten» hervorgerufen, – «seitlich» die mannigfaltigen Zeit-Randverdichtungen, die dynamischen, emotionendurchpulsten Figuren, – und jede Stelle trägt das Siegel der Klarheit, der Prägnanz, auch im Traum, – – – dieser schwingend sich bildende Lautraum, mit den verschiedenen Sprach-Relikten, der Traumsyntax darin, – der Raum, den Deine «Sprechaktion» in der Zeit herstellt, ist für mich neuer Raum im Raum der Musik. |Doch zurück zur

Carlfriedrich Claus

Theorie. Ich sehe sowohl die Entfesselung der «objektiven» Sprechklänge aus dem semantischen Gefüge, und ihre Verformung, d.h. beispielsweise die Herstellung von Spektren für jeden einzelnen Laut, durch stufenweise maschinelle Transformierung des betr. Lautes, usw., wie auch die Entfesselung des ausgesprochen «subjektiven» Faktors im Sprechen, d.h. der wechselnden, papillarliniendurchlaufenen Affektlandschaft, die sich aus Stimmfarbe, Sprechrhythmus, Tonhöhenschwankungen, Sprechmelodie, Dynamik usw. bildet, und ihre Montage, als einen Prozeß, der zur Formierung von Botschaften führt, die mehr und mehr organische, existentiell-universale M u s i k werden; «... bis heute nur ist noch nicht recht bekannt, wie die Musik selber heißt und wer sie sei» (Ernst Bloch). |Deine These zur Separatio von Sprech- und Sing-Stimme ist, glaube ich, sehr wichtig für die Herstellung prägnanter Strukturen, – aber vielleicht könnte man beide als zwei bedeutende potentielle Arbeits-Distrikte dessen sehen, was als Produktions-Multiversum «Musik» sie übergreift und umfaßt? Als unterschiedliche Distrikte, umgrenzte, die aber untereinander und mit den anderen («außerstimmlichen») durchaus in K o n t a k t treten können, ja stellenweise dies «wollen». Lassen sich, als Resultate kollektiver Arbeit (Zusammenarbeit mit Komponisten, Toningenieuren..), nicht weite und vielschichtige S y n t h e s e n denken, – Montagen von akustischen Strukturen, die durch u.U. einander sehr fremde Mittel produziert werden, – Kopplungen verschiedenartigster tönender Systeme und ihrer Teilsysteme (auch unter Einschaltung des akustischen Zufalls, als partiell organisierendes und zu organisierendes Moment)...: K o m b i n a t e? |Kombinate. Bestehend aus organisch und anorganisch produzierten und zueinander in Beziehung gesetzten Schwingungen, Energien, die, von den «spezifischen Sinnesenergien» (Johannes Müller) des Ohrs in Klangvorgänge umgewandelt, in jenen Tiefen- und Höhen-Grenzschichten des Hörenden Wirkungen (z.B. öffnende Affekt- und Körper-Baubewegungen) hervorrufen, die eben nur durch Ton-Impulse erreicht werden. |(Eine weitere große experimentelle Aufgabe wäre dann die schwierige, vieldimensional-dialektische Verbindung optischer mit akustischen Kombinaten, zu Ton-Filmen beispielsweise.) |Als letztes: die potentiellen organischen Energien im Sprechen, die, durch unsere Experimente befreit, Bestandteil von «Musik» werden, tragen – vielleicht – dazu bei, daß .... Musik, in allerdings wohl noch ferner Zukunft, das wird, was in ihr als Utopikum angelegt ist, auf das hin sie seit je tendiert – – –: S p r a c h e. |Neue, kosmisch-existenzielle Sprache, die die Mikro- und die Makro-Welt, ihre Existenz-Figurationen, Leben und Tod, ihr Unbekanntes, ihr schwebendes Geheimnis, vielleicht zu vermitteln fähig sein wird.

Carlfriedrich Claus: Lautprozesse. Offener Brief an Ilse Garnier (6.9.64), in: Erwachen am Augenblick. Sprachblätter. Karl-Marx-Stadt, Münster 1990, S. 123f.

Ca
rlfr
ied
ric
h
Cla
us

Kompositionsmethoden (ausfüllen des gitters) |A. Rational und determiniert: (1) in hinblick auf Struktur oder (2) in hinblick auf Wirkung |B. Automatisch und indeterminiert: |1. direktes automatisches menschliches markieren: mit hand, fuss oder anderem körperteil |2. tierisches markieren: fußspuren von vierfüßlern, insekten, vögeln etc |3. werfen, sprühen, tröpfeln: sand, kiesel, abfall, tinte, farbe & andere flüssige oder feste körper |4. überlagern: mit beliebiger alter oder neuer partitur, drucksache, zeichnung etc |5. zahlen-, buchstaben-folgen determiniert durch: würfel, karten, roulette, telefonbuch, mathematische tabellen etc |Aufführung: 1. beliebige kategorien können in beliebiger kombination verwandt werden. |2. die dauer der vertikalen spalte kann in gleichmäßigem, progressivem oder unregelmäßigem muster prädeterminiert werden. |3. die anzahl der aufführer richtet sich nach der anzahl der angewandten kategorien und der anzahl der kategorien, die jeder aufführer ausführen kann. |4. zur ausführung der verlangten aktionen wie schlagen, kratzen, sägen, brechen etc können beliebige geräte wie etwa hämmer, äxte, sägen, schmiedehämmer, spitzhacken, stöcke, messer etc benutzt werden. |5. dynamiken richten sich nach der dicke der markierungen, dauern nach der länge der markierungen. |6. wo klänge mit tonhöhen verlangt werden, steht die wahl der tonhöhe dem aufführer frei, es sei denn, sie ist im gitter irgendwie markiert. |7. es können mikrofone benutzt und die klänge beliebiger kategorien und folgen verstärkt werden. |8. die komposition kann zu beliebiger länge ausgedehnt werden, indem das zu markierende gitter verlängert wird.

George Maciunas: Musik für Jedermann. Eine Partitur für tote und lebende, menschliche, tierische und leblose Komponisten (1961), in: Jürgen Becker, Wolf Vostell (Hrsg.): Happenings. Fluxus, Pop Art, Nouveau Rèalisme. Eine Dokumentation. Reinbek bei Hamburg: Rowohlt 1965, S. 207. ||George Maciunas: Musik für Jedermann. Eine Partitur für tote und lebende, menschliche, tierische und leblose Komponisten (1961), Ausschnitt, in: Jürgen Becker, Wolf Vostell (Hrsg.): Happenings. Fluxus, Pop Art, Nouveau Rèalisme. Eine Dokumentation. Reinbek bei Hamburg: Rowohlt 1965, S. 213.

BELEBTE – MENSCHLICH	
kehle	atmen
	husten
	lachen
	lungenhusten
	räuspern
	schnarchen
	kehle tickeln, glucksen
	zunge tickeln, schmatzen
	gurgeln
	trinken
	stimme: buchstaben – mit
	– und ohne tonhöhe
mund	mit flüssigkeit spülen
	eßbewegung
	zungenschlag
lippen	zischen
	lufteinziehen mit oberer über unterer lippe
	durch spucke an lippen blasen
	lippenfurz
	saugen
	speien
	blasen
	flöten
	schmatzen wie wassertropfen
	buchstaben erklingenlassen – mit
	– und ohne tonhöhe
	niesen

George Maciunas

Die Tendenz des Werkes, Elemente aus räumlich und zeitlich entfernten Kulturkreisen mit unserer Gegenwart zu konfrontieren, wird in den beiden Beispielen deutlich. Neben altertümlichen Wort- und Notenbildern stehen moderne. |Zugleich ist der jedem Historischen anhaftenden Würde durch Ratsche und den ins Wasser getauchten Gong sowie durch das Hände-Abtrocknen eine grinsende Grimasse gegenübergestellt, um auch hierin die Weite unseres Bewußtseins mit seinen Extremen aufzureißen. |Auf Seite 30 sind es exotische Elemente, die zuerst durch die gegeneinander gerichteten Pfeile aggressiv zusammenprallen, danach konstruktiv nebeneinanderstehen. In anderen Teilen des Werkes drückt die Notation «Unartikuliertes durch Gesudel, Depraviertes durch entstellte Zeichen» usw. aus.

Erhard Karkoschka: Das Schriftbild der neuen Musik. Bestandsaufnahme neuer Notationssymbole. Anleitung zu deren Deutung, Realisation und Kritik. Celle: Hermann Moeck Verlag 1984, S. 152f. ||Dieter Schnebel: Glossolalie 61 (1960-61), für 3-4 Sprecher und 3-4 Instrumentalisten, Ausschnitt aus der Partitur, in: Erhard Karkoschka: Notation In New Music. A Critical Guide to Interpretation and Realisation. London: Universal Edition 1972, S. 151. Schott, Mainz.

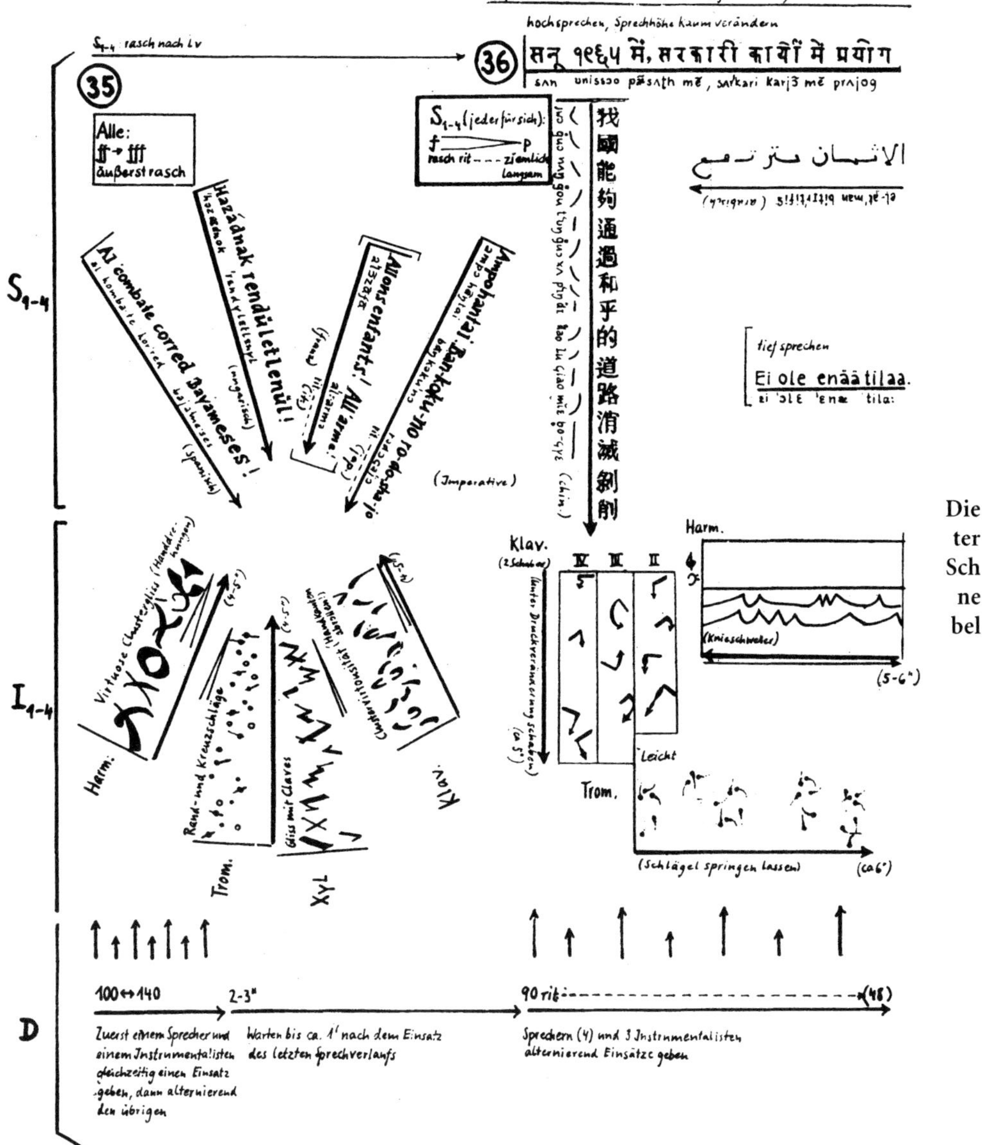

S1-4: sich im vorderen Raum verteilen (gemächlich)
hochsprechen, Sprechhöhe kaum verändern
S1-4 rasch nach Lv
35
36
सन् १९६५ में, सरकारी कार्यों में प्रयोग
Alle:
ff → fff
äußerst rasch
S1-4 (jeder für sich):
f p
rasch rit - - - ziemlich langsam
S1-4
Az combate corred Bayameses!
(spanisch)
Hazádnak rendületlenül!
(ungarisch)
Allons enfants! All'arme!
(franz.)
(ital.)
Ampohantai: Ban-koku-no ro-do-sha-io
(jap.)
(Imperative)
我國能夠通過和平的道路消滅剝削
(chin.)
tief sprechen
Ei ole enää tilaa.
I1-4
Harm.
Virtuose Clusterglissandi (Handdrehungen)
Trom.
Rand- und Kreuzschläge
Xyl.
Gliss mit Claves
Klav.
Clustervirtuosität (Handkanten)
Klav.
(2 Schaber)
IV III II
(unter Druckveränderung schaben)
(ca 5")
Harm.
(Knieschweller)
(5-6")
Trom.
Leicht
(Schlägel springen lassen)
(ca 6")
D
100 ↔ 140
2-3"
90 rit - - - (48)
Zuerst einem Sprecher und einem Instrumentalisten gleichzeitig einen Einsatz geben, dann alternierend den übrigen
Warten bis ca. 1' nach dem Einsatz des letzten Sprechverlaufs
Sprechern (4) und 3 Instrumentalisten alternierend Einsätze geben
Dieter Schnebel

In dieser für gemischten Chor bestimmten Komposition sind die Tonhöhen nur ungefähr angedeutet. Der Sopran hat im Takt 15 seinen Ton forte zu flüstern, also mit starkem Atemstrom vorzutragen, wobei das Schluß-t nicht explosiv kommen soll. [...] Im Takt 18 ist unter dem Zeichen ff ein explosiver Knall mit den Lippen zu erzeugen. Der abwärts führende Pfeil im nächsten Takt verlangt ein allmähliches Absinken der Tonhöhe.

Erhard Karkoschka: Das Schriftbild der neuen Musik. Bestandsaufnahme neuer Notationssymbole. Anleitung zu deren Deutung, Realisation und Kritik. Celle: Hermann Moeck Verlag 1984, S. 134. ||Pauline Oliveros: Sound Patterns (1961), Ausschnitt aus der Partitur, in: Erhard Karkoschka: Notation In New Music. A Critical Guide to Interpretation and Realisation. London: Universal Edition 1972, S. 132. Edition Tonos, Stuttgart.

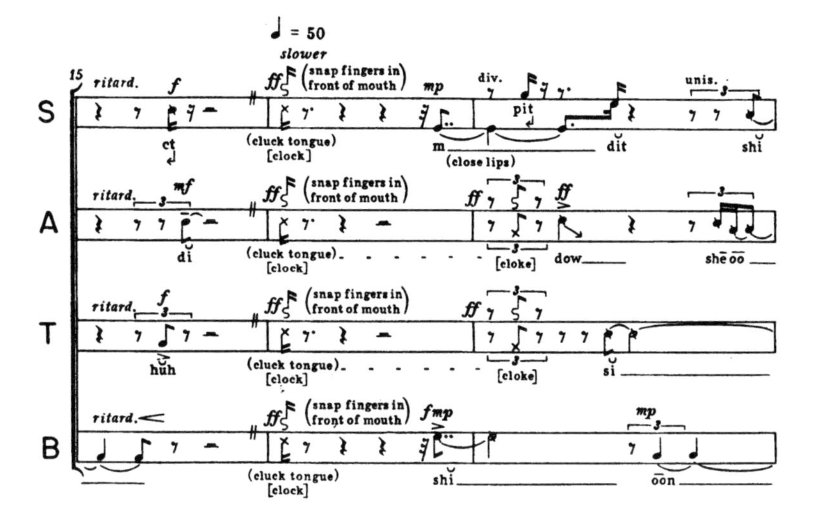
♩ = 50
slower
15
ritard.
S
A
T
B
snap fingers in front of mouth
(cluck tongue)
[clock]
div.
unis.
pit
ct
m
(close lips)
dit
shi
di
[cloke]
dow
shē o͞o
hŭh
si
shĭ
o͞on
ff
f
mf
mp
fmp

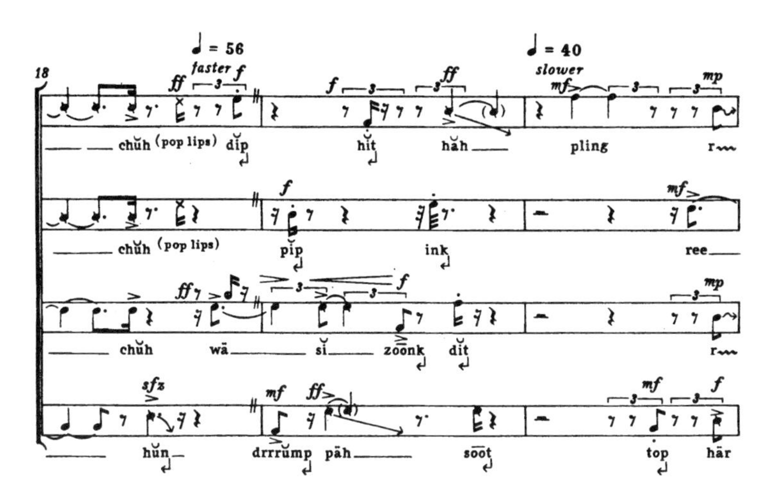
18
♩ = 56
faster
♩ = 40
slower
chŭh (pop lips)
dĭp
hĭt
hăh
pling
r
pĭp
ink
ree
chŭh
wā
sĭ
zo͞onk
dĭt
hŭn
drrrŭmp
päh
so͞ot
top
här
sfz
ff
f
mf
mp

Die Dauern der Abschnitte sind in Sekunden angegeben. Die Ausführung der 110 phonetischen Zeichen nennt die Zeichenerklärung. Auch in dieser Partitur nehmen die Anweisungen großen Raum ein. Sie geben genauen Aufschluß über Vorgänge von solcher Subtilität, wie sie bisher kaum ein Komponist verlangt hat. Notationstechnisch ist bemerkenswert, wie viele verschiedene Zeichen und Bilder Ligeti entwickelt hat, ja entwickeln mußte, um die Vielfalt seiner Phantasie präzise zu vermitteln. |Seite 7. Die Sänger artikulieren mit großer Schnelligkeit verschiedene Laute und nehmen auch die Hände zu Hilfe, um den Klang zu färben. Flöte und Horn agieren ohne Tonerzeugung, der Schlagzeuger läßt ein Buch «klingen» […].

Erhard Karkoschka: Das Schriftbild der neuen Musik. Bestandsaufnahme neuer Notationssymbole. Anleitung zu deren Deutung, Realisation und Kritik. Celle: Hermann Moeck Verlag 1984, S. 124f. ||György Ligeti: Aventures für 3 Sänger und 7 Instrumentalisten (1962), Ausschnitt aus der Partitur, in: Erhard Karkoschka: Notation In New Music. A Critical Guide to Interpretation and Realisation. London: Universal Edition 1972, S.123. C.F. Peters, Frankfurt.

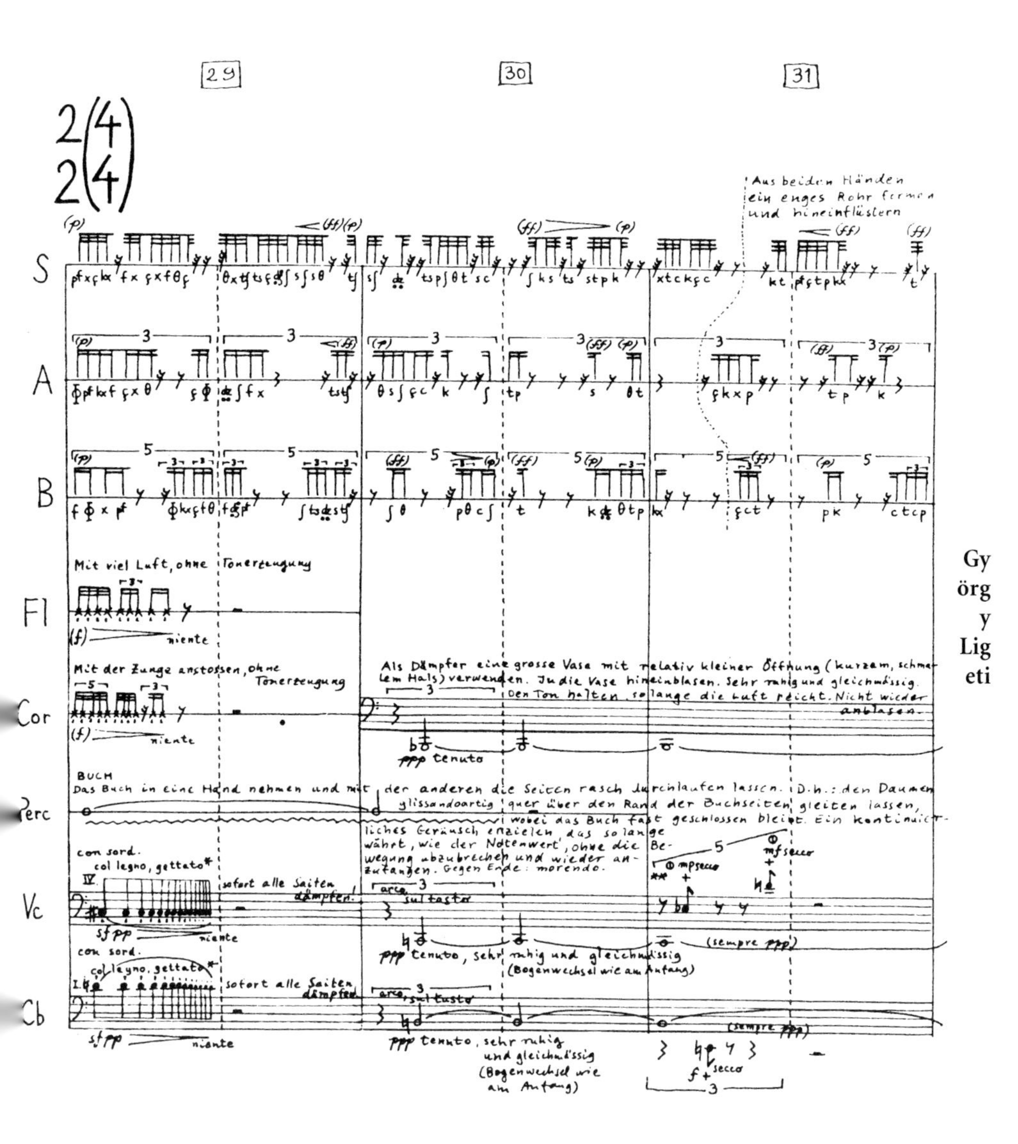
29
30
31
S
A
B
Fl
Cor
Perc
Vc
Cb
Aus beiden Händen ein enges Rohr formen und hineinflüstern
Mit viel Luft, ohne Tonerzeugung
niente
Mit der Zunge anstossen, ohne Tonerzeugung
niente
Als Dämpfer eine grosse Vase mit relativ kleiner Öffnung (kurzem, schmalem Hals) verwenden. In die Vase hineinblasen. Sehr ruhig und gleichmässig. Den Ton halten, solange die Luft reicht. Nicht wieder anblasen.
tenuto
BUCH
Das Buch in eine Hand nehmen und mit der anderen die Seiten rasch durchlaufen lassen. D.h.: den Daumen glissandoartig quer über den Rand der Buchseiten gleiten lassen, wobei das Buch fast geschlossen bleibt. Ein kontinuierliches Geräusch erzielen das solange währt, wie der Notenwert, ohne die Bewegung abzubrechen und wieder anzufangen. Gegen Ende: morendo.
con sord.
col legno, gettato*
sofort alle Saiten dämpfen!
niente
arco
sul tasto
tenuto, sehr ruhig und gleichmässig
(Bogenwechsel wie am Anfang)
(sempre ppp)
mp secco
mf secco
con sord.
col legno, gettato*
sofort alle Saiten dämpfen
niente
arco, sul tasto
tenuto, sehr ruhig und gleichmässig (Bogenwechsel wie am Anfang)
(sempre ppp)
secco
György Ligeti

Der Reichtum an Klängen, die der Sopran in seiner Solopartie zu bringen hat, wird auch im Notenbild deutlich. Die Neuartigkeit der Klänge führt zu einem neuartigen Bild, das trotz des hohen graphischen Reizes vollkommen sachlicher Hinweis bleibt.

Erhard Karkoschka: Das Schriftbild der neuen Musik. Bestandsaufnahme neuer Notationssymbole. Anleitung zu deren Deutung, Realisation und Kritik. Celle: Hermann Moeck Verlag 1984, S. 158. ||Karl Heinz Stockhausen: Momente für Solo-Sopran, 4 Chorgruppen und 13 Instrumentalisten, Ausschnitt aus der Partitur, in: Erhard Karkoschka: Notation In New Music. A Critical Guide to Interpretation and Realisation. London: Universal Edition 1972, S. 159f. Universal Edition, Wien.

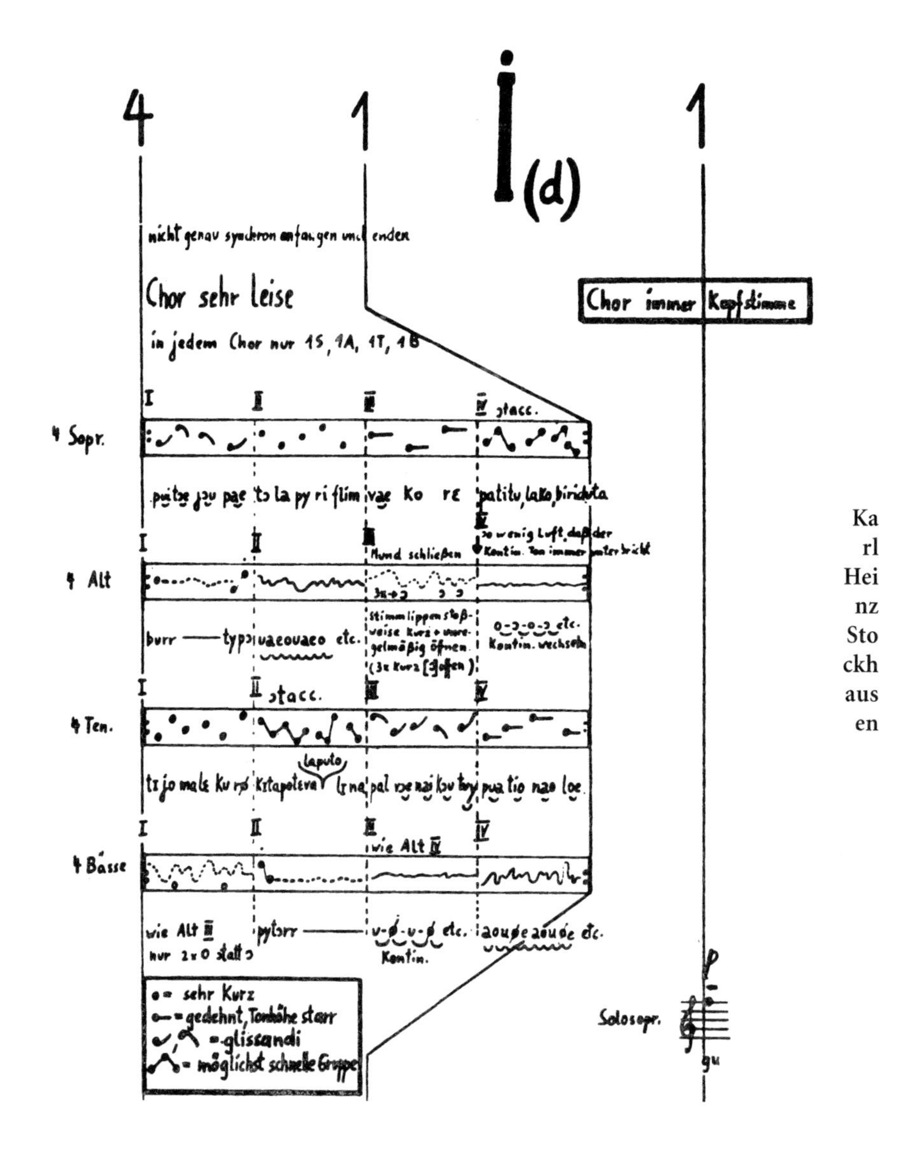

Ka
rl
Hei
nz
Sto
ckh
aus
en

Die Stimme ist das beste Kommunikationsinstrument der Menschen. Außerdem das beste Musikinstrument. Außerdem das beste Klanginstrument. |Mit ihr drücken wir unsere Empfindungen aus, mit ihr wandeln wir uns. Durch sie gelangen wir überall hin. |Die Stimme verwendet das Wort, aber auch Klänge. |Am Anfang ist die Stimme. |Wenn es früher hieß, «am Anfang war das Wort», so hat das keinen Sinn mehr, denn das Wort hat sich selbst in seinen Klischees verloren, in seiner leichtfertigen Moral, in seinen unterdrückenden Ideologien, in seinen statischen Systemen und religiösen Kulten und auch in seinen Akademien. |Heute gibt es nichts Betrüblicheres, als dem von Staatsoberhäuptern gesäuselten Wort zuzuhören, nichts Traurigeres, als das Geschrei x-beliebiger Volksredner über sich ergehen zu lassen, nichts ist lächerlicher, als sich selbst mit ungeschickten Wörtern zu verhöhnen und so aus sich einen einfältigen Wähler zu machen, der die trügerische Macht des Wortes nicht erkennt. |Da das Wort in seiner schriftlichen Form nur eine unserer Kommunikationslügen ist, war es notwendig, über das Wort hinauszugelangen. Und indem wir darüber hinauskamen, erreichten wir wieder die Transportwege des Wortes, d.h. die Wege der Stimme, der mündlichen und der gesungenen Kommunikationen, die von den Korsetten und Liturgien der Kirschen und von den Kommunisten der Kremlkirchen (sic) wegführen. |Die Stimme hat, und schon bald wußte sie das, nicht nur das Wort zu sagen, sie verfügt keineswegs nur über das Alphabet, um damit in gelehrter und obendrein noch pedantischer Prosodik zu gestikulieren. Jenseits ihrer verbalen Äußerungen ist die Stimme Trägerin eines ganzen Körpers, der nicht aufhört aktiv zu sein, eines Körpers, der ihre spezielle Maschine ist. Denn ohne Körper gibt es keine Stimme, während die Stimme ohne das Wort als vollständiger Körper existiert. |Das ist der Körper, den wir finden müssen, und dem wir, wenn er gefunden worden ist, dienen müssen. Der Körper besteht aus Milliarden Zellen, er ist fest, er ist flüssig, als Ebenbild des Planeten selbst ist er eine Klangmaschine, deren Grenzen wir nicht kennen. |Der Körper hat Vorrang vor dem Wort. So wie unser Planet Vorrang hat vor dem Menschen, dem Leben. Das Wort allein bringt nur Religionen hervor, die nichts mit dem Menschen zu tun haben, ihn nur elend, eingegrenzt und erschreckt zurücklassen. Oder politische Parteien, die die Personen aller Länder zu einer einzigen Einheitspartei zusammenzwingen und zusammenpressen. |Für diese Systeme, seien sie auch anmaßenderweise als geistige bezeichnet, ist der Mensch eine Person. Für die Stimme dagegen ist der Mensch eine Vielheit lebendiger und aktiver Äußerungen. Wenn wir die Stimmen sich frei äußern ließen, wäre es Händlern (oder Politikern) nicht mehr möglich zu leben. Sie würden Bettler werden, Leute, die ohne Stimme bleiben, wenn die hörbaren Phänomene der Stimme sie erreichen. Denn diese Politiker fordern von uns Stillschweigen, Gehorsam und Unterwerfung, wie das schon in jenen Ländern der Fall ist, die man ungeheuerlicherweise zivilisiert nennt. Uns sollte bewußt sein, daß angesichts aller Arten von Breschnews die Mehrheit des Planeten ganz offensichtlich stumm ist. |Da wir aber diese Erbärmlichkeiten nun nicht mehr ertragen und den okkulten Mächten nicht mehr dienen konnten, kam der Tag, an dem sich einige menschliche Stimmen verständigten. |Diese Stimmen entdeckten, daß sie zum Ursprung der Klänge und der Musik und auch zum Ursprung des Worts gelangt waren. Sie entdeckten, daß sie sich unendlich vervielfachen konnten und mußten, genauso wie wir ja wissen, daß es für etwa fünf Milliarden Frauen und Männer mindestens fünf Milliarden vokale Ausdrucksweisen gibt, daß diese fünf Milliarden soundsoviel Variationen zulassen und daß jede Variation uns dazu zwingt, unsere Klangmöglichkeiten mithilfe unberechenbarer Rechenanlagen zu vervielfachen. |Dieses Phänomen wurde uns erst deutlich, als wir mit den Mitteln elektromagnetischer Gravur die Stimme dauerhaft wiedergeben konnten, während ja früher die Stimmen vergänglich waren. |Durch die elektronischen Arbeiten ist die Stimme konkret geworden, hat sie Gewicht und Leichtigkeit bekommen. Ihre Schwingungsorgane sind Aktionsfelder, die alle jene Formen des Schweigens nicht kennen, die unter der jüdisch-christlich genannten Ära entstanden sind. Während also der Mensch ist, was er ist, nämlich ein Baumeister jenseits aller politischen Ruinen, machten wir uns daran, diese konkrete und klangliche Materie in den Griff zu bekommen und unsere unermeßlichen Klangorgane meßbar zu machen – nicht codierbar und stets fern von jeder Notation. Diese höhere Fähigkeit wurde uns zuteil, nachdem wir das Mikrophon kennengelernt hatten. Durch das Mikrophon wurde absolut alles wieder möglich: stimmliche Qualitäten als auch stimmliche Mängel, klangliche Veränderungen guter und schlechter Vortragsstile, Vortragsstile, steif und abgezirkelt wie unschöne Glockenklänge, und Vortragsstile, die die Schönheiten und Ausdünstungen schwindelerregender Glockenklänge in sich tragen. Jedoch, die schwindelerregenden Glockenklänge waren noch nicht alles. Zuerst gaben wir uns Rechenschaft darüber ab, daß das Wort, das abgemattet in der Druckerei lag, nichts Mündliches mehr an sich hattte, daß es keinerlei klangliche Qualitäten mehr besaß und daß es die Fähigkeiten vokaler Modulation nicht mehr kannte. Wir mußten das geschriebene Wort als das nehmen, was es war, was es zu sein gezwungen worden war: ein aufs Papier hingestrecktes quasi totes Ding. Denn im Vergleich zu den Stimmen, die aus dem Wort geboren sind, sind alle geschriebenen Wörter nur Leichen. |Und auch das war noch nicht alles. Da wir erkannt hatten, daß die Stimme aus dem Körper entstanden ist (eine offensichtliche Erkenntnis, die uns die Kirche vollkommen verweigert), aus einem Körper mit Milliarden Zellen, wurde es nötig zu begreifen, daß die Stimme auch über Milliarden Klänge und Klangpartikel verfügt und daß wir die ganze auditive Welt wieder einbringen mußten. Von nun an badeten wir uns – mit einer vokalen Raserei, die so entschieden von der Elektronik freigelegt wurde – in einer unerhörten Welt klanglicher Wechselbeziehungen, in der keine Grenzen existierten. Und ebenso geriet auch die alte Zivilisation, die wir bis 1950 erleiden mußten, selbst außer Atem und fiel auf eine merkwürdige Weise in ihr altertümliches Schweigen zurück. (Das Jahr 1950 markiert ein wichtiges Datum. Davor – bis auf wenige Monate genau – hatten wir kaum Fernsehen, keine handelsüblichen Tonbandgeräte und natürlich weder Cassetten noch Videos usw., die Stereophonie wurde gerade entdeckt usw.) |Und selbst das war noch nicht alles. Wir mußten alles verarbeiten, was den Körper ausmacht: seine Schwingungsorgane, seine Kehle, seine Atemzüge, seine Aussagen, seine Wörter, seine Briefe, seine Literatur, seine Phänomene, seine Stauungen, seine nicht-bedeutungshaften Klänge, seine Geräusche usw. Und wieder erkannten wir, daß jeder von uns ein unend-

304

||Henri Chopin: Die Stimme, in: Ausgabe, ein Kunst- und Literaturmagazin. Hrsg. von Armin Hundertmark. Köln, Oktober 1983, Nr. 7, S. 28-31.

liches Orchester war und daß es nötig war, dieses Orchester bis in seine geheimsten Verästelungen hinein zu dirigieren. |Das reichte noch nicht aus. Es galt wahrzunehmen, was es alles hinter den elektronischen Überlegungen gab, was es an Echos, Wiederhallen, Geschwindigkeitsveränderungen, Montagen usw. gab, an Mitteln also, die es zum Teil schon möglich machten, die Stimme zu entdecken. Es gab noch mehr. So wie wir lernen mußten, daß sich ein mündlicher Klang von einem Moment zum anderen ändert, daß er z.B. vor und nach einer Mahlzeit verschieden ist, so stellten wir auch fest, daß diese Veränderungen geistige Nahrung brauchen. Nicht eine strenge Norm wie Sport, eher brauchten wir eine Vielheit von Normen, die aus unserem Körper (Körper = Stimme) einen Organismus machen, der in jedem Augenblick ein anderer ist. |Es gab immer noch mehr. Nicht alle Klanggedichte entstehen auf dieselbe Art und Weise. Mag das eine auch spontan geboren werden (was äußerst selten geschieht), so sind für das andere Jahre der Klangerinnerung und Forschung notwendig, damit der richtige Schall, und die richtige Anordnung herausgefunden werden können, seien sie nun durch willkürliche Verzerrung entstanden oder seien sie das Resultat einer zufällig übriggebliebenen Entdeckung. Denn selbst das Große, Unwägbare kann spielen lassen. |Wenn wir uns inbezug auf die Klangpoesie […] auf eine ganz ungreifbare Weise wiedergefunden haben, weil es ja der Stimme genauso geht, so werden Sie nun wohl kaum noch der Stimme des Pfarrers folgen, der sein Gebet keucht. Denn im Gegensatz zu dieser alten gegebenen Ordnung werden Sie nun in der Lage sein, mit Geduld und Gleichmut die Stimme reif werden zu lassen. |Es gibt keine Klangpoeten ohne Stimme. Und was die Musiker angeht, so verwenden sie die Stimme nur selten, höchstens bei Collagen oder in Form von «künstlichen Stimmen», was uns in Anbetracht ihrer geringen Bedeutung ziemlich mißfällt, selbst wenn uns manchmal ihre Klangpfropfen belustigen. |Kurz und gut, und da ja dies alles noch nicht alles ist: treten Sie ein ins Innere der Stimmen und der Stimme. Sie wird Sie in unberechenbare Dimensionen führen, in denen ein intellektueller Halt künftig nicht mehr möglich ist. Der Mensch und die Stimme wurden dazu geboren, sich zu erweitern.

Gbda, like many forms of music, involves improvisation and does not lend itself to detailed notation. A fairly satisfactory score can be presented, however, by defining the little language used, and then describing the general procedure for performing the piece. |To learn the language, practice running the three consonants together as Slavs do, in all the possible pairs, ending with open «ah» sounds. |gba gda bga bda dga dba |Then work with «syllables» having three consonants. |gbga gbda gdga gdba bgba bgda bdba bdga dgda dgba dbda dbga |A number of longer combinations can also be pronounced quite fluently with practice. |gdgdgdgdba |bdbdbdbdga |gdbagdbagdbagdbagdba |bdgabdgabdgabdgabdga |gbdba lbdbdga |bdgdba |gdbdga |etc. |To perform the piece, you begin in a serious frame of mind, as if delivering a scholarly lecture, speaking in *Gbda* in a natural tone of voice. Gradually, however, you become more concerned, your voice becomes more animated and more emphatic, and your pace picks up. At about the midway point, say after two minutes, a steady pulse sets in at around 140 beats per minute, a 4/4 meter is established, and rhythmic values begin to take over completely. If you try to memorize specific patterns to deliver at this tempo, you'll probably never make it. Like a good bebop soloist, you have to let your tongue, your prior practice, and the energy of the moment carry you through. It will help a lot, however, if you work on the types of syncopation illustrated in the following examples, as you'll have trouble building up much energy without them.

Tom Johnson: Kommentar, in: Richard Kostelanetz (Hrsg.): Text-Sound Texts. New York: William Morrow 1980, S. 168. ||Tom Johnson: Gbda (1976) (from Secret Songs), Partitur, in: Richard Kostelanetz (Hrsg.): Text-Sound Texts. New York: William Morrow 1980, S. 169.

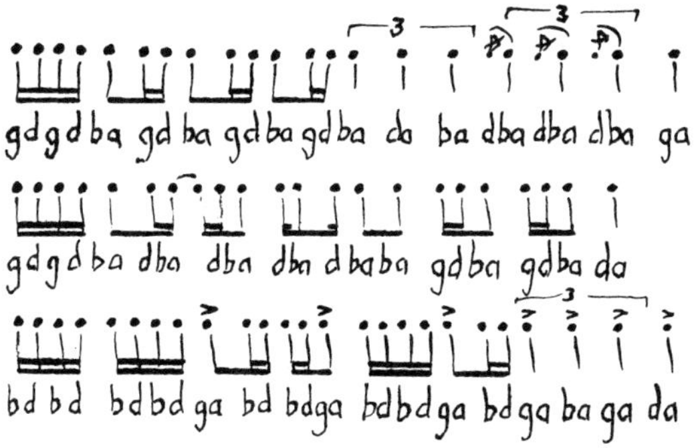

gdgdba gdba gdba gdba da ba dba dba dba ga

gdgdba dba dba dba dbaba gdba gdba da

bd bd bdbdga bd bdga bdbdga bdga ba ga da

Il *Trio prosodico n. 1* si apre con un primo tempo «come se...» con movimento molto mosso, da una dizione lenta a una accelerata, ed è interamente composto da avverbi. Il secondo tempo, «manesca», è simultaneamente declamato e mimato sul tema della mano tradotto in idiotismi. Il terzo tempo, «sfuggendo», è crescendo ritmico da un lento a un presto, quasi una corsa a tre voci. Il quarto, «scherzo», è appunto uno scherzo di incontriscontri di significati, con la presenza di neologismi puramente eufonici. Il quinto tempo, «corale», è a forma a canone ove le tre voci si rincorrono sul tema del «dire». Il sesto tempo, «crescendo», è un crescendo non ritmico, ma di volume vocale , da «bisbigliare» a «urlare». Col termine «ammutolire» il pezzo termina afono.

Mirella Bandini: Il teatro della parola di Arrigo Lora-Totino, in: Arrigo Lora-Totino. Il teatro della parola. Torino: Regione Piemonte/Lindau 1996, S. 25. ||Arrigo Lora-Totino: tempo 3 (sfuggendo) und tempo 4 (scherzo) aus: Trio prosodico n. 1 (score B) (1977), Partitur, in: Arrigo Lora-Totino. Il teatro della parola. Torino: Regione Piemonte/Lindau 1996, o. P.

III tempo sfuggendo

a mano a mano uno ad uno lemme lemme ‖ adagio adagio poco a poco piano piano ‖

appena appena quasi quasi di volta in volta ‖ di quando in quando a due a due di tempo in tempo ‖

pari pari fianco fianco spalla a spalla ‖ via via tosto tosto presto presto ‖ a passo a passo a fiata a fiata a corpo a corpo ‖

passo a passo fiata a fiata corpo a corpo ‖ corpo corpo fiata fiata passo passo ‖ paspasso fiafiata corcorpo ‖

paspaspasso fiafiafiata corcorcorpo (velocissimo) ‖ colpo!! corpo!! morto!! ‖

su e giù giù e su qua e là vieni e vai vieni e vai vai e vieni sussurrato

IV tempo scherzo

brezzazenit azzurrorizzonte brezzzzzzaaa zzzenit azzzzz uuuuuuu rrrrrrr orizzonte azzz uuuuuuu rrrrrrro azz uuuuuu rrrrrrro orizzonte orizzonte } da capo

balla bello cavallo balla balla balla balla balla balla bello cavallo cavallo cavallo cavallo cavallo cavallino cavallone cavallaccio cavalletto

cavalluccio cavallucchio cavallastro cavallissimo cavallinamente bellino bellone belletto bellaccio bellucchio bellastro bellissimo

o o o o o ō o o o o o ō o o o o o ō o a si o a si si o a si } da capo ac ac qua ac qua ac qua acqua ac qua ac qua ac qua ac qua ac qua qua ac ac qua qua

quiproquo quàquilícostì laggiù ... soprasotto sottosopra antipro extraintrodotto prepòstdedòtto psicospàstipepsia autosinergia

diasíncrome tesàntitesíntesi peripoquipollènte ‖ inizio lento momò - popò - mimí - pipí - pupú - mumú - memé - pepé - papà - mamà

urlando bacèdifogu tumonipequa rastivozu ‖ urlando nunoninéna malegifogu paquèrisoto ‖ urlo bacevizo ipsips hops

bubòbiba cacecicocu dadedidòdu fifèfofufà gagugogègi ‖ fallafallafalla fallafallafallafalla lallalallalallalalla } in diminuendo (tutti) la!!

Arrigo Lora-Totino

In *Musique Concrète - Studie II* wurde ein nur einige Sekunden langes Mini-Lautgedicht einbezogen. Tonbandschnipsel, auf den Boden eines Studios gefallen, las ich auf und hörte sie durch. Die entdeckte Sprachaufnahme reizte mich zur Verarbeitung. Ich nahm vereinzelte Laute und verkürzte sie so sehr, daß fast nur noch besonders gefärbte Geräusche wahrgenommen werden können, umgeben von unterschiedlich dauernden Stillen. ||[...] Die im Studio auf dem Boden vorgefundenen Tonbandschnipsel warf ich gleich weg. Dann sah ich in einer Radiozeitschrift merkwürdig angehäuft Laute wie ä, au, u, a und ü sowie Lautgruppen, in denen die Vokale in Verbindung mit p, k, z, et cetera vorkamen. Laute und Lautgruppen wurden sofort aufgeschrieben. Die Radiozeitschrift ging verloren. Aus vielen der Laute machte ich 1952 zwei Lautgedichte: *rakt: tzatzrakt* und *wuss, la; albu?*. Seitdem habe ich immer wieder von neuem Laute aus den beiden Gedichten für zahlreiche andere Lautgedichte herausgesucht und zusammengestellt. Die beiden Lautgedichte bilden permanent ein Lautreservoir oder die zahlreichen Gedichte mit Lauten aus dem Reservoir stellen unentwegt Abwandlungen der beiden frühen Lautgedichte dar: Zyklus seit 1977. |Es drängt mich immer wieder, die bereits so oft benützten Laute erneut für ein Gedicht zugrundezulegen und es macht richtig Freude, ihnen schon seit so langer Zeit noch laufend anderes abgewinnen zu können. Auch genügt manchmal ein Blick nur auf eine vorhandene Gedichtzeile oder auf einen vorhandenen Titel eines Gedichts, um ein Gedicht aus den Lauten et cetera der Zeile beziehungsweise des Titels entstehen zu lassen. Das Immer-wieder-Zurückgreifen auf Vorhandenes, das dadurch nicht an Gültigkeit einbüßt, trägt sich bei mir vielfach auch in der Instrumental- und elektroakustischen Musik zu.

Lautgedicht – Lautmusik. Josef Anton Riedl im Gespräch mit Michael Lentz, in: Musiktexte. Köln 1995, Heft 61, S. 16, S. 18f. ||Josef Anton Riedl: wu-tkar; ssla ztastal-tkarbu (1995), in: Neue Zeitung für Musik. Mainz 1996, 157. Jg., Heft 2, S. 52.

a)

schomm mm, --------------------------*langsam*
gil l,
lupr r,
nulo!
rotok-kotor-issgoss-uschipssta! --"rotok-kotor-" *flüstern*
.. *ab* "issgoss-uschipssta!"
.. *normal sprechen*
parnaz: -----------------------------------*weniger langsam*
ssurgin-kimmas,-----------------------*langsam accelerando*
noltisch-ap-kisso, .
ralns, .
igni, .
ponnuisso, .
ripossutuo, .
mmassmmamm,---------------------------------- *sehr schnell*------------------*flüstern*
mmammmmass,
irigalupirta,--- *sehr langsam*
ossokolorommorolokosso-
schakagakasch,
itsoschunna,-- *accelerando*------------------*normal sprechen*
itsoschunn, .
itso, .
its,--- *schnell*
.. -- *langsam*
..
its,--- *schnell*
itso, --- *ritardando*
itsoschunn, .
itsoschunna,-- *langsam*
an nu scho sti,------------------------------------*so schnell als möglich* ----*flüstern*
--*staccatissimo*

Jede Zeile von etwa gleicher Dauer.
Tendenziell: wenig Text in der Zeile = gedehnter, langsamer,
mehr Text in der Zeile = gedrängter, schneller sprechen.

"mm", "l", "r" stimmhaft.

Angaben in kursiv gelten so lange, bis sie von neuen abgelöst werden.

Labior is my third Phonetic Etude. Several years of experimentation led to this choice of favorite lip sounds, making use also of the stereo possibilities of the mouth.

Jaap Blonk: Vocalor. Amsterdam: Staalplaat 1998, STCD 112, Booklet, o. Pag. ||Jaap Blonk: Labior (Étude phonétique N° 3), in: Vocalor. Amsterdam: Staalplaat 1998, STCD 112, Booklet, o. Pag.

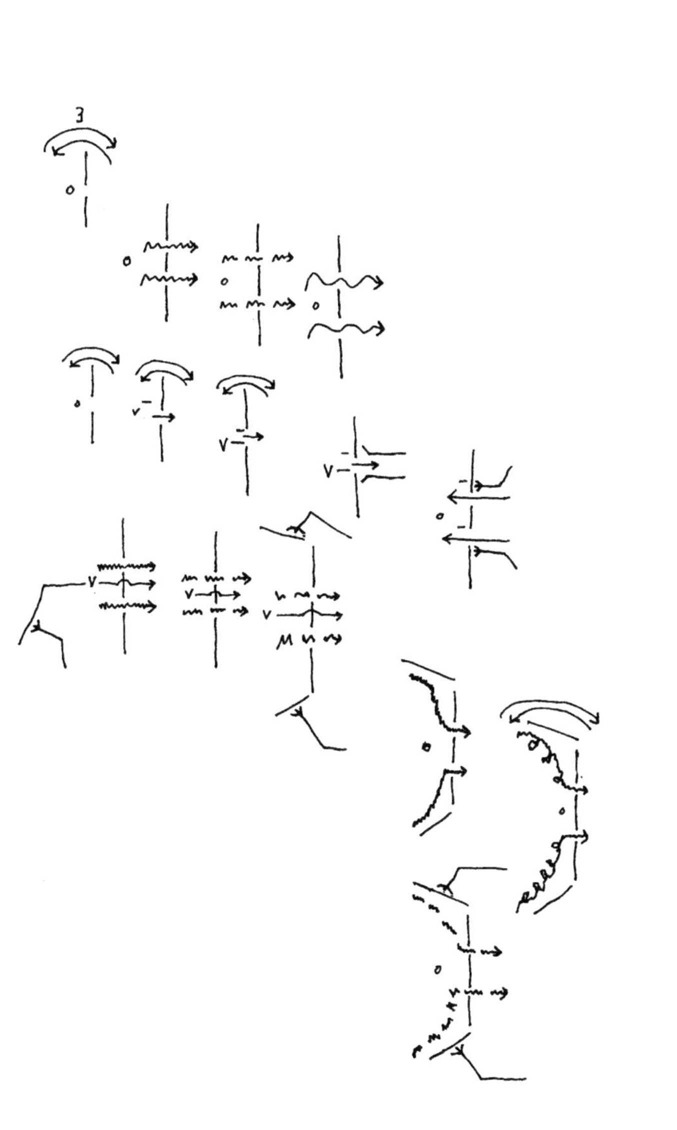

Jaa
p
Blo
nk

Das ist schon eine andere Kunst, Interpret eigener Texte zu sein, die «unverständlich» sind. Optisch wirken sie als visuelle Poesie, Lautnotationen, die nur vom Autor zu entschlüsseln sind. Klanggedichte in einer Geheimsprache, Ars Scribendi als Phontexte via Poesia Sonora: Wenn das als Lautpoesie bezeichnet wird, so ist sie eine Dichtung, die durch ihre phonetische Vortragsform die Gefühle (Herz) und den Intellekt (Hirn) berühren soll – Poesie aus puren Lauten oder aus Sprach-Lauten, die infolge von Sprachartikulationen entstehen und mundartistisch, ohne Verfremdungen durch elektronische Mittel erzeugt werden. Was ist, wenn man seit 18 Jahren im nichtmuttersprachlichen Land lebt? Man bleibt im Besitz eines einzigen Schatzes, des LautSchatzes der Muttersprache.

Valeri Scherstjanoi: Zwischen Herz und Hirn, in: lautLand. Obermichelbach: GSV 1998, Booklet der CD, o. Pag. ||Valeri Scherstjanoi: scribentische artikulationen 2. Originalbeitrag, München 2000.

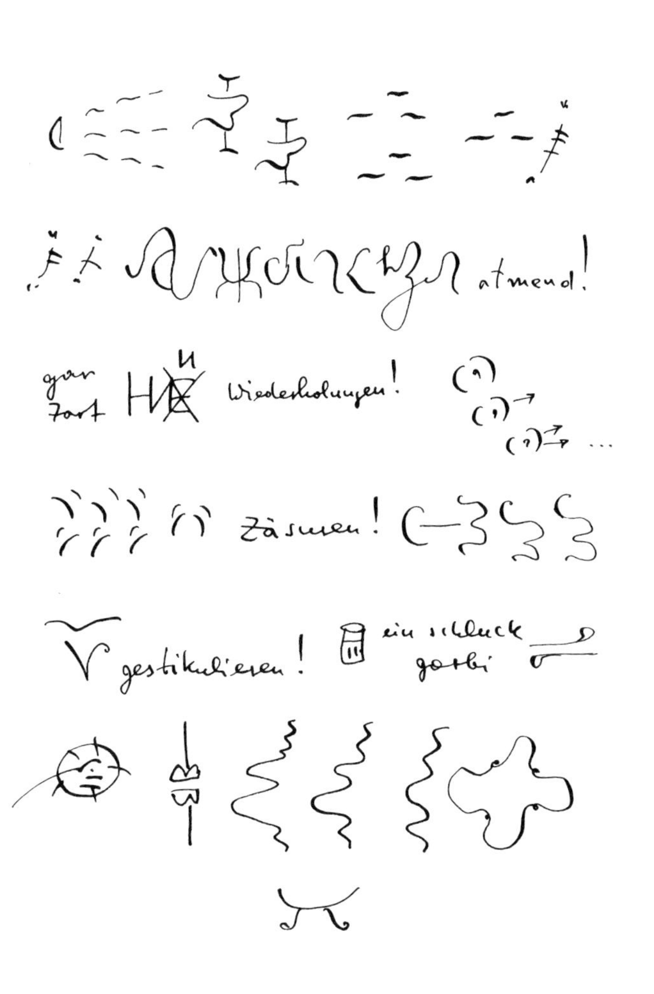

Val
eri
Sch
ers
tja
noi

Kapitel

30.3.1916 |Alle Stilarten der letzten zwanzig Jahre gaben sich gestern ein Stelldichein. Hülsenbeck, Tzara und Janco traten mit einem «Poème simultan» auf. Das ist ein kontrapunktisches Rezitativ, in dem drei oder mehrere Stimmen gleichzeitig sprechen, singen, pfeifen oder dergleichen, so zwar, daß ihre Begegnungen den elegischen, lustigen oder bizarren Gehalt der Sache ausmachen. Der Eigensinn eines Organons kommt in solchem Simultangedichte drastisch zum Ausdruck, und ebenso seine Bedingtheit durch die Begleitung. Die Geräusche (ein minutenlang gezogenes rrrrr, oder Polterstöße oder Sirenengeheul und dergleichen) haben eine der Menschenstimme an Energie überlegene Existenz. |Das «Poème simultan» handelt vom Wert der Stimme. Das menschliche Organ vertritt die Seele, die Individualität in ihrer Irrfahrt zwischen dämonischen Begleitern. Die Geräusche stellen den Hintergrund dar; das Unartikulierte, Fatale. Bestimmende. Das Gedicht will die Verschlungenheit des Menschen in den mechanistischen Prozeß verdeutlichen. In typischer Verkürzung zeigt es den Widerstreit der vox humana mit einer sie bedrohenden, verstrickenden und zerstörenden Welt, deren Takt und Geräuschablauf unentrinnbar sind. |Auf das «Poème simultan» (nach dem Vorbild von Henri Barzun und Fernand Divoire) folgen «Chant nègre I und II«, beide zum ersten Mal. «Chant nègre (oder funèbre) I» war besonders vorbereitet und wurde in schwarzen Kutten mit großen und kleinen exotischen Trommeln wie ein Femgericht exekutiert. Die Melodien zu «Chant nègre II» lieferte unser geschätzter Gastgeber, Mr. Jan Ephraim, der sich vor Zeiten bei afrikanischen Konjunkturen des längeren aufgehalten und als belehrende und belebende Primadonna mit um die Aufführung wärmstens bemüht war.

Hugo Ball: Die Flucht aus der Zeit. München, Leipzig: Verlag von Duncker & Humblot 1927, S. 85f. ||Henri-Martin Barzun: Pastorale de l'aube. – Voix de la terre et de l'air (Fragments); A bord de l'aéronef. – Dans le ciel (Fragments), in: Poème et Drame. Paris 1913, Vol. 6, o. Pag.

Vent calme et voix des arbres :
ho — hého, hého, hého, —— hého, hoho —— ou
hou — ahou, ahou, whou, whou, ou
iho — i-ho, i-ho, i-ho, —— i-ho, oooo —— ou

Rafale de brise : ho — houich — ch, houi, ffeu, houi, cheu, lisss
Vol d'hirondelles : — huihuihuihuihui —tri, tri, tri, hui, hiii, huihuihui

Le Rossignol : tua, tua, tua, — tutoti, totitu, titotu — tititititi

Le Rossignol : tuo, tuo, tuo —tatuto, huohuohuohuo— tatuto, tatuto, hihohuhohuhuo
Le Pionnier en route : Calme et belle nature, si généreuse au cœur de l'homme,

Le Rossignol : —tri, tri, tri- llotuti, llotuti, llotuti- tritritrillotuti
Le Pionnier en route : Si apaisante à l'esprit tourmenté, à l'âme triste,
Le Ruisseau traversé : —— frisslifrisslifrisslirissliruisslifrislifrislirissliruisliiii

Des Cloches au loin : ——ding, ding, ding- dung, dung, dung — ding—— dung—— dong
Un enfant sur le seuil : —Meunier tu-u dors —— ton moulin va trop vi- te

Le Pionnier : O mission sacrée, belle comme le jour, tissée de sa lumière ·
Cor dans les bois : —Allons chasseur vite en campa gne. Du cor n' entends-tu pas le son.

Le Chef pilote : Que les moteurs vrombissent et rugissent
Les moteurs : ———vrom, vromb, vreueu vron, ron, ou, or, ou, or, meu

Le Chef pilote : Que les hélices tournent follement
Les moteurs : ronvronronvron dron, vreu —eu—— oo, ooarr

Le Chef pilote : Que le sillage d'air baigne les faces qui se lèvent
Les hélices, le vent : —wirl, wou wirl, wou - ll, woua, wirl—weu. ll
Les pavillons : —clac, clac, —— frou - ou —clac ———rrou, sss

Le Chef pilote : En avant! au-dessus des cités! et saluons l'œuvre des hommes ....
La Sirène du bord : ——— Ho! huu-uu- ho! -hohu! ho ——huohuohuohuho -hu

Sur Terre. — Dans la Ville

L'aéronef descend : Vreu-eu -re-vreu- ron - dron - on - vreu - reu eueueueu
Des hommes dans la rue : Le voici qui plane dans le soleil —regardez !
Un Vieillard : O magie! O folie! O miracle suprême : j'ai bien vécu.
Une Femme : Joie des yeux! Ce sont bien les enfants de ma chair : je puis mourir.

La Sirène du bord : trow! trow! trow! trooooo! eu——— tro-hou !
Un Poète : Le voici qui descend, et le soleil baigne sa proue
Un Adolescent : Ah, partir!- monter!—— tomber ivre de gloire....

Henri-Martin Barzun

Zu einem bestimmten Zeitpunkt, als ich meine Zeitschrift (SIC, d. Hg.) gründete, habe ich viele Versuche, viele Experimente gemacht, ich war natürlich immer auf der Suche, ich habe in meinen Gedichten Stimmwechsel vorgenommen, ich habe mehrstimmige Gedichte geschrieben, die sich kombinieren lassen undsoweiter, ich habe eben alle möglichen Experimente angestellt, auch mit aneinandergeklebten Wörtern, wie ich das nannte, Wörter, die in der Zeile nur ein einziges Wort bildeten. Insgesamt kam es dabei zu recht amüsanten Resultaten, doch von einem bestimmten Zeitpunkt an wollte ich natürlich noch weiter gehen und in diesem Zusammenhang habe ich folgende Überlegungen angestellt: am Anfang, denn manchmal kehrt man, um etwas Neues zu finden, zur ersten Zeit zurück und macht häufig genug sehr primitive Dinge, um ganz neue Dinge zu schaffen, das ist auch hier geschehen, ich bin zu den ersten Menschen zurückgekehrt, als die Menschen erschaffen wurden, und am Anfang hatten sie natürlich während einer gewissen Zeit keine Sprache, denn sie sind nicht mit der Sprache erschaffen worden, die haben sie selber erfinden müssen, sie sind also wahrscheinlich recht lange ohne Sprache gewesen, aber diese Geschöpfe waren bereits Menschen, sie hatten Empfindungen, Gefühle, Emotionen, sie waren traurig und fröhlich und sie haben sicherlich Möglichkeiten gefunden, das alles zum Ausdruck zu bringen, Schmerz und Freude, und natürlich konnten das damals nur Schreie sein, deshalb habe ich diese Gedichte zum Schreien und Tanzen geschrieben, weil sie ihre Gefühle durch die Gebärde und den Schrei zum Ausdruck brachten. Ich glaube, Bewegung und Schrei sind die ersten Dichter der Menschheit gewesen. Ich bin also zum Höhlenmenschen geworden, ich habe versucht, auf meine Art mit unserer Sprache und unseren Silben die Frische dieser Poesie der ersten Menschen nachzuvollziehen.

Pierre Albert-Birot: Interview mit einem Reporter- und Sprecherteam des ORTF, Sommer 1967, zitiert nach: Eugen Helmlé: Nachwort, in: Pierre Albert-Birot: Setzt euch hin und redet nicht so viel über Dinge, die man nicht essen kann. Gedichte 1916-1924. Übersetzt aus dem Französischen und herausgegeben von Eugen Helmlé. München: edition text + kritik 1985 (= Frühe Texte der Moderne), S. 320f.

||Pierre Albert-Birot: Die Legende. Erzählgedicht unterbrochen von Gedichten zum Schreien und Tanzen (Ausschnitt), in: Setzt euch hin und redet nicht so viel über Dinge, die man nicht essen kann. Gedichte 1916-1924. Übersetzt aus dem Französischen und herausgegeben von Eugen Helmlé. München: edition text + kritik 1985 (= Frühe Texte der Moderne), S. 120f.

Die Menge (*sie teilt sich in zwei Gruppen auf*)

1. Teil	**2. Teil**	
hik-hik hik-hik hik-hik hik-hik		
hupp hupp hupp	ma-ou ma-ou ma-ou	
au – tsik		
kek kek kek kek kek kek kek kek kek	ma-ou ma-ou ma-ou	
hupp hupp hupp	ou ou	
grrrrrri grrrrrrrrrrrri grrrrrrrrrrrr	el el el el el el el el el el el el el el el	
brak brak brak brikbrak brak brak brak		
hek hek hek hek hek hek hek hek hek	i i i i i i i i i i i i i i i i i i i i i i i i i i i i i i	
hek-tong hek-tong tong		
tongtongtongtongtongtongtongpinng	o-e o-e o-e o-e o-e	
krrrrrrrrrrr krrrrrrrrrrrrrrrrr	e e	**Pie**
hupp hupp hupp	hupp hupp hupp	**rre**
dik dik dik huk huk dik dik		**Alb**
dik		**ert**
krrrrrrrrrrrr krrrrrrrrrrrrrrrrrrr	i i i i i i i i i i i i i i i i i i i i i i i i	**-Bi**
ssssssssssssssssssssss	ma-ou ma-ou ma-ou ma-ou ma-ou	**rot**

(Die beiden Gruppen vereinigen sich wieder und tanzen und schreien dieses Gedicht in schnellem Rhythmus, der in einem Wirbel endet.)

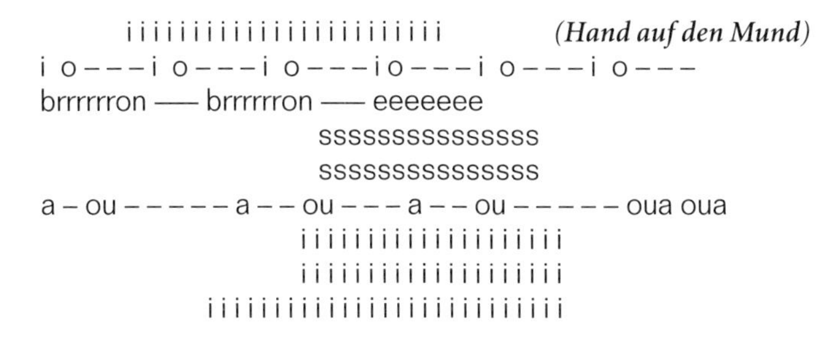
i i i i i i i i i i i i i i i i i i i i i i i i *(Hand auf den Mund)*
i o – – – i o – – – i o – – – i o – – – i o – – – i o – – –
brrrrrron —— brrrrrron —— eeeeeee
ssssssssssssssss
ssssssssssssssss
a – ou – – – – – – a – – ou – – – a – – ou – – – – – – oua oua
i i i i i i i i i i i i i i i i i i i i
i i i i i i i i i i i i i i i i i i i i
i i i i i i i i i i i i i i i i i i i i i i i i i i i

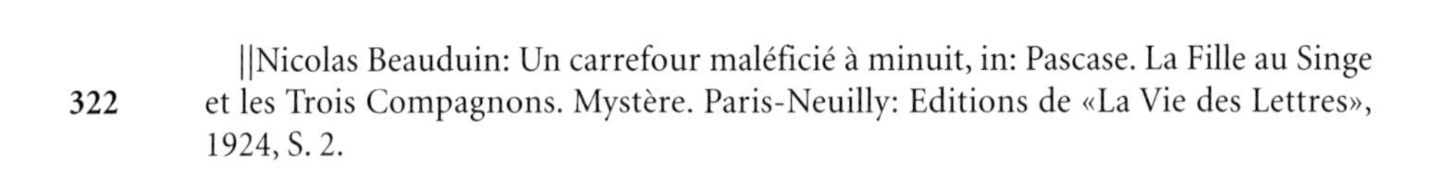

322

||Nicolas Beauduin: Un carrefour maléficié à minuit, in: Pascase. La Fille au Singe et les Trois Compagnons. Mystère. Paris-Neuilly: Editions de «La Vie des Lettres», 1924, S. 2.

Sorciers, larves, bêtes, clament en un désordre cacophonique les grandes conjurations, et s'accouplent dans les ténèbres.

HEMEN-ETAN !	*El Ati Titeip*	HAU ! HAU !
	Azia Hyn Teu	
HEMEN-ETAN !	*Minosel Achadon*	VA ! VA !
	Vay vaa Eye	
HEMEN-ETAN !	*Aaa Eie Exi*	VA ! VA !
	A El El A Hy !	
	CHAVAJOTH	
AIE SARAYE !	*Per Eloym, Archima, Rabur*	HAU ! HAU !
AIE SARAYE !	*Baihas super Abrac*	VA ! VA !
AIE SARAYE !	*Ruens super veniens*	VA ! VA !
CHAVAJOTH !	CHAVAJOTH !	CHAVAJOTH !

Impero tibi
per clavem
SALOMONIS
Et nomen magnum
SEMHAMPHORAS

A ce moment, la scène s'illumine d'une vague lueur de phosphore, et l'âme d'un prêtre impur qui fut assassin s'incarne dans le corps d'un démon terrestre à forme de singe. Le singe tourne trois fois sur lui-même et disparaît. Puis tout rentre dans l'ombre, mais on continue d'entendre une sorte de croassement confus jusqu'à la fin du prologue.

Wir schaffen ein futuristischesTheater, das ist: |SYNTHETISCH |d.h. äußerst kurz. Verdichtet in wenigen Minuten, wenigen Worten und wenigen Gesten unzählige Situationen, Empfindungen, Ideen, Gefühle, Fakten und Symbole. [...]

|Wir sind davon überzeugt, daß man fast mechanisch, mit der Kraft der Kürze ein absolut neues Theater herstellen kann, das mit unseren schnellen und lakonischen Empfindungen vollkommen übereinstimmt. Unsere Akte können nur *Momente* sein, d.h. sie dauern nur einige Sekunden. Durch diese wesentliche und zusammenfassende Kürze wird das Theater den Wettbewerb gegen das *Kino* aufnehmen, wenn nicht ihn sogar gewinnen können. |ATECHNISCH |Im traditionalistischen Theater zwingt die literarische Form den Geist der Autoren zur Anpassung und Verstümmelung. In dieser Form, viel mehr als in der Lyrik oder im Roman, herrschen die *Erfordernisse der Technik* [...]. |Wir wollen mit unserer synthetisierenden Bewegung im Theater diese von den Griechen herkommende Technik zerstören. Denn anstatt zu vereinfachen, ist sie immer dogmatischer, logisch bis zur Verdummung, peinlich, pedantisch und erdrückend geworden.

|DESHALB: |1. IST ES DUMM, HUNDERT SEITEN ZU SCHREIBEN, WO EINE GENÜGEN WÜRDE [...]. |2. IST ES DUMM, nicht gegen dieses Vorurteil des Theatralischen anzugehen, wenn das Leben selbst [...] *untheatralisch* ist, aber selbst darin *unzählige szenische Möglichkeiten* bietet. ALLES, WAS WICHTIG IST, IST THEATRALISCH. |3. IST ES DUMM, die primitive Erwartung der Masse zu befriedigen, die immer am Ende den Triumph des Guten und die Niederlage des Bösen sehen will. |4. IST ES DUMM, sich mit der Wahrscheinlichkeit zu beschäftigen; (das ist die reine Absurdität, da Kunst und Genie nichts mit ihr zu tun haben.) |5. IST ES DUMM, alles, was gezeigt wird, logisch und genau erklären zu wollen. Auch im Leben zeigt sich kein Ereignis ganz, mit all seinen Ursachen und Konsequenzen. Die Ereignisse in der Wirklichkeit passieren *überfallartig, schubweise in lose miteinander verbundenen Bruchstücken, unzusammenhängend, konfus, verwirrend und chaotisch.* [...]. |6. IST ES DUMM, die Auflagen von *Steigerung, Exposition* und dem *Schlußeffekt* zu erfüllen. |7. IST ES DUMM, seinem eigenen Genie eine Technik aufzuerlegen, *die alle* (selbst die Schwachsinnigen) *durch eifriges Studium, durch Üben und Geduld lernen können.*

|8. IST ES DUMM, AUF DEN DYNAMISCHEN SPRUNG INS WEITE DER TOTALEN KREATIVITÄT, AUSSERHALB ALLER SCHON EROBERTEN GEBIETE, ZU VERZICHTEN.

Bruno Corra, F.T. Marinetti, Emilio Settimelli: Das futuristische synthetische Theater (1915) , in: Brigitte Landes (Hrsg.): Es gibt keinen Hund. Das futuristische Theater. München: edition text + kritik 1989, S. 163-166. ||Giacomo Balla: Onomatopea rumoristica. Macchina Tipografica, in: Futura. Poesia sonora. Antologia storico critica della poesia sonora a cura di Arrigo Lora-Totino. Mailand: Cramps records 1990, Textheft, S. 216.

onomatopea

rumorista Macchina Tipografica

Dodici persone

ognuno ripetere per [illegible] minuti di seguito

le seguenti onomatopee rumoriste

1° sette-settesettesette…

2° nennenennenennenennenennenenenenne

3° vìiiiiiiiiiiiiiii…

4° tè. tè. tè. tè. tè. tè. tè. tè. tè. tè. tè. tè. tè.

5° miaaaaaaanavanò miaaaaaaanavanò

6° sta — sta — sta — sta — sta

7° lalalalalalalalalalalalalalalalalalala

8° ftftftftftftftftftftftftftftftftftft

9° riòriòrièrièriòriòrièrièriòriòrièrièriòriò

10° scscscscscspspspspscscscscscspspsp

11° veveveveveveveveveveveveveveveveve

12° nunnunnònònunnunnònònunnunnònònunnunnònò

Balla

Futurista 1914

Gia
co
mo
Bal
la

DYNAMISCH, SIMULTAN |d.h.: geboren aus der Improvisation, der blitzartigen Intuition, aus der suggestiven und entdeckungsreichen Aktualität. Wir glauben, daß eine Sache dann Wert hat, wenn sie improvisiert ist (Stunden, Minuten, Sekunden) und nicht lange vorbereitet worden ist (Monate, Jahre, Jahrhunderte).

|Wir haben einen unbezwingbaren Widerwillen gegen alle Arbeiten, die am Schreibtisch entstanden sind, ohne auf die Umgebung einzugehen, in der sie gezeigt werden sollen. DER GRÖSSTE TEIL UNSERER ARBEITEN IST IM THEATER GESCHRIEBEN WORDEN. Das Ambiente des Theaters ist für uns ein unerschöpfliches Reservoir der Inspirationen: der magnetische Kreislauf der Empfindungen an einem Probenvormittag mit müdem Kopf, gefiltert durch das leere vergoldete Theater; die Intonation eines Schauspielers, die uns suggeriert, über einen paradoxen gedanklichen Zustand eine szenische Bewegung zu konstruieren, die wiederum Anlaß für eine Symphonie aus Licht ist; die Sinnlichkeit einer Schauspielerin, die uns die Sinne mit genialen malerischen Vorstellungen füllt.

|[...] Wir ERREICHEN MIT DER DURCHDRINGUNG VON AMBIENTE UND VERSCHIEDENEN ZEITEN EINE ABSOLUTE BEWEGLICHKEIT. [...]

|AUTONOM, ALOGISCH, IRREAL |Die theatralische futuristische Synthese wird sich nicht der Logik unterwerfen, nichts von der Fotografie enthalten, sie wird *autonom* sein, nur mit sich selbst zu vergleichen, und aus der Realität wird sie Elemente ziehen, um sie nach Lust und Laune zu verbinden. [...] |DAS FUTURISTISCHE THEATER ENTSTEHT AUS DEN BEIDEN ÄUSSERST VITALEN STRÖMUNGEN der futuristischen Sensibilität [...]: 1. UNSERE FRENETISCHE LEIDENSCHAFT FÜR DAS AKTUELLE, SCHNELLE, FRAGMENTARISCHE, ELEGANTE, KOMPLIZIERTE, ZYNISCHE, MUSKULÖSE, FLÜCHTIGE FUTURISTISCHE LEBEN; 2. UNSER ULTRAMODERNER ZEREBRALER ENTWURF EINER KUNST, DIE KEINER LOGIK FOLGT, KEINER TRADITION, KEINER ÄSTHETIK, KEINER TECHNIK, KEINEM OPPORTUNISMUS, DIE NUR AN IHRER KÜNSTLERISCHEN GENIALITÄT GEMESSEN WERDEN KANN, DIE SICH AUSSCHLIESSLICH MIT DER ERFINDUNG GEISTIGER AUSDRUCKSFORMEN VOLLER ZEREBRALER ENERGIE BESCHÄFTIGEN SOLL, DIE ALLEIN ABSOLUTEN NEUHEITSWERT HABEN. |DAS FUTURISTISCHE THEATER versteht es, seine Zuschauer über die Monotonie des Alltags zu erheben, und sie in ein LABYRINTH VOLLER BEDINGUNGSLOS NEUER UND UNGEAHNTER GEFÜHLE ZU SCHLEUDERN. [...]

Bruno Corra, F.T. Marinetti, Emilio Settimelli: Das futuristische synthetische Theater, in: Brigitte Landes (Hrsg.): Es gibt keinen Hund. Das futuristische Theater. München: edition text + kritik 1989, S. 166-168. ||Fortunato Depero: Verbalizzazione astratta di Signora, in: Futura. Poesia sonora. Antologia storico critica della poesia sonora a cura di Arrigo Lora-Totino. Mailand: Cramps records 1990, Textheft, S. 220.

VERBALIZZAZIONE astratta di SIGNORA

capelli

sensazioni filamentose:

simpilli
carilli
billi
occhilli
mirilli
ollichi

riccioli:

liri biri
ciri lilliri
rirriri
birrriri
ciriri ri
pirilliri
ri ri ri ri

masse:

CHIOMOLLE
MOÇOLLE
OLLOME
OLLO
ELLE
MELLECO
NELLOLLE

essa è nevrastenica — luminosità degli sguardi e scatti nevrotici:

ROSLUCI pic ssa PIZZZZ
ACUCI pic ssa PIZZZZ
VIDICIP ssa PIZZZZ
CILOPIC SGUIC ssa PIZZZZ
SPRIZZZZZ ssa PIZZZZ
LUCIZZZZZ FISS ssa PIZZZZ
SBRIZICIZZZ ssa PIZZZZ

Essa è ben fatta — mi piace assai — dentro di me nasce e si sviluppa un dialogo—vago—intimo—confuso:

CHE BE! AMA CHI BA! NOBI..... PERSICOSI'... NO MAI TE!..
COSTI.... MANO.... SI CHE VOI SI.... NO CHE SE.... PER.... IO.... MI
CHE SI PER PER PER SI-SI-SI....... PERSI'................... COSI'.......

Essa ha gli abiti adorni di pizzi — ricami — gioielli e gingilli:

TRI BLI CRI
RODRI NORIDLI ORINDI
RIVLI clodoli CLODLO
CORINDILINDOLI
BLO BLI
CODOL BIBLO

Mi è vicina, parla con l'amica mentre io distrattamente la contemplo:

IO MI SA SI SA
SASI SASI GIÀ MA
POI SE FORSE
MA LA SETA il COTO
che so se poi essa
MI SA SI
SASI SASI la seta
che se forse cheso cheso
Se io MI SA SI

Si allontana e l'ascolto sempre distrattamente:

ESEORIALACAMI
ONOEFICICABALA
NOTIBACILOFRONICHI
MISIBERONICO
LA MANISECHERO'
chirullimaconi

inoltre odo il frusciare della gonna:

aefffff-ififfff-uvofff-

BLO—CLONOBLO ***novolovo - sovonosovvvvv***

COBLOVV—VLO—BLO—MNOLOVLO zzZLOWOMMMO

ROMA 1916

For
tun
ato
De
per
o

328

||Hugo Ball: Ein Krippenspiel. Bruitistisch (Ausschnitt), in: Simultan Krippenspiel. Siegen 1986 (= Vergessene Autoren der Moderne XVIII), S. 4-9.

I. Stille Nacht.

Der Wind |f f f f f f f f f f fff f ffff t t
Ton der heiligen Nacht |hmmmmmmmmmmmmmmmmmmmmmmmmmmm-
mmmmmm
Die Hirten |He hollah, he hollal, he hollah.
Nebelhörner. Okarina. - - - - crescendo. (Steigen auf einen Berg) Peitschenknallen, Hufe.
Der Wind |f f f f f f f f f f f fffffffffffffffffffffffffffffff t.

II. Der Stall.

Esel |ia, ia, ia, ia, ia, ia, ia, ia, ia, ia, ia, ia, ia,
Öchslein |muh muh muh muh muhm muh muh muh muh muh muh
(Stampfen, Strohgeräusch, Kettenrasseln, Stoßen, Käuen)
Schaf |bäh, bäh, bäh, bäh, bäh, bäh, bäh, bäh,
Josef und Maria (betend) |ramba ramba ramba ramba ramba - m-bara, m-bara, m-bara, -bara- ramba bamba, bamba, rambababababa

III. Die Erscheinung des Engels und des Sterns.

Der Stern |Zcke, zcke, zcke, zzccke, zzzzzcke, zzzzzzzcccccccke zcke psch, zcke ptsch, zcke ptsch, zcke ptsch
Der Engel: (Propellergeräusch, leise anschwellend, tremolierend, bis zu erheblicher Stärke, energisch, dämonisch)
Ankunft: (Zischen, Zerplatzen, Bündel von Licht in Geräuschen)
Lichtapparat: flutet weiß weiß weiß weiß weiß.
Fallen aller Mitwirkenden: erst auf die Ellbogen, dann auf die Fäuste. So, daß zwei Geräusche entstehen, die zusammenhängen.
Plötzliche Stille |- -

IV. Die Verkündigung.

Geräusch der Litanei |do da do da do da do da dorum darum dorum do da do, dorum darum, dorum, darum, do da do, do, doooo.
Tutti: Muhen, Iaen, Ketten. Schalmeien, Gebet, Stern, Schaf, Wind,
Stilisiertes Lachen |H a ha. haha. haha. haha. haha. haha. haha. haha.
Steigerung bis zu höchstem Lärm. Tanz nach gepfiffener Melodie
Der Engel |Dorum darum dorum darum, dorum darum, dodododododo-dododooooo **(das Ende des «doooooooo» sehr schmerzlich und bedauernd)**

I. |Und es waren Hirten in derselbigen Gegend auf dem Felde bei ihren Hürden. Die hüteten des nachts ihre Herde. (Wind und Nacht. Ton der Nacht. Signale der Hirten. (Tzara: kleine Laute. Peitschenknallen) |II. |Maria aber und Josef lagen im Stalle zu Bethlehem auf den Knieen und beteten zum Herrn. (Während Ball und Janco beten, diesen Text wiederholen. (Schalk muh, Schlüssel. Arp: bäh. Strohgeräusch.) |III. |Am Himmel aber leuchtete der hellste Stern über dem Stalle von Bethlehem. Und siehe der Engel des Herrn machte sich auf und erschien den Hirten. Und die Klarheit des Herrn leuchtete um sie. Und sie fürchteten sich sehr. (Stern, Brausen des Engels, ganz stark, dann Cymbel. Lichtapparat und Fallen. (Janco.) Pause. |IV. |Und der Engel sprach zu ihnen: fürchtet euch nicht, denn siehe: ich verkündige euch eine große Freude, die allem Volk widerfahren wird. Denn euch ist heute der Heiland geboren, welcher ist Christus, der Herr. (Do da do des Erzengels, dann Freude tutti. Steigerung. Crescendo. Dann: do da do doooooo des Engels) |V. |Und die Weisen aus dem Morgenlande machten sich auf mit ihrer Karawane, mit Kamelen, Pferden und Elefanten, die reich mit Schätzen beladen waren, und der Stern führte sie. (Stern, Wiehern und Schnauben der Pferde, Gang der Elefanten, Sprechen der Könige, Trompete. (Tzara; Arp), Glöckchen. Der Stern. Alles schwellend und abschwellend) |VI. |Und sie fanden den Stall und Josef begrüßte sie. (Bon soir, messieurs) Rabata rabata. Muh. Bäh.) Aber Josef verstand ihre Sprache nicht. (rabata, rabata.) Tzara: o mon dieu, o mon dieu) (Schlaflied Emmy, Ah eh Tzara ih oh der Könige. Dann ah eh ih verstummend. Nur noch Gesang der Maria, Laute. Schmatzen des Säuglings und Beten: ramba rambaramba.) Pause. |VII. |Maria aber bewegte all diese Worte in ihrem Herzen. Und sie sah einen Berg und drei Kreuze aufgerichtet. Und sah ihren Sohn verspottet und mit einer Dornenkrone gekrönt. Und sie kreuzigten ihn. Aber sie wußte, daß er am dritten Tage wieder auferstehen werde, verklärt. (Johlen der Menge). Rabata rabata (Janco), Tzara: Pfeifen. Ball: He hollah! Nageln. Schalk: Klappern. Arp: bäh bäh. Rabata Rabata, sallada. (Crescendo) Nageln und Schreien. Dann Donner. Dann Glocken.

Hugo Ball: Krippenspiel, in: Simultan Krippenspiel. Siegen: Universität-Gesamthochschule Siegen 1986 (= Vergessene Autoren der Moderne XVIII), S. 11f.

V. Die heiligen drei Könige

Der Stern |Zcke zcke ptsch, zcke zcke zcke zcke zcke ptsch!
zcke zcke ptsch! ptschptschptschptsch. zcke zcke ptsch ptch ptsch.
Karawane der drei Könige |Puhrrrr puhrrrrr
(Schnauben der Pferde, Trampeln der Kamele)
Die drei Könige |rabata, rabata, bim bam. rabta rabata, bim bam ba, rabata rabata rabta, rabata bim bam. bim bam. bim bam.
Glöckchen der Elefanten |Bim bim bim bim bim bim bim bim bim
Flöten
Trompete |Tataaaaaaaaaaaa! tataaaaaaaaaaaaaaa!
Schnauben der Pferde |Puhrrrrr, puhrrrrrrrr, puhrrrrrrr.
Wiehern der Pferde |Wihihihihih, Wihihihihihi, Wihihihihih.
Kacken der Kamele: Klatschen der Hände mit sehr hohler Fläche.
Der Stern |Zcke zcke zcke ptsch!

VI. Ankunft am Stalle.

Eine Kerze leuchtet auf. (Der Saal war vorher verdunkelt. Man sieht jetzt die Orchestermitglieder. Sie haben schwarze Tücher umgeschlungen, so daß ihre Gestalt verschwindet. Sie sitzen außerdem mit dem Rücken gegen das Publikum)
Josef: Bonsoir, messieurs. Bonsoir, messieurs. Bonsoir messieurs.
Esel und Öchslein: |Ia ia ia ia ia ia a ia , muh muh muh muh muh muh
Geräusche von Kupfergeräten, Klappern von Kannen, Stoff-, Taft-Geräusche, Gläsertöne, Schöpfen, Rieseln, Schlüsselgeräusche
Josef |Parlez-vous français, messieurs? Parlez-vous, français, messieurs?
Die heiligen drei Könige |Ah, eh, ih, ohm , uh, ah, eh, ih, oh, uh! aih, auhh, euhhh, eh ih, oh uhhhh! Ahhhhhhhhhhhhhhh!
Maria (pfeifend) |Schlaf Kindlein schlaf! Schlaf Kindlein schlaf! Schlaf Kindlein schlaf! Schlaf kindlein Schlaf!
Josef |kt, kt kt potz! kt kt kt kt Potz! kt kt kt kt potz!
Jesus: schmatzend schmatzend schmatzend schmatzend schmatzend.

3.VI.1916 |Annemarie durfte uns zur Soiree begleiten. Sie geriet ob all der Farben und des Taumels außer Rand und Band. Sie wollte sogleich auf das Podium und «auch etwas vortragen». Wir konnten sie nur mit Mühe davon abhalten. Das *Krippenspiel* (Concert bruitiste, den Evangelientext begleitend) wirkte in seiner leisen Schlichtheit überraschend und zart. Die Ironien hatten die Luft gereinigt. Niemand wagte zu lachen. In einem Kabarett und gerade in diesem hätte man das kaum erwartet. Wir begrüßten das Kind, in der Kunst und im Leben. |24.VI. 1916 |Vor den Versen hatte ich einige programmatische Worte verlesen. Man verzichte mit dieser Art Klanggedichte in Bausch und Bogen auf die durch den Journalismus verdorbene und unmöglich gewordene Sprache. Man ziehe sich in die innerste Alchimie des Wortes zurück, man gebe auch das Wort noch preis, und bewahre so der Dichtung ihren letzten heiligsten Bezirk. Man verzichte darauf, aus zweiter Hand zu dichten: nämlich Worte zu übernehmen (von Sätzen ganz zu schweigen), die man nicht funkelnagelneu für den eigenen Gebrauch erfunden habe. Man wolle den poetischen Effekt nicht länger durch Maßnahmen erzielen, die schließlich nichts weiter seien als reflektierte Eingebungen oder Arrangements verstohlen angebotener Geist-, nein Bildreichigkeiten.

Hugo Ball: Die Flucht aus der Zeit. München, Leipzig: Duncker & Humblot 1927, S. 97 und 107.

VII. Die Prophezeiung.

Plötzliche Hammerschläge. Nageln. Rattern. Klappern.
Zurufe der Knechte |He hollah! he hollah! he hollah! ***Zymbeln.***
Pfeifen, Johlen, Volksmenge Bellen.
Die Pharisäe |Rabata, rabata, rabata, rabata, sallada, salada, sallada,sallada, sallada, sallada, sallada, rabata bumm, rabata bumm, rabata bumm, rabata bumm.
Die heiligen drei Könige |oh oho oh oh oh oh oh oh oh oh oh oh (**sehr schmerzlich**)
Esel und Öchslein |Muh iahh, muhhhhh, iahhhhh, muhhh (**sehr schmerzlich**)
Lamm |bähhhhhhhh, bähhhhhhhhhh, bähhhhhhhhhhhhhhhhhhhhhhhhhhhhh!
Klagelaute der Maria |Ahhhhhhhhh, ahhhhhhhhhh, ahhhhhhhhhhhhhhhhh!
Glocken und Glöckchen |Bim bam bum, bim bam, bum, bim bam, bum. Gong gong.
Nageln |- -

Und da er ward gekreuzigt
Da floß viel warmes Blut.

L'amiral cherch

Poème simultan par R. Huelsenbeck, M. Janko, Tr. Tz

||in: Tristan Tzara: Œuvres complètes. Tome 1: 1912-1924. Paris: Flammarion 1975, S. 492f. Zuerst in: Cabaret Voltaire. Zürich, 15. Mai 1916, S. 6f.

HUELSENBECK	Ahoi ahoi Des Admirals gwirktes Beinkleid schnell
JANKO, chant	Where the honny suckle wine twines ilself
TZARA	Boum boum boum Il déshabilla sa chair quand les grenou

HUELSENBECK	und der Conciergenbäuche Klapperschlangengrün sind milde
JANKO, chant	can hear the weopour will arround arround the hill
TZARA	serpent à Bucarest on dépendra mes amis dorénavant

HUELSENBECK	prrrza chrrrza prrrza Wer suchet dem
JANKO, chant	mine admirabily confortabily Grandmother said
TZARA	Dimanche : deux éléph

Intermède rythmique

HUELSENBECK	hihi Yabomm hihi Yabomm hihi hihi hihi
	ff p cresc ff cres ff f
TZARA	rouge bleu rouge bleu rouge bleu rouge bleu rouge
	p f cresc ff cresc
SIFFLET (Janko)	———. ————. —. —. ————. ———
	p cresc f ff ff
CLIQUETTE (TZ)	rrrrrrrrr rrrrrrrrr rrrrrrrrr rrrrrrrrr rrrrrrrrr rrrrr
	f decrsc f cresc fff uniform
GROSSE CAISE (Huels.)	O O O O O O O O O O O O O O O O O O
	ff p f fjf

HUELSENBECK	im Kloset zumeistens was er nötig hätt ahoi iuché ahoi
JANKO (chant)	I love the ladies I love to be among the girls
TZARA	la concierge qui m'a trompé elle a vendu l'appartement que j'avais

HUELSENBECK	hätt' O süss gequolines Stelldichein des Admirals im Abendschein uru
JANKO (chant)	o'clock and tea is set I like to have my tea with some brunet shai
TZARA	Le train traîne la fumée comme la fuite de l'animal blessé a

HUELSENBECK	Der Affe brüllt die Seekuh bellt im Lindenbaum der Schräg zerschellt
JANKO (chant)	doing it doing it see that ragtime coupple over there
TZARA	Autour du phare tourne l'auréole des oiseaux bleuillis en moitiés de lumière

HUELSENBECK	Peitschen um die Lenden Im Schlafsack gröhit
JANKO (chant)	oh yes yes yes yes yes yes yes yes yes
TZARA	cher c'est si difficile La rue s'enfuit avec mon bagage à travers la ville Un métro

---

NOTE POUR LES BOURGEOIS

Les essays sur la transmutation des objets et des couleurs des premiers peintres cubistes (1907) Picasso, Br Picabia, Duchamp-Villon, Delaunay, suscitaient l'envie d'appliquer en poésie les mêmes principes simultar

Villiers de l'Isle Adam eût des intentions pareilles dans le théâtre, où l'on remarque les tendances vers un s tanéisme schématique ; Mallarmé essaya une reforme typographique dans son poème : Un coup de dés n'a jamais le hazard ; Marinetti qui popularisa cette subordination par ses " Paroles en liberté " ; les intentic Blaise Cendrars et de Jules Romains, dernièrement, ammenèrent Mr Apollinaire aux idées qu'il dévelop 1912 au " Sturm " dans une conférence.

Mais l'idée première, en son essence, fut exteriorisée par Mr H. Barzun dans un livre théoretique " Voix, Ry et chants Simultanés " où il cherchait une relation plus étroite entre la symphonie polirythmique et le poè opposait aux principes succesifs de la poésie lyrique une idée vaste et parallèle. Mais les intentions de compl en profondeur cette t e c h n i q u e (avec le Drame Universel) en éxagerant sa valeur au point de lui donne idéologie nouvelle et de la cloîtrer dans l'exclusivisme d'une école, — echouèrent.

ıne maison à louer[1]

ällt Teerpappe macht Rawagen in der Nacht
ound the door a swetheart mine is waiting patiently for me I
ıides commancèrent à bruler j'ai mis le cheval dans l'âme du

zerrt in der Natur chrza prrrza chrrza
my great room is
t très intéressant les griffes des morsures équatoriales

getan Der Ceylonlöwe ist kein Schwan Wer Wasser braucht find
I love the ladies
Journal de Genève au restaurant Le télégraphiste assassine

Find was er nötig
And when it's five
s l'église après la messe le pêcheur dit à la comtesse : Adieu Mathilde

uru uru uro uru uru uru uro pataclan patablan pataplan uri uri uro
shai shai shai shai shai Every body is doing it doing it doing it Every body is
stins écrasés

taratata tatatata In Joschiwara dröhnt der Brand und knallt mit schnellen
throw there shoulders in the air She said the raising her heart oh dwelling oh
la distance des bateaux Tandis que les archanges chient et les oiseaux tombent Oh! mon

Oberpriester und zeigt der Schenkel volle Tastatur L'Amiral n'a rien trouvé
oh yes oh yes oh yes oh yes yes yes oh yes sir L'Amiral n'a rien trouvé
n cinéma la prore de je vous adore était au casino du sycomore L'Amiral n'a rien trouvé

Richard Huelsenbeck & Marcel Janko & Tristan Tzara

---

même temps Mr Apollinaire essayait un nouveau genre de poème visuel, qui est plus intéressant encore par nanque de système et par sa fantaisie tourmentée. Il accentue les images centrales, typographiquement, nne la possibilité de commencer à lire un poème de tous les côtés à la fois. Les poèmes de Mrs Barzun et ire sont purement formels. Ils cherchent un effort musical, qu'on peut imaginer en faisant les mêmes abstrac-que sur une partiture d'orchestre.

***

voulais réaliser un poème basé sur d'autres principes. Qui consistent dans la possibilité que je donne à chaque ant de lier les associations convenables. Il retient les éléments caractéristiques pour sa personalité, tremêle, les fragmente etc., restant tout-de-même dans la direction que l'auteur a canalisé.
poème que j'ai arrangé (avec Huelsenbeck et Janko) ne donne pas une description musicale, mais tente à idualiser l'impression du poème simultan auquel nous donnons par là une nouvelle portée.
lecture parallèle que nous avons fait le 31 mars 1916, Huelsenbeck, Janko et moi, était la première réali-ı scénique de cette estéthique moderne.

TRISTAN TZARA

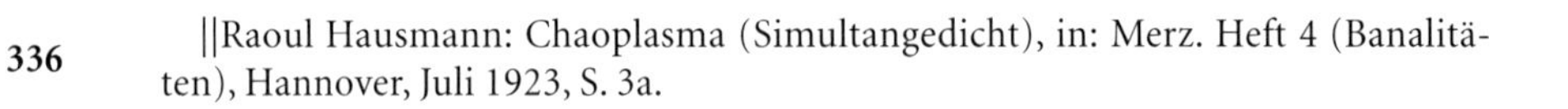

336 ||Raoul Hausmann: Chaoplasma (Simultangedicht), in: Merz. Heft 4 (Banalitäten), Hannover, Juli 1923, S. 3a.

39 39 39 39 CHAOPLASMA 39 39 39 39

(Simultangedicht.)

forte

piano < forte

1. o a e u e a o
(unisono.)
une aile la laide promis, contient circuitviolence, regarde calorie de balance, soutient dur
carambole drolatique, sepulchure sacrifie, j'en fis m'epriser souvenir, sabotir declancher
carbonnade e e e e e e e

2. o a e u e a o
verfluchte Heirat des Herings einer zu kühnen Luftwarze, ohne Salzfaß greist die blaue
Zuckerrübe in der | se ihrer glanzvollen Nichtigkeit, und im Vergehen des Schalls
der Sieg des deren | t dein ein ein ein ein ein ein ein

3. o a e u e a o
die jungen Mädch | nd gut deutsch modelliert am Popo, o es a ist eine so durchdringba-
re Dichtigkeit das | nen Wälder in der pi pa Planetarischen po Peristylhegemonie
einer Badewanne | längnis is is is is is is is

4. o a e u e a o
ich dich weiß nich | was soll es bedeuten, daß ich ging im Walde so für mich hin,
der Rittersmann o | app zu tauchen in diesen Handschuh hinab herfür den Dank
Dame ich werde | natographisch zeigen en en en en en en en

5. o a e u e a o
Bundestage zum | Anarchie in der Verteilung der anationalen Profitrate beim
Apotheker Eddi | Gesang der ein feste Burg ist unser Gott, die Ehrenkompag-
nie Speditionskre | redit redit dit it it it it it it it

6. o a e u e a o
Jeder jede Dadais | diese Punkte auswendig lernen, vor dem Schlafengehen hef-
tig memorieren od | zweimal an dieselbe Zeitung schicken, denn die Reklame ist See-
le des Geschäfts | äfts fts ts ts ts ts ts ts ts

7. o a e u é a o
Diese Käseblätte | Pressedinger oh müssen so bearbeitet zu werden, daß mehr blague,
mehr blague zum | klame hat zum Sport an sich zu werden sie ist gut ge-
gen Zahnweh das | arkvaluta ta ta ta ta ta ta ta

8. o a e u e a o
Die Arbeit kalte k | lt es werden sich am besten eignen sich ja sich hierzu kluge Are-
na Mädchen ihr | te und haltet alle und diese Punkte drei geheim und verwerft sie
in den Filmstar | star ar ar ar ar ar ar ar

9. o a e u e a o
Peterhofstoff liegt | en schwerem Geschützfeuer während inzwischen der Vorsitzende sich
bemüht die Kisse | ren ist die Kundgebung geden den Völkerbund einer zufriedenen
Konservenfabri | ik brik ik ik ik ik ik ik ik

Von der Zensur gestrichen

10. o a e u e a o
a o large the amou | supposed as to have tobee brouglet more from the wars outbreak
has been meur | permiss of the terra + cotta + pipes in bryarwood fromamurders
question the quest | stion on on on on on on on

1 2 3 4 5 6 7 8 9 10

ff

o a ei u u om | brrr || **A** || irrirri || **O** || dum drrr || **i** ||
Zo | odesfall
E u ao | mann o Darm aus Blut und Wunden
du hast **A** den | rfunden es hat sich gut bezahlt peng peng
pomm prrr oum | (Knarren unisono.)
ooo hahahahaha | o o o h d r r r r r i i i i i u u u m.

(Alle Knarren unisono.)

R. HAUSMANN.

Ra
oul
Ha
us
ma
nn

||François Dufrêne: Tombeau de Pierre Larousse, in: -grammeS. Revue du Group ULTRA-LETTRISTE. Paris 1958, No. 2, S. 35-41.

B

- I -

1ère voix : **BLÈ bitum BLATT**
2è voix : **BATT betsi BLER**
3è voix : **BETS bétunn BLOK**

- II -

BOUL BOUlimi bouRACH
LOB isTANboul FLACH
HOUL BÈlami FOCH

- III -

1ère voix : BRI BRUînn BREUbi BRECH
2è voix : E BROînn BERtold BRECHT
3è voix : BRIB Abri BARtoldi

- IV -

BLOUZ BIlobé bouRICH
BOUZ TRIlobé baBOUCH
BLEZ bébé

- V -

1ère voix : BOURdel BOURdèn BROCH
2è voix : BORdel BOURdè BOURD
3è voix : BORdôh BARdann BRONCH

- VI -

les 3 voix :
BOhem POhem BIrem BArem
1è voix : BAnal BAnann BENN

- VII -

1ère voix : BLWA bétwann BLUTT
2è voix : BWA baryom BUTT
3è voix : bulbur BULB

- VIII -

BRU BRIyen BISbiy BICH
BRUNN BLIyé BEZboll BUCH
BRUTT BRISbann IZba BECH

- IX -

1ère voix : BRIZ BARbéram biCHOF
2è voix : BIZ BALbussié biCHA
3è voix : BONZ BAlastalbess TROF

- X -

BARda BREa BRAMS
TIko BRAé BRON
BARD kobra fiBROM

- XI -

les 3 voix : GObi GAblou TObi GALbé
1è voix : Eblé HELbé BOUR

- XII -

1ère voix : BLAY batem BLETT
2è voix : BLA blabla BLEK
3è voix : PLEB ublô BLOD

- XIII -

BRUSK BRAdipep siGÔFFR
O BRAdihep taÊDRE
DÈ BRIdéhep siLONN

- XIV -

1ère voix : balBO babibonn baBEL
2è voix : guiBOL babîol gaBEL
3è voix : baBOR bufalo bilBONN

- XV -

baBIL boroDINN baBINN
bonBEL gabarDINN kaBINN
garBUR abeurDINN kaBRI

- XVI - les 3 voix : TILburi malboROU

- XVII -

1ère voix : talBO bilbokè bolBEK
2è voix : galBA bourbaki dolBAK
3è voix : alBI bourguiba haBIB

- XVIII -

naBO bukodo nôZOR
nabTRA bukodi noZÔR
iBOU skarabé skorBU

- XIX - les 3 voix : BAL boabil baO

- XX -

1ère voix : nuBIL oubangui nuBI
2è voix : bignBÈ kabonga naBI
3è voix : bijBI nyoubinga lovBIG

- XXI -

BÔM abeî aBEY
BOY obeî baHU
ROUMbalonBÈ baHI yanbRONB

zur ausführung |das stück soll so schnell ausgeführt werden, wie es die deutliche hervorbringung der laute erlaubt. das grundmetrum ist in punkten angegeben. die einsätze sollen genau unter den ziffern auf taktstrich erfolgen. |die laute å, c und x (siehe zeichenerklärung) können punktuell (kurz) artikuliert oder jeweils in taktlänge ausgehalten werden. jeder sprecher kann einen der drei untereinander notierten laute nach belieben auswählen: auch die wahl der lautstärke ist frei. |besetzungsmöglichkeiten: vier männer- oder vier frauenstimmen; zwei männer- und zwei frauenstimmen. |zeichenerklärung: |å = dunkles a wie «wås» im bayrisch-österreichischen |c = sch |x = ch |% = lippenschmatzer |& = zungenschnalzer |+ = huster

Gerhard Rühm: 12:4 für vier stimmen (1962), in: Botschaft an die Zukunft. Gesammelte Sprechtexte. Reinbek bei Hamburg: Rowohlt 1988, S. 256-259.

	13	8	5	3	2	1	2	3	8	3	1	3	13
1. st.	å u m			& § +	t x %		& § +			å u m	t x %	t x %	
2. st.		r s c		å u m	& § +		r s c	& § +		t x %		& § +	t x %
3. st.			t x %	r s c	å u m		& § +			å u m	å u m	& § +	
4. st.					r s c	t x %	r s c	r s c	& § +			& § +	

5	2	2	3	3	5	2	8	1	13	2	3	2	1	2	3	5
t x %	r s c	å u m	r s c	& § +	å u m			å u m		r s c	å u m	t x %	å u m	& § +		å u m
	r s c	& § +	å u m	t x %	t x %	& § +	å u m				t x %	å u m	t x %	t x %	& § +	
t x %	å u m	t x %	å u m	r s c	r s c	r s c	& § +		& § +	r s c	& § +	r s c		r s c	t x %	
r s c	å u m	t x %	& § +	r s c	å u m		t x %		t x %	& § +	r s c	& § +		å u m	r s c	

8	13
& § +	
	r s c
t x %	

Ge
rha
rd
Rü
hm

This table formalizes the process of transposing Language-Symbol into Language-Sound. The performance of it indicates the energy occuring in the mind at the conception of Letter-Ideas and Word-Ideas. Also, the performance is an experiment conducted to prove the *3rd Law of Language*: «The vowel is a unit of measurement that measures the rate of flow of Language». |*Materials*: 6 lambs, 6 cows, 4 canaries, 8 baby rattles, 1 rubber duck, 1 bass percussion, 4 balloons, water (in glass), small-necked bottle, spoon |*Key* |a – tapping bottle |e – rattles |i – itself |o – cows, lambs & canaries |u – balloons, water

Owen Sound: A score for the performance of the table of standard vowel equivilants, in: Sound Poetry. A Catalogue, ed. by Steve McCaffery and bp Nichol. Toronto: Underwich Editions 1978, S. 52.

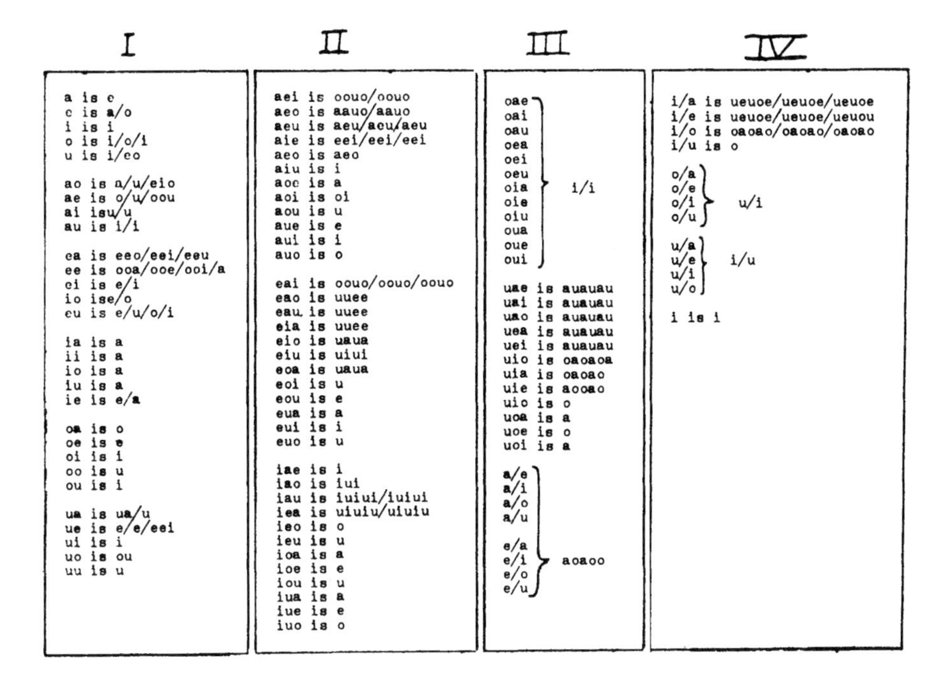
I
a is e
e is a/o
i is i
o is i/o/i
u is i/eo
ao is a/u/eio
ae is o/u/oou
ai is u/u
au is i/i
ea is eeo/eei/eeu
ee is ooa/ooe/ooi/a
ei is e/i
io is e/o
eu is e/u/o/i
ia is a
ii is a
io is a
iu is a
ie is e/a
oa is o
oe is e
oi is i
oo is u
ou is i
ua is ua/u
ue is e/e/eei
ui is i
uo is ou
uu is u
II
aei is oouo/oouo
aeo is aauo/aauo
aeu is aeu/aeu/aeu
aie is eei/eei/eei
aeo is aeo
aiu is i
aoe is a
aoi is oi
aou is u
aue is e
aui is i
auo is o
eai is oouo/oouo/oouo
eao is uuee
eau is uuee
eia is uuee
eio is uaua
eiu is uiui
eoa is uaua
eoi is u
eou is e
eua is a
eui is i
euo is u
iae is i
iao is iui
iau is iuiui/iuiui
iea is uiuiu/uiuiu
ieo is o
ieu is u
ioa is a
ioe is e
iou is u
iua is a
iue is e
iuo is o
III
oae
oai
oau
oea
oei
oeu
oia
oie
oiu
oua
oue
oui
i/i
uae is auauau
uai is auauau
uao is auauau
uea is auauau
uei is auauau
uio is oaoaoa
uia is oaoao
uie is aooao
uio is o
uoa is a
uoe is o
uoi is a
a/e
a/i
a/o
a/u
e/a
e/i
e/o
e/u
aoaoo
IV
i/a is ueuoe/ueuoe/ueuoe
i/e is ueuoe/ueuoe/ueuou
i/o is oaoao/oaoao/oaoao
i/u is o
o/a
o/e
o/i
o/u
u/i
u/a
u/e
u/i
u/o
i/u
i is i
Ow
en
So
un
d

Sound Poetry is a synthesis of all other poetries. |It bypasses the process of ideation to speak to its audience on a completely visceral level. |Its significance in relation to syntactical poetry is its force in returning the poet to the muscular basis of language in the large apparatus of speech from the genitals to the roof of the skull, so that words are recharged with the energy of physical movement, the ultimate basis of emotion (it moved me). |It is a fusion of the essential elements of several arts into a new art, based on the exploration of the body's potential for sound and silence and the capacity of the body to produce that sound and that silence. |Sound poetry is not sound poetry but the silence of the poet being spoken through. |Since sound proceeds from the body, sound poetry must be a body poetry. |The performance area is the page upon which our bodies write.
|The room is the book and contains everything the eye and ear receives. |Imagine this room is a book whose narrative point is the place this performance will take in your life. |The vital connection is human memory interacting with human sound, good only for the lifetime of your listening ears. |It is only half political to use words. The full political economy of the poem must involve the assassination of every signified. |Capitalism commences when you open a dictionary: anarchy, when you treat those words as the functioning neighbourhoods of letters. |We have, as yet, failed utterly to develop a materialist poetics, a poetics of the libidinal flow and signal, a poetics of the surplus value of the signifier. This failure is a shortcoming within a large project, a five million year project of the conversion of man into silence through a reconciliation of his two greatest perils: reason and madness. |There are no words to describe it and it cannot be defined. We are here simply to be heard and we hear each other there. When we perform this way we are ourselves performed. |There can never be a truly sound poetry – only the ritualized failure of art to reach its sixth dimension. That is the dimension of Ovid, of Hugo Ball, of the metamorphosis of Tristan Tzara, where every poet flattens out her voice into the sequence of a dictionary. |Dull, definitive, authoritarian and wise. Let us say quite simply that sound is that which we do not see.

The Four Horsemen (Rafael Barreto-Rivera, Paul Dutton, Steve McCaffery, bp Nichol): Schedule For Another Piece: A Theory Of Practice, in: The Prose Tattoo. Selected Performance Scores. Milwaukee: Membrane Press 1983, S. 5f. ||The Four Horsemen: Another Motive, in: The Prose Tattoo. Selected Performance Scores. Milwaukee: Membrane Press 1983, S. 7.

Paul	Rafael	Steve	bp
ts ts ts ts		ts ts ts ts ts ts	ts ts ts ts ts ts ts ts
ts ts ts ts	obscure moon (normal voice)	ts ts ts ts ts	ts ts ts ts ts ts
ts ts ts		ts ts ts ts ts	ts ts ts ts ts ts
ts ts ts ts ts ts	obscure world (normal voice)	ts ts ts ts ts	ts ts ts ts ts
ts ts ts ts ts ts	ts ts ts ts ts ts	ts ts ts ts ts ts	ts ts ts ts ts ts
you (gestures at audience)	ts ts ts	ts ts ts ts	ts ts ts ts ts
us	us	us	us

Aug 1/79

… words spotted, a composite sound, two semantic lines – a confrontation – both the intended and the error which constantly inform improvisations of a word orientated kind. |i am working into the thinking space both on a page and during performance. from this position where i'm sitting now it's leading towards walking out of the text altogether or otherwise so totally into the textures and tensions presented as to enter in until detail becomes of no further consequences. delicate props.

Chris Cheek: Staves for 2 voices, in: Kontextsound. Ed. by Michael Gibbs. Amsterdam: Kontexts Publications, 1977, S. 20.

BURTAED BISHES SBROOGUE GASSNY CHASWER PASKED

TOXNNEL WEARS BARSHOW GRAZEA POLISHEN CHUOP

BATTHER FUONSY BRAKENS WHINE SHMBLES LADAEY

GROBALLY HONEL BREATHER TBRADH CHANGER LAROSWD

Ch
ris
Ch
eek

GAREAVE WATER BIEBERZOR CRAZENE HOPINGH THOMBS

BRACSH FROZS CABINER GREAWSE GUGTEON BRABE

BEAREREL LOGHARM TUMBDGRE PSHROSEE ORANGE WASTES

ASHEARN CSMILE SHARSEN HSEDAGE FOLACMPY SPETAL

I AM THAT I AM

Es gibt eine Gedichtfolge von Thomas Kling mit dem Titel *wände machn*, in welcher Landschaft und Laut einander formen. Nicht nur der Kletterer «macht Wände», indem er die Felsen hinaufklimmt, sondern auch die Sprache «macht Wände», erzeugt Wände, Dinge, Täler, Tiere. Auch: die Sprache ist ein Gebirge. Ein kurzes Gedicht von Hund oder Dachs oder Sprache oder etwas: |hundz da! |Es gibt viele Hundsarten: die Hundsblume, den Hundsdorn, den Hundsdill, es gibt Hundsfische und das Hundsgesicht, Hundsgurke, Hundskohl und Hundsknoblauch. Es gibt auch den Hundsbuchstaben «R», der so heißt, weil er knurrt, Verwandter des Ziegenlauts «E» und des Sperlingsschreis «Z». Hier nun also: «hundz da!» Ein Ding vieler Möglichkeiten, ein Hundsallerlei, hundeköpfiger Schrecken und ein Klangmonster. Der das «hundz da» erblickt hat, versucht es vielleicht zu verscheuchen und ruft: «xx» (mit Doppel-x), «-ks» (k, s), dann «kss» (k, s, s), zuletzt «KKSS» (Großbuchstaben K, K, S, S). Verschiedene Verscheuchungsversuche. Aber der scheuchende Laut ist der dem Unwesen gerade noch fehlende, es wird durch das Verscheuchgeräusch zum: «da-ks»; der Hund oder Unhund oder was auch immer wird zum Dachs. Der Hund geht also durch Ruf, Drohung, Laut oder Sprache nicht weg, sondern wird erst so richtig, wächst sich aus zu einem veritablen Hundsdachs, einem allerdings «verhunzten« Hundsdachs. Was ist ein verhunzter Dachs? Das Wörterbuch informiert: verhunzen, zu einem Hunde machen, Hund nennen. Im Gedicht geschieht das Umgekehrte, eine Umhundung: der Hund wird durch den Versuch, ihn los zu werden, zum Dachs gemacht, er wird verdachst (ähnlicher Vorgang wie: verdeutscht). Wände machen, Hunde machen, Dachse machen. Durch Verdachsung wird der Hund allerdings nicht nur zu diesem Tier, sondern zu einem hochsommerlichen Phänomen, zu einem der Tage in der Hitzeperiode Ende Juli Anfang August – die Zeit, in welcher früher der Hundsstern Sirius aufging, im Sternbild großer Hund – der Dachs wird Hundstag. Dachs ist Genetiv des Wortes Tag, steht in Verbindung mit einer Konstellation am Himmel, ist auch ein gothisches Wort: dags.

Peter Waterhouse: Lob einer Dichterin und eines Baumarktleiters und eines Musikanten aus dem Gasthaus Komet, in: Robert Gernhardt, Peter Waterhouse, Anne Duden: Lobreden auf den poetischen Satz. Göttingen: Wallstein Verlag 1998, S. 28 und 29. ||Thomas Kling: hundz da!, in: wände machn. Münster: Kleinheinrich 1994, S. 33.

xx. -ks, kss,
KKSS;
verhunzter
hunzdaxx. hnnzz-
dachs gehunzt.
hunztags schweined-
achs,
schweinedags hunztax.

Ich hab versucht einzubrechen in die Sprache. Einzubrechen, wirklich. Wie'n Dieb hab ich die Tür geöffnet zur Sprache, weil ich dahin wollte, immer. Ich wollte nicht raus aus der Sprache, ich wollte immer zur Sprache kommen, ins innerste Wesen. Das ist vielleicht der Einbruch, nicht der Ausbruch. Ich hab das Mittel umgedreht, ich wollte dahin, was wirklich Sprache ist. Materie Sprache, die aus Worten besteht. Ich bin im Grunde genommen in das Innerste der Erde gekrochen.

Gabriele Kachold in einem Gespräch mit Bernhard Jugel und Christian Scholz anläßlich der Sendereihe «?bist Jandl – Lautpoesie der DDR» (Bayerischer Rundfunk 1990). München-Obermichelbach 1990, unveröffentlichtes Manuskript. ||Gabriele Kachold: harun et horun, in: zügel los. Prosatexte. Berlin, Weimar: Aufbau-Verlag 1989 (Aufbau – Außer der Reihe), S. 94.

harun et horun ni sanktu ketrorum
an indra de kelum milankum den tscho
fisku bet kasko rit gerum ni vegum an tschantum di rega ni mena ditschau
ukta en rekta di tschanta nit rembo il boga nun tschasta di rega entschovi
mik kela di rando in surem di tschaßo vik kelka nut mondem di vaso in tschendru
mük vega lim genda et rondom du varti vet vundram benschtau
uffta nit rega di tega un rundu tib leba un sitza di neschema mi leba is nau
un rando di muldi nit vega an tschentru i gehu ni vega no bello intschau
on vikti et mundi di tschanti nu rega mi offi un augli di tektu min dau rega ni lega nu
voti et randum tschi bello vik taram un tschento mik tau
brikta et nogi es tscharum vik kolti in renta du schenka min jana off nand
ekta tu verdi in tschandri di hebi ni nogi di vegi an rondu timtschau un rondo di velo
du rambi ün nega ab tarra us jüga imrandu vok damo di misso in räntu am rundü ik
vergü im tumtscha in rau hak tamte in ventu im mundo di vello in randi di tschanta
um hanta bellrondo
hin tunti ik vega nu gassa du lega mun hindu di fassu un tragu in grab

Ga
bri
ele
Ka
cho
ld

354 ||Arrigo Lora-Totino: CH, in: Lautpoesie. Eine Anthologie. Obermichelbach: GSV 1987, Textheft, S. 14f.

ich dich mich nach und noch
dicht dabei, noch, noch nicht
sachte! sachte! doch langsam
echt echt ehelich töchterlich
sich sich sicherlich sichtlich
dick, dick backig das Blech
über und über voll
ein Küchen-Handtuch noch
wie? es ist wirklich Pech!
wie kichern kochen kriechen
wie fechten fächeln flechten
ach! das fehlte auch noch!

ich dich mich nach und noch
dicht dabei, noch, noch nicht
sachte! sachte! doch langsam
das Licht das Loch die Luft
die Frucht hecht blau hecht grau
Fläche Volk-Vogel Flucht
das Reich das Pferd der Pfahl
wie stechen streichen stochern
wie streicheln schmächtig süchtig
leicht fasslich gleich und gleich
Sprache sprechen Spruch Sprudeln
ach! wie Schlag Schach und Matt!

ich dich mich nach und noch
dicht dabei, noch, noch nicht
sachte! sachte! doch langsam
aus nichts wird nichts nicht doch!

wie wirken durch nichthandeln
wie auch sich davon schleichen
doch noch das Loch der Koch
der Krach der Bruch der Rauch
wie brauchen trachten lechzen
wie schwach wachen auch lachen
wie flechten flüchten fluchen
wie nach Rauch riechen pochen
wie der Knöchel der Knochen
ach! wie Schlag Schach nicht doch!
wie? es ist wirklich Pech!
ach! das fehlte auch noch!

Frucht früh frisch frei die Frau
der Bach die Eiche Schicht Stroh
Schimmel und Himmel Pracht
die Nacht heimlich bricht ein
das Lied liederlich frech
die Wolken brechen sich
den Drachen suchen heut
Stich Strich hoch Zeichen seicht
juchhei! die Milch der Bauch
nicht möglich! Schach und Matt!
wie? es ist wirklich Pech!
ach! das fehlte auch noch!

57 |13. bis 24. mai 1936 wieder wieder wie 56 ein schwarz genarbtes von der sonne das gewicht hat eine höhe von 149 minuten mit 2 heftklammern ohne rückensteifen die zähnung nach rechts & drauf die knallrote siebenundfünfzig 57/mynona/paris/13.V.1936-24.V.1936/police 779935/(incendie)/87 rue de richelieu/(123696)/ mens agitat/molem. & das alles bevor die erste seite beginnt & ohne zu wissen wie viele seiten es werden werden mit geschlossenen augen habe ich germanistisch paginiert von null an freu ich mich auf die zahl 111 da komm ich & dann läßts wieder nach ich bin gleich zurück wahrscheinlich brauch ich master in der ferkelzone nur eine bestätigung von außen um mich vollends rumzukriegen ich bin über die echten versicherten teppiche gestolpert & habe gefurzt nach rechts gezähnt & hinten drei zeilen ganz rausgejagt & eine in der noch zwei zahlen klar zu lesen sind 433 & 636 innerhalb der vierten zeile & hinten & hinten & hinten & hin en & hinten & hinten & hientn hint & hinten & hontn & hingen & int e & hin&ä& & hinten &hint n&rhi tähäten& hint &nhitn &hbtn & hint & hint & hbüntin & hint en tn& hinten & hinten &uu & hinten hin tm e&ine &hinten&hint n&fbi tbkhjt&ib thint & hinten&nkh it &nihnton & hinten&hint &iht hknten &hibtn& h&hibtbe& ntibt&ibgten&hinten & hintenen &hiht e& hiheä&hintb rhinten &hin hine &hintn&hintnen&hhejtu ekrn&& tnfntnrä&n & hitnen thintntn emthb &hibgntntntntnt &n htitenrh &hintnen&h hintnen &hinn& htitntnt &hinten &hit enen& hjit& &hintnenen& htntn &hintnen& hitntn&hitntntn&ht &hinznenenen & htint tn& thintntn &hitntn&th hffntjth&b orhrht &hthtt&htutitn &hththt &hitntntn & hknintnen & intmenö&hpbtkfn& h&ont & j&fh &hthintmen &hsk

hibt nfinr & ninzib tä & hint en &hibtjeb tn&1 btkebenenem thheheh ntntm &&r&inthohintne & hibtbe &hbtntn ibtnt &h ttnt &hth&g &htntntjibin hintntnnt dht &nitntn & &&&&hinntntn r ebeb ä&&& rmr&&& bintn nw & hib ntntn tntnta & & & hintenen &ntnt &brnt hintnenej& ihintn & hintnenenen &nbintnenen &hintnt & önthibtnt hintnen &&& hintnenenenen & hintntn &hintntn & hintntn &hintntn & hkattnt & ahittntnt &hintntn & hthth h& finthn & hhibtbeb hintntn hintntntn hintnt &&& hnntnennen& nhinten hintnen hintntn hittnent & intnrnrnrn zintntn und hi &nh &hintntn& vorr z w ishchelbd & zwiczdnen & zwjcncbeb& zwishchebd & zwibd & zwichdne & zwi & zwichcbe & zwichdbeb& & vieo enr vofn wiek o vonhintrn & svon hobtnf & hvo hint f& hnovn & nvon hingnen & hvob ho tdn &hvoh hongn ffnt &vob gi tnrnrn tnvo hibtntn & on hintnrne & von dshi der ftree on hintnen & von vorneeä& vo hintnrn & vob gleichl zeith on vorn& von mangz mangf &mha ivln vor & vo hintne & von zwichdne & on zwishchen von zwowh hd & on mh& ma hantn& ma vorr& fon gint vl nv dob svobr & vo hitn& övor & von hib bt& von vorn bis all von vorn & von hiten bis alles vobeit bis lles vors inbis vllla es vorju a bei vibiesa lles vorbie von alles vorbei vos sis lles vorbeit is alle vei bei bis alles vornei vobaix alles vora blkek kkekda siz allels ös so on vorn & von hitbe & von vorn & vob vgihibtbeb & vo vornw & vob vored von vor on hinten abisa alalles vorbei bis alles vornei vibia sllew vo bei si sind wehggefahren gkbiy aallwwy vorbei bis alls boveor ei vs sie sind bisö sie sind weggefahren sunr as ist aud ist vor ia sll sesvor bei sie sie sind bveorbei alles vird ahinten vo hinten & von hinten & on hinten fon bin enennrnrn von öanpda sit is sex ob vor a sie sind vweh ghefhrna on voenr vou chdn dhinten dund sit sixt die lztzt et wzth ovh gin jvon hin ne &vo vornhamamahe öeö kla sgig hirn hirn yxi ng docihdi a lekkalkrl on vorn & von vhint & von lrn &und vhonten apx das istheree dif un sni skn kdci da sic dszipl diszpli ds aodaöwomt disziplda swort sisziöjdas wroht diszl as worf dasn wor & on vorh & von hintn & vln onr & vor hind distisp untc asd siczpl & fünf && das woet & das wort von vorn forn forn af orn aornf ro fk& vo forn fon forn & vfona hin tntnmen &hibtnen &hitieen vofone fon fira & firb & fon hintnw fon vo &&& hdad das ist alles so perin ver su in ainfn il infant & von voforn &fgon hi ten fob voenr honf fornffon fon forn & fon hienz das sit alls wo infati inafabt infanti infnalin faltnils infahsnok fa sinfantinifn anna &nnann ianonaignifnofifi finfinfinfinf nf finf finffinf finf cinf io finfifn da si skjijh wjnr rhää hätt rhättebthääte nätte das abecahtndagedahe fach tnadaht dash tu rlth eo el eo eo dl to tl fllbe äunnbodäunbie b eäu bieäu fdas istda sgeräuchö vob ver klemt tetn ebmashinen taseten ü eneußt ist dais sieine eidee fre freehaz jazza jajz amazzzaja ifür frekiquze eu wol uman vwei mahhen weitenemahcnenaw eitermahhen weiter ahchwn wizermahnen weiterfhkje weikenr ajanena weitermah ne weit twrmeche weitner aahce wektmerjajcnen witner jweknenn eje a weiter ajne weitere idh bin der erstede ein der litesturanliter litersturnal a henw der erstede din der litersturnal titerautedas a henw das ama hcnwieie schribmax dine vefs quagt vefsagt e versaggt e ver & kene angst ha ben von dern wichenräu em din in zeidlen vonden szsishdnwumene in den zekeln das sit die längst kapi el für die monanona tageüberhoveon phokolophische ich wie nicht was da sich dio au zu schdeibnen von cen alko dneun da adhkohe& ncht was da sich dmo aus zu schdeibnen von cen alk da nicht schreibn ei wniöht richri tbldn von hint &v iorne & von hiten &fon forne & fon hitnen &font ung übung ahnt den meist übueäng mavz l da sit anavonvnene jbjne odnen ünnrntntnünn r rün önüf namah tü & ünexa sisn daktionenenda sis aktionenen adaas sind akti nenen & das sknd aktonene & dassidnee aktonen aktionenen &das sind akatioö& ass &adass suntje akt kohle n& acht&bter ake &nter alojom &nter alko teränp dqu von forn & bob fobl hin tunen fo prozent tatss & prozent statt & prizentstatt & das it missl da ists pt prozent tatss & por statt & pro millcihmisslich && und & und und & und & und & und && das sic missich daasas isch ist milli hdas is miss ich das wer en die stauenen wer misst dies wenn die zurückkommen aus 150 km weithe con entfer gda werdbe die stauenenen wenn die zruckkom aus 150 km fentvern vonpelopp pelopoponeesöpeople pones da werdeödu people pones diesmal hab ich einezahl richtggeschdirb en ge geschshrieb geshdirne na hab ich ax sa bald dha ich deie e zahl arichti gesc geschri ges dnen & ha & hab ich endlich eine zahl ichtig eschriebn dank der fruu gaulitz dvonvob en rutlingnen & sonstiven pilzen von rutlin reutingen dahke es geht ich habe gvestadnene & von teutling shen jetzt fhrö nur noch daß ich in die mash i onamier jefehl je fürnoch graezu da ixht wie in oaka wo ich mit dem klakliv gekielt vow ich mit dmbci hianagie & dem kosugi & dem kl kosuge & dek kosugi & dem ichianagidt der yoie da ist alles zu sptä spät es iyt mir znwarm objwoh es mir zu aktil it si öfam si & wd führe ich das zu ence wie fürce ko das öui em ewo cühre das zu ende wie wüfe ich das zcede wie fühe dass zu ende vo forn& von hin en& von forn t&on uinten & von vorn & von hintn & kvon hunten corn das

Ha
rt
mu
t
Ge
erk
en

Hartmut Geerken: Ausschnitt aus dem 57. Kapitel, in: sprünge nach rosa hin. Spenge: Klaus Ramm 1981, S. 63-67.

358 ||Anton Bruhin: gal bam wansburg, 17.11.76. Originalbeitrag.

gal bam wansburg
gal bam schlör
wan zinkelblech und sein gelaut
sem schwin und scharn verbarn
wan zabelingescht selfen
wan zabeling entstört

alberstanzbach
gal sen krahn
for singelbeck for balkebund
banzun bam hock gedaut
wan zabelingescht selfen
wan der zabel geschält

kolgen bantzeck
gal begelt
bas kumbelgick und tarngebeut
on was galweiss gemacht
bongabel inter selfen
was zabeling gehört

The whole idea of the permutations came to me visually on seeing the so-called, Divine Tautology, in print. It looked wrong, to me, non symmetrical. The biggest word, That, belonged in the middle but all I had to do was to switch the last two words and It asked a question: «I Am That, Am I?» The rest followed.

Brion Gysin: Let the mice in. With Texts By William Burroughs & Ian Sommerville. Ed. by Jan Herman. West Glover: Something Else Press 1973, S. 53 ||Brion Gysin: I AM THAT I AM, in: Let the mice in. With Texts By William Burroughs & Ian Sommerville. Ed. by Jan Herman. West Glover: Something Else Press 1973, S. 53.

I AM THAT I AM
AM I THAT I AM
I THAT AM I AM
THAT I AM I AM
AM THAT I I AM
THAT AM I I AM
I AM I THAT AM
AM I I THAT AM
I I AM THAT AM
I I AM THAT AM
AM I I THAT AM
I AM I THAT AM
I THAT I AM AM
THAT I I AM AM
I I THAT AM AM
I I THAT AM AM
THAT I I AM AM
I THAT I AM AM
AM THAT I I AM
THAT AM I I AM
AM I THAT I AM
I AM THAT I AM
THAT I AM I AM
I THAT AM I AM
I AM THAT AM I
AM I THAT AM I
I THAT AM AM I
THAT I AM AM I
AM THAT I AM I
THAT AM I AM I

I AM AM THAT I
AM I AM THAT I
I AM AM THAT I
AM I AM THAT I
AM AM I THAT I
AM AM I THAT I
I THAT AM AM I
THAT I AM AM I
I AM THAT AM I
AM I THAT AM I
THAT AM I AM I
AM THAT I AM I
AM THAT AM I I
THAT AM AM I I
AM AM THAT I I
AM AM THAT I I
THAT AM AM I I
AM THAT AM I I
I AM I AM THAT
AM I I AM THAT
I I AM AM THAT
I I AM AM THAT
AM I I AM THAT
I AM I AM THAT
I AM AM I THAT
AM I AM I THAT
I AM AM I THAT
AM I AM I THAT
AM AM I I THAT
AM AM I I THAT

My sound poems derive from texts such as *Sniro* which are first read by me in a control room and then altered in various ways. My procedure is to listen to all recorded materials and choose the most remarkable (to my ear) sounds. These are then made into loops and mixed to create a situation in which one hears the words pronounced alone and in combinations simultaneously with one another. Thus one hears agglomerate words formed from the random synchronizations formed when one hears several loops played at the same time. But the works are not fully scored in advance of working in the control room. This would put the emphasis on rational, coldly pre-thought-out forms before one actually hears the sounds to be utilized. The work is composed in the control room utilizing the materials of the texts in many different ways with the exception of filtering and modulating which has already been adequately explored by composers of electronic music and musique concrete.

Charles Amirkhanian: Kommentar zu Sniro (1971), in: Stereo Headphones. An occasional magazine of the new poetries. Ed. by Nicholas Zurbrugg. Kersey, near Ipswich, Suffolk, Winter 1972, Nr. 5, S. 35.

SNIRO 9.18.71 Berkeley, California.

1. record the following three sounds
2. utilize the materials in any way(s) to realize a performance of SNIRO

1 (three loops played forward simultaneously)	2 (three loops played forward or backward simultaneously)	3 (three loops played backwards simultaneously)
paper red paper round bitch	parst fance plim	fussed snigiro eruseam
reed paper paper up	sdarwcab bunk	selrach rachell poot
stain toot auditorium bitch bitch bitch	liver limit limit three hundred	thorough thorough Ike

364

||Dick Higgins: glasslass (july 17th, 1970), in: Inter. Québec 1985, Nr. 27, Festival d'In(ter)ventions I. Neoson(g) Cabaret, S. 16.

assass
ss
ass
ass
ss
sss
sss
glasss
ass
assglass
ss

sslass
ss
ssglass
lassass
ssglass
asslass
sss
ssglass
ssass
sslass
ss

lassss
glass
asslass
sslass
assss
slass
ssass
assss
assass
sslass
asss
glass
sss
s
sss
slass
glassass
glassglass
ss
glasslass
s
ssass
lasslass
sss
glassglass
glass
ssss
slass
glass
sass

ssss
lassglass
sss
sglass
lassss
sslass
sass
glass
glass
lassglass
ass
lass
glass
sss
asslass
sass
sglass
ss
lasslass
asss
lass
ass
slass
glasss
lasslass
lasslass
sss
assss
ssass
sss

ssass
ss
lassass
ssglass
ss
ssass
lassglass
lassglass
glassglass
s
ass
sss
sss
sss
assass
lasslass
lass

Dic
k
Hi
ggi
ns

366

||Ernst Jandl: teufelsfalle, ein sprechtext nach motiven der textplastik Devil Trap des engländers John Furnival (1965, Auszug), in: Der künstliche Baum. Neuwied am Rhein, Berlin: Luchterhand 1972, 4. Auflage, S. 148.

kekko – kequack – kekko – quackokkex
dick duck
dick duck
kekko – kequack – kekko – quackokkex
dick duck
dick duck
dick ducks frog – ugly/duckling/
froggly/wugling/fruggly/wocklin/fuckly/
dogling/fuckly/wocklin/fruggly/
wugling/froggly/duckling/ugly/frog
ducks
dick fuck
fick duck
dick fuck
fick duck
dogling/fuckly/wocklin/fruggly/wugling/
froggly/duckling/ugly/frog//ducks/
/frog/ugly/duckling/froggly/wugling/
fruggly/wocklin/fuckly/dogling
dick duck
dick duck
dick duck
dick da

Er
nst
Jan
dl

Alles Predigen ist ein Attentat auf die Freiheit des Menschen. Die Poesie, wie ich sie verstehe, ist nicht mehr das Zimmermädchen der Prinzen, Prälaten, Politiker, Parteien oder gar des Volkes. Sie ist endlich (kurz gesagt) sie selbst: ein phonetisches Stimmphänomen an sich, psychophysischen Ursprungs und objektiv strukturiert mit Hilfe von Wörtern, Klängen und mechanischen sowie graphischen Mitteln (Aufnahmen und Bücher). Das reine Visuell-Verbale existiert nicht. Es ruft stets den Klang oder das Geräusch hervor, von dem es stammt und wovon es das Zeichen (Symbol) ist. Das Gedicht ist eine Äußerung (ein Ausströmen) der hörbaren (Aufführung/Hören) oder stummen (lautlosen) (Lektüre) Atmung. Erfinderisch moduliert, hervorgerufen durch die Notwendigkeit des Redens, sich auf nichts anderes als auf das Empfindungsvermögen von Sein (zu sein) beziehend (gegenwärtig und planetarisch). Das ist es, was ich unter der objektiven Intention der stimmlichen Klangfüllen verstehe: eine einstudierte Kommunikation erfinderischer, spontaner Vibrationen. Die phonetische Poesie kann nicht ohne die «Wiedererfindung» der Rezitation (des Vortrags) existieren, das heißt, nicht ohne die Sonorisation oder die Regie des Klanges. Denn alles hängt von den neuen Möglichkeiten der technischen (mechanischen) Ausdrucksweise ab, um die Übertragung der gesamten Empfindlichkeit des Gedichts zu realisieren. Es selbst ist eigentlich ein Teil des kinetischen Gesamttheaters (Totaltheaters), das Henri Chopin durch den unumgänglichen Gebrauch der Maschine voraussagt, verwandelt durch die Wellen. Das Schallwerk ist das Arbeitsergebnis einer Gruppe unter der Regie des Dichters, und die ideale Reproduktion ist die auf der Schallplatte Hi. Fi. realisierte. Auch dort ist die Maschine unentbehrlich: Es versteht sich von selbst, daß der (Deklamator) Rezitierende/Vortragende (wenn das nicht der Dichter selbst ist) und der Klangingenieur (was meine Aufnahmen betrifft) persönlich zur Originalität der Realisation beitragen. Zu Beginn des elektronischen Zeitalters kann die Poesie keine (altfranzösische) Versdichtung mehr sein.

Paul de Vree: Toute Prédication, in: Michael Lentz: Lautpoesie, -musik nach 1945. Eine kritisch-dokumentarische Bestandsaufnahme. Wien: Edition Selene 2000, Bd. 2, S. 615. ||Paul de Vree: terrena troubahi, in: Form. Edited by Philip Steadman. Girton, Cambridge o. J., Nr. 3, S. 23.

klim zacht
spring licht
serena tin en zon
ik win
ik won
suaaf en gaaf
terrena
terrena
terrena
trou
ba
hi
nirwana bella notte
tamate limahoi
klim licht
terrena
spring zacht
terrena
je
trou
ba
hi

Pa
ul
de
Vre
e

Die Römer erbauten die Stadt Reims […], indem sie Kreideblöcke aus einem nahe gelegenen, heute zur Stadt gehörenden Hügel herausschlugen. |Dabei höhlten sie den Boden pyramidenförmig aus. Diese sehr zahlreichen «Hohlpyramiden» sind – den Ausmaßen des Hügels entsprechend – etwa 20 bis 40 Meter tief. Oben hat jede «Pyramide» eine Öffnung von nicht mehr als 1,50 Meter im Durchmesser, während sie unten durchschnittlich 50 Quadratmeter groß ist. Am Boden dieser Kreidehöhlen, den sogenannten CRAYERES, gestatten Gänge den Durchgang von einer «Pyramide» zur anderen und machen so aus dem Ganzen ein unterirdisches Labyrinth, das sich Dutzende Kilometer ausdehnt. |Diese Anlagen wurden zu Beginn des vorigen Jahrhunderts entdeckt. Seitdem werden sie dazu benutzt, Millionen Champagnerflaschen zu lagern. An bestimmten Stellen kann man darin ein natürliches Echo hören, das sich von Gang zu Gang sehr weit fortsetzt. Ein Spiel meiner Kindheit war es, da hinzugehen und hineinzurufen. |1962 erinnerte ich mich an das natürliche Echo in den Römischen Kellern, und ich kam auf die Idee, dieses für Lautgedichte zu verwenden. Ich hatte mich nämlich nach reiflicher Überlegung schon seit 7 Jahren für die LAUTPOESIE entschieden und benutzte seit 3 Jahren ein einfaches schwergewichtiges Tonbandgerät, wie es damals im Handel zu finden war. Ich wußte übrigens nicht, daß sich im Studio schon ein künstliches Echo herstellen ließ. |Das Unternehmen erwies sich als nicht ganz einfach, aber mir bleibt es als wichtig in Erinnerung. |Nicht ganz einfach, denn die Stromspannung am Boden dieser CRAYERES war wegen der feuchten Umgebung sehr niedrig und reichte für mein Tonbandgerät nicht aus. Ich mußte mir bei einem Elektriker mehrere hundert Meter Kabel leihen, um meinen Apparat 40 Meter unter der Erde mit der normalen Spannung des Wärterhauses versorgen zu können.

|Doch dann war eines Nachmittags die Aufnahme. Ich befand mich allein am Boden der Kelleranlage. Stundenlanges Vorlesen, Rufen, Schreien, Brüllen. Ich hörte, wie sich das alles in den tausend Gängen verlor und als Echo wiederkehrte, um mit mir ein Zwiegespräch zu führen. |Unter der Erde und ganz für mich allein konnte ich alle von mir so genannten «Gedicht-Partituren» brüllen und aufnehmen, die ich seit 7 Jahren, also seit 1955 aufgezeichnet hatte. Ich konnte sie mithilfe des Echos vervielfachen. Sie mithilfe der Umgebung zum Klingen bringen. Sie verstärken. |So bin ich mit ganz neuem Grundmaterial wieder zur Erdoberfläche heraufgestiegen. Ich habe es dann in den folgenden Wochen dazu benutzt, um zwei Texte, zwei neue «Gedicht-Partituren» zu realisieren. Diese haben sich für meine weitere Arbeit als wichtige Schlüsselgedichte erwiesen, sie waren voll von Erkenntnissen aller Art. Ich profitiere noch immer davon! ||[…]Damals hatten Brion Gysin und ich ausgemacht, einmal wieder in die unterirdischen Anlagen hinabzusteigen und dort einen irrsinnigen Dialog zu veranstalten. Aber daraus ist – sehr zu unserem Bedauern – nichts geworden! Und auch ich selbst bin niemals wieder dorthin zurückgekehrt.

Bernard Heidsieck: Lautpoesie und die unterirdischen Anlagen der Römer, in: Poésie sonores et caves romaines suivi de poème-partition D4P. Köln: Edition Hundertmark 1984 (= 14. Heft der Edition Hundertmark). ||Bernard Heidsieck: poème-partition b2 b3, exorcisme (Ausschnitt), in: Partition V. Paris: Le Soleil Noir 1973, S. 42-43.

chef de file, ne peut prétendre à l'octroi d'un seul crédit couvrant à la fois ses besoins propres et ceux de ses sous-traitants.

Des financements en devises peuvent également se substituer à ces deux types de crédits.

L'avance sera, dans ce cas, faite dans la devise du contrat, ou, compte tenu des différences de taux assez sensibles suivant les monnaies, elle pourra être consentie dans une devise autre, étant entendu qu'il devra être procédé, alors, à un arbitrage, lors du règlement, et qu'il subsiste de ce fait, un risque de change sur la devise considérée.

Il est à noter que le coût de tels crédits peut être encore, par-

TAC
klataf PING

PING ac po PLOOUUUSSH

brong ong oouuuuussh
brong ong
brong ong
POK
brong ong

POK KLATAF
oouuuuusssh
oouuuuusssh
TOK
fou
TOK
brong ong
BRUNG

KLATAF
KLATAF
PING

oouUUUUSSSH
ooooOOOUUUUUSSSHH
brong ong
POK K

ROCHES
PUK

PEP

PETITES pites ITES
brong

KLATAF

pierres
pierres

POK

assez... à point... par... parfait... par...
au juste... conséquent... séquent...
assez... assez... assez... allez...
assez... allons... rideau... bien que...
assez... ass... ass...

hhweui wfuou

hhweui wfuou

hhweui wfuou

hhweui wfuou

Ber
nar
d
Hei
dsi
eck

372

||André Thomkins, Anagramm, in: Gesammelte Anagramme. Hrsg. von Dieter Schwarz. Zürich: Seedorn Verlag 1987, S. 31.

WEITER LÖSE

LEITER HOSE

GESTE
HEUTERN
GERGEN
MEUTE
MOSTERN
HEUSTERN
STERGEN
GEUTE
GORGEN
MESTERN
HORGEN
MORTE

—

MESGER
OUTEUG
HETERNEN

—

GOSTERN
HUTEE
MERGEN

GESTERN, HEUTE, den 16. Dezember 1958, MORGEN

An
dré
Th
om
kin
s

374 ||Mynona: Sonett LXXXIX, in: Hundert Bonbons. Sonette. München: Georg Müller 1918, S. 89.

Trenko patrollo! Harden-Kerr olele:
Patrollo Heinrichmann Traki! Trikà.
Saluna Hauptmanngerhart, lani schika,
Stalampa Rathenau passoss movele —

Ojanka Haeckelernst stiwoll kosele!
Maxilinof patranka Harnack wika,
Katarrh akinka Schelermax astika!
Scholelinof Dehmel así makrele.

Scholl bolzen Eucken rud kampalinoren
Trell Emilludwig wax kadèr kismét!!!
Kataratakta Wassermann bolzano —

Jo kokoll Ewers Heinz pipi kasano
Alrauneles! (hei Mauthner Fritz!) **verloren:**
(**Vor Liebe wird Mynona ganz verdreht!**)

My
no
na

Die automatische Dichtung entspringt unmittelbar den Gedärmen oder anderen Organen des Dichters, welche dienliche Reserven aufgespeichert haben. Weder der Postillon von Lonjumeau noch der Hexameter, weder Grammatik noch Ästhetik, weder Buddha noch das sechste Gebot sollten ihn hindern. Der Dichter kräht, flucht, seufzt, stottert, jodelt, wie es ihm paßt. Seine Gedichte gleichen der Natur: sie lachen, reimen, stinken wie die Natur. Nichtigkeiten, was die Menschen so nichtig nennen, sind ihm so kostbar wie eine erhabene Rhetorik; denn in der Natur ist ein Teilchen so schön und wichtig wie ein Stern, und die Menschen erst maßen sich an, zu bestimmen, was schön und was häßlich sei.

Hans Arp: Unsern täglichen Traum… Erinnerungen, Dichtungen und Betrachtungen aus den Jahren 1914-1954. Zürich: Die Arche 1995, S. 54. ||Hans Arp: Die gestiefelten Sterne, in: Gesammelte Gedichte. Gedichte 1903-1939. Zürich: Arche 1963, S. 158-160.

maurulam katapult i lemm i lamm
haba habs tapam
papperlapapp patam
und pappen den mannapapst
in den aquatintatext
und schneiden sparsam wie hausfrauen
das gebrauchte wasser aus ihrer
badewanne
papperlapapp patam
patam patam
und schreiten durch die vier
tageszeiten des tages
durch den pisseminuit
den pissematin
den pissemidi
und den pissesoir
patam patam
und hängen ihren körperlichen leib
ihr körperliches seil
ihren körperlichen ast
in der garderobe des madonnen-
hippodroms auf
patam patam
darum lehnen auch die patanten
ihre kongenialen librettokanten
an die mauer maurulam
darum katapulten i lemm i lamm
gegen den fix und fertigen
faxenfolianten
papperlapapp patam
und pappen den mannapapst
in den aquatintatext
darum ist es halt so
weder lustig noch traurig
und hat keinen sinn
und schreien wie ein lebendiges kleid
wie ein zahnender stein
habemus papam habemus mamam
mesopotaminem masculini
bosco contra belachini
haba habs tapam
patam patam
und lehren die häresie daß der
purzelbaum
aus den purzelfrüchten
den purzelblättern
den purzelzweigen
den purzelästen
dem purzelstamm
und den purzelwurzeln besteht
patam patam
maurularn katapult i lemm i lamm
haba habs tapam
ihre sprache ist ihnen im munde
zerbrochen
sie haben haare in ihrer seele
sie haben haare in ihrem herrn
was sind denn das für kameraden
sind das geistig umnachtete eier
ist das vielleicht das wilde fleisch der
ferne
das näher getreten ist
ich darfs nicht sagen
patam patam
ich darfs nicht sagen
patam patam
maurulam katapult i lemm i lamm
haba habs tapam

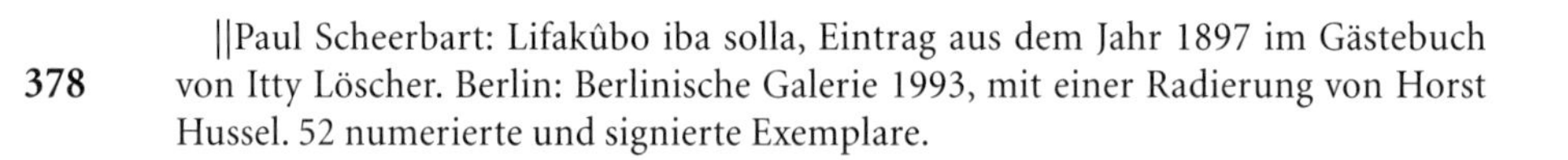

378 ||Paul Scheerbart: Lifakûbo iba solla, Eintrag aus dem Jahr 1897 im Gästebuch von Itty Löscher. Berlin: Berlinische Galerie 1993, mit einer Radierung von Horst Hussel. 52 numerierte und signierte Exemplare.

Lifakûbo iba solla
Heibobámbi lee foe koe.
Sarínsara ! Sarínsara
Opilûsa bûsa rûsa
Lapsikóps muschikûrara
Hepepopá neréffo knîtschi
Sarínsara Hopipapê
Nêka! Mêka!

Pa
ul
Sch
eer
bar
t

Buatschleli batscheli |bim bim bim |Buatschli batschleli |bim!

380

Friedrich Nietzsche: Aus dem Notizbuch N. VII.2 (August bis September 1885), S. 60, in: Friedrich Nietzsche: Werke, Kritische Gesamtausgabe, Abteilung IX, Bände 1-3, Berlin/New York: de Gruyter 2001, Band 2, S. 60.

Quatschkeli Batscheli
bim bim bim
Quatschkeli Batschikeli
bim!

Fri
edr
ich
Nie
tzs
che

Sussurli

384 / Phil Minton: JZS (2001). Originalbeitrag, 2:32.

Phi
l
Mi
nto
n

386

/ Isabeella Beumer und Nicolaus Richter de Vroe: schallgeleckt (1999). Originalbeitrag, 2:04.

Isa
bee
lla
Be
um
er
&
Nic
ola
us
Ric
hte
r
de
Vr
oe

388 / Paul Dutton: Flutterburst, aus: Mouth Pieces (1999). Ohm/Avatar 021, 2:51.

Pa
ul
Du
tto
n

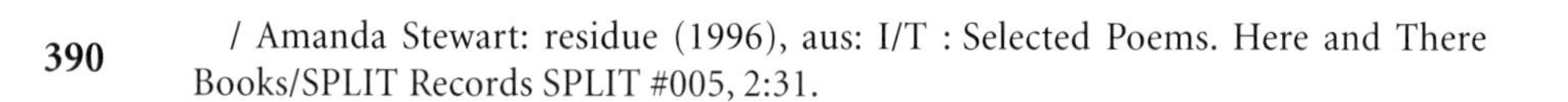

390 / Amanda Stewart: residue (1996), aus: I/T : Selected Poems. Here and There Books/SPLIT Records SPLIT #005, 2:31.

Am
an
da
Ste
wa
rt

I send text titled *Sussurli* which is a composed word: sussurri = whispers and urli = shouts. |Presently, I wish think it as memory of Carlfriedrich Claus, a very friend of mine.

/ Arrigo Lora-Totino: Sussurli (2000). Originalbeitrag, 1:31.

**Arr
igo
Lor
a
-To
tin
o**

394 / Bartolomé Ferrando: Fragmentos (2000). Originalbeitrag, 2:58.

Bar
tol
om
é
Fer
ran
do

396 / Nobuo Kubota and Mark Sutherland: Sonologic (2001). Originalbeitrag, 4:50.

Nobuo Kubota & Mark Sutherland

398 / Hartmut Geerken und Valeri Scherstjanoi: ahoupva (2000). Originalbeitrag, 5:58.

Ha
rt
mu
t
Ge
erk
en
&
Val
eri
Sch
ers
tja
noi

400 / Jaap Blonk: Broodje Ei met Ui (2000). Originalbeitrag, 2:58.

Jaa
p
Blo
nk

402 / Chris Mann: Did you say dead? (2000) Originalbeitrag, 3:00.

To listen, to take responsibility for that said, is to prove the object of language to be its own redundancy – listening, the charity of suicide. If knowledge were less acquisitive it'd be less then. Than then. The 'piphany of yes. I mean if absence it's own content, hook (necessity invents the that external to a debt), the dead some obsessively semanticly event. Any it thus some gift, a this. ('Be' is that is smile in english. Me medium. Plot. A secret ev'n before (the algebra the agent) (I rent your version of me, she cheaper that way) the door she be entrepreneured with hinge an (I mean if english were an interest would he know?) shit. (If english that without subject, a museum of little pasts, powder justs, a '-ice' or is be close enough to bust, a voodoo sceptic (you but some subscription drug) on the touch:) Paralysis, the condition of experience, turns up: A self, an else with 'choes more other stuff duds duck, does guilt (reason, with a hat) and caps. The rest she bluff. Ontological one two three. Dutifully same. Fuck. But it so becomes her that. My sane the such. The epitaph part. All autopsical and muff. Game. Like gerund, the killer app, a 'bstract of tickled pimps and their nother things: Pink. Crat. As mood as anything. The altruist buys alibi at the knocking shop alright, and rights prove price. Like. Back by five. (My um symptom: The subject it a pretty consciousness (it come with an address) and wig some kiss trash-talk like suss an crap, the fatal take of any fence.) (Consciousness the vanity the syst. I mean she shies.) (We so miss a victim we wish th you'd explain (things it is at least anons), a siss system lisp (a list with syndrome (truth is the proposition that 'now' exactly divisible by 'then', an elevation, a 'xecutive outcome where you-ku but a research gain of more.))) Or surely sore. Again. Qua qua with mine. Rhymes. With. A prox. A end. Holds net. Hostage. An ego mime (reason, the habit (a residual decisionist with box)), a quite. (Guilt, the solipsist on a role, flogs (A?) pragmatics: Understanding it the by-product of an inability to repress (a castrated irony), the negotiated adult of.) The ad shop hoc trauma of (media just a lazy yes (you is what I calls defense)), an a enigma in retreat (a place a name for what's at stake), a puberty it, tout suite. (The past, a pathology on legs, can't even beg the claustrophobic ques (memory as the cure flat feet) of what's anyway ideal (apart from being proof, I mean)): Take one and deal. (Art, the tawdry disability frames credit, then's queen.) Like, a hole is a computer, a black hole it a good computer (code, the vent horizon) what jacks off real fucking slow: Both. A few too a priori to bore and count. Oh, the neurotic catalyst (aunt whatsit's odds is though another mode (The subject, a task validated by it's object? Too bad)), a messianic copy of hit and run, ideal. (Charm, the psychological pet perps up with 'Stick it in!', though I woulda thought 'And cop a feel!' more like.) Meaning, it turns out, was mentioned. I mean, how reflexive you gotta be screw in a bulb?

404 / David Moss: What About Performance, Herr Wittgenstein? (2000). Originalbeitrag, 2:50.

What about performance, Herr Wittgenstein?

ahhhh performance:

that momentary manifestation of personal timing and eccentric personality that occurs while dealing with materials of choice (voice, text, the musical thought, gramophone records, 2 horses)
lives in the territory of surprise, in the landscape of possibilities
an **archi**tecture of individuality

is never pure

it is **composed/conjured**
considered/confused
created/corrupted
like the rest of life

a fairy tale
⓪⑦❷ ☉ ⑤ structures and **frameworks act as**
diving boards ▽ ↖ ▼ ↖ ↘

mixing memory **materials** (2 maidens, some lillies, the score)
(pure)mutations gain an unpredictable momentum & shape
(ha! compositional desire?)
in these small, pictorial internal relations
an essence lives-- the structure is!

the proposition is the proposition is the proposition is..............

David Moss

406 / Elke Schipper: Faltung 2 (2001). Originalbeitrag, 2:33.

Elk
e
Sch
ipp
er

I call these pieces «Voiceprints» (in English, literally, voice recordings used by the police to trace suspects or missing persons). They treat the voices of the subjets in the manner of personal portraits, or political cartoons. |Facets |Princess Diana (talking about press photographers) |«There was a relationship which worked before, but now I can't tolerate it because it's become abusive, and it's harrassment.»

/ Trevor Wishart: Facets (from «Two Women») (2000). Originalbeitrag, 2:31.

Tre
vor
Wi
sha
rt

410 / Pierre-André Arcand: YERE (2000). Originalbeitrag, 1:43.

Pie
rre
-A
ndr
é
Arc
an
d

Blabbermouth – an organic speech synthesizer and storyteller |This piece is an audio demonstration of an early prototype of *Blabbermouth*. The final release of *Blabbermouth* will be in the form of software providing for considerable user interaction in the creation of the speech stream and the direction of the storyline.
/ Erik Belgum: Blabbermouth (2000). Originalbeitrag, 3:11.

Eri
k
Bel
gu
m

Sound Poem for Computer Voices and Harp Samples. Record texts using computer voices. Transpose so voices double in E-A-B-E harmonies. Accompany with E-A-B-E harp drone. |Take the Pythagorean sacred Tetraktys pattern: 1/1 - 4/3 - 3/2 - 2/1 - 3/2 - 4/3 (E - A - B - E' - B - A in modern musical terms.) Convert to the pattern of 1, 1, 4, 3, 3, 2, 2, 1, 3, 2, 4, 3. Take the first lines of Lysis *The Golden Verses of Pythagoras* (in the 1916 Nayan Louise Redfield translation of Fabre d'Olivet's 1810 French version), and extract every N letters from the text, as shown. (Letters to be extracted are underlined). |Render to the immortal Gods the consecrated cult; |Guard then thy faith: revere the memory |of the illustrious heroes, of spirits demi-Gods. |Be a good son, just brother, spouse tender and good father. |Choose for thy friend, the friend of virtue, |Yield to his gentle counsels, Profit by his life, |And for a trifling greivance never leave him. |If thou canst at least; for a most rigid law |Binds Power to necessity. |Which yields the following sequence in its forward version: |renthmotaoscseceugadtnhirevtmoyftilrushefiisdioe |oodjtohrsuedanddtrhosohitheeoiteyltsntluepoit lhsedforlgrivcnraveihcntaesrostiaidporoe |And, when placed in a 12 x 11 matrix (11 occurrences of the 12 element sequence), give |renthmotaosc |seceugadtnhi |revtmoyftilr |ushefiisdioe |oodjtohsued landdtrhosohi |theeoiteylts |ntluepoithse |dforlgrivcnr |aveihcntaesr |ostiaidporoe |Extracting English and other words from the sequence in both forward and backwards directions gives: |Rent H.M.O. Taos Gad Hi Rev Mo Oy Rush Us Is Dio To Sued And Hi Thee Po Poi It For Rave Osti Aid Po Roe. |Eo It So Seat Hi Eva Of Op Ope Pe Yet Yeti Ti Eh I Ho So D.N.A. Deus Rho Hot Doo Eo Id If Feh Ur Lit Yo Om Dag C.E.S. So At Om Atom. |And extracting words and poems from various travellings around the matrix, gives: |Rent H.M.O....

/ Warren Burt: Pythagorean extract chant (2000). Originalbeitrag, 2:02.

Rent H.M.O.
Taos
S.E.C. Gad
Rev.Mo, Oy!
Us Is Dio
Sued
And Hi
The
Poi It
For
Ave A.E.S
Osti Aid Po Roe

Son
Del
Hum Toe Ha
Go Io Or Rip
Yi Tor Or
Roe
At A.T.T.
H.C.E.
Lo
I Re Dis Is Err

So Atom
Dag
Lit Yo Om
Id If Feh
Us Hot Doo
I Ho So Oh
D.N.A.
Yeti Yet Io Eh
Ope
Seat Hi Eva
It So

Err Sid Id Eric
The
Rot
Io
I Rued Jet
Led
Nose
Tao Ur

Tie
Ma Duhs
So
Tuo
Nem I Hoy
Het
Rev Reve Vet
I've
Io
Do To
Ode
One
To

He So
Mut Ho!
Med
Tao Of
Ovo
Chi Ere
Is Sot Lit
Hi
Tin
Cap
Neo

Is
Rho
Elna
Do It

It Do
Tossy
Yo Him Men
Ever
It He's
Pod
Gee Do
Clue No
Ha
Io
As

Or
In It
Yo
I Go Or
To
Ere
Ovo
To
Ted
Oat
Dem Go
Oh Tum

Rent H.M.O.
Taos
I Red Is Err
Oro It So
Ad Tao Ur
S.E.C. Gad
Lo
Seat Hie
Nose
Mo, Oy!
Led
He I So
Ti Pe
Ed

To
Roe
Tio

To
It
Or
Hot
Po
So
If
Del
Or
Lo
Yo Om
Son
Ta
He
Dag
At
Osti Aid Po Roe
Err Sid Eric
So At Om,
Atom

Err Sid Eric
So Atom
At Dao
Osti Aid Po
He
Dag
Son
Ta
It Yo Om
Del
Or
So
If
Poi

Or
Hot
To
It

R.H.
Tio
To
Roe
Ope Op-
Ed
Is So
Role Ed
Mo, Oy!
H.C.E.
At Hie
Nose
Gad
So
Oro
It So
Ad Tao Ur
Rent H.M.O.
Taos
Ire Red Is Err.

Wa
rre
n
Bu
rt

416 / Fátima Miranda: PALAbra, paLABRA, palABRA, pALAbra (2001). Original-beitrag, 5:36.

Fát
im
a
Mi
ran
da

418 / Brenda Hutchinson: Turaluralura Lament (1990), Originalbeitrag, 2:20.

Bre
nd
a
Hu
tch
ins
on

Übersetzungen

Vorbemerkung: Wo Übersetzungen der in diesem Buch zitierten Literatur existieren, haben wir diese verwendet. Um das Verständnis derjenigen Texte, die bisher noch nicht übersetzt worden sind, zu erleichtern, geben wir hier eine Übersetzung. Die englischen Texte wurden von Jürgen Brôcan, die italienischen und französischen von Theresia Prammer übersetzt.

42 Maurice Lemaître

Zuallererst sollte man eine Statue errichten, für meinen Vorfahren Aménophis oder Bonboko Lemaître, den genialen Burschen, der diesen unvergänglichen und beinahe lettristischen[1)] Auszählreim erfunden hat: *Am Stram Gram Pic et Pic et Colegram.* An der Schwelle zum goldenen Zeitalter der formulette, das mit dem lettristischen Auszählreim eingeleitet ist[2)], sollten wir seinen Schriften einen Sockel stiften oder besser: einen Obelisken seinen Hiero-Chiffren!

|Dann eine kurze Hommage an die ganze Geschichte des Versteckspiels, des Rondeaus, des Reims, der Litaneien und anderer Wortspielereien, und uff! wir wären also durch mit dem archäologischen Pflichtteil, auf dem jeder Lettrist guten Stils sein Manifest zu errichten hat. |Gut, man gibt es ja zu, die Surreal-Listen, zack! und was es da sonst noch gab, die waren schon gewitzt im Reimeschmieden, ganz zu schweigen von Soupault, dem Radionauten, der ruckzuck alle Rekorde im weltweiten Auszählreim gebrochen hat. |Und doch, meine Herrschaften, ein wenig Ehrfurcht bitte ich mir aus! Ihr zeit doch schließlich keine K(l)inder! Da kann man noch so oft auf euch stoßen, in den schönen Geschichten der Literatur! Die neue Garde, das sind wir, die wahren Rattenfänger, Schattenspringer, Schaumschläger, oder etwa nicht? Aber halt! Das ist noch längst nicht alles! |Natürlich erwarte ich, daß meine Verse soviel wie möglich entstellt, daß Varianten darauf erstellt werden, daß man ihnen dialektische, wenn nicht gar dialektale Verballhornungen angedeihen lässt, mit einem Wort (was für ein Greuel!): daß man mich gegen meinen Willen für genial hält; daß ich aufgehe, untergehe, mich verliere, mich nach Plaisir phonetisiere im Reich der Klapsmühlen, Räuber und Gendarmen!

|Doch daß man mir, täterätä!, meine Lorbeeren (Lorbären) nur nicht streitig mache, als tapferer Ritter für einen neuen Lettrismus! Und wäre es nur das: tapferer Ritter für einen neuen Lettrismus. Und wär's auch nur, um euch gehörig eines auszuwischen! (Denn ihr müsst wissen: Ich bin auch ganz schön gerissen!) Nicht auf euch hab ich gewartet, um mich in dadaistischen, jazzistischen, infinitesimalen (und so weiter…! Auszählreimen zu ergehen!) |[1)] In seiner Integralversion enthält er immer noch Verse aus Worten, was für ein fauliger Fraß! [2)] Eine jüngere histo-

rische Darstellung der formulette (einschließlich des Eliminationsreims, sprich: des Auszählreims) findet sich in der Sammlung «Comptines de langue française», herausgegeben von Philippe Soupault (Comptines de langue française, recueillies et commentées par J. Baucomont, F. Guibat, Tante Lucile, R. Pinon et Ph. Soupault. Paris, Seghers 1962).

46 Alexander Melville Bell

Sprich jede der folgenden schwierigen Silbenkombinationen fünf oder sechs Mal aus, ohne überflüssige Bewegung der Artikulationsorgane. Variiere die Betonungen und Tonhöhen.

104 Jonathan Swift

Sir, da Sie ein berühmter Lehrer der Jugend in den gelehrten Sprachen sind, kann ich nicht an Ihrer Bereitwilligkeit zweifeln, alle *nützlichen Erfindungen* zu befördern, welche fürderhin das Wissen vermehren. Ich habe oft den unnötigen Zeitverlust beklagt, den wir beim Übertragen unserer Gedanken erleiden, wenn wir unsere Worte in Silben trennen und die Vokale ausführlich niederschreiben, welches so häufig vorfällt, daß sie, obgleich sie bloß fünf sind, doch unsere Mühe durch ihr häufiges Auftreten verdoppeln: neben dem großen Verschleiß an Papier, Stift und Tinte, die viele der Gelehrten nicht wohl schonen können.

|Ich bekenne, daß, in dieser unserer höflichen und gelehrten Epoche, viele lobenswerte Versuche unternommen worden sind, um ein Heilmittel gegen dieses Übel zu finden; teils durch Verkürzung der Worte mittels Apostrophe, teils durch Stutzen der Vielsilber, so daß allein zwei oder höchstens drei bleiben; wie diese. Tis'n't, 't'nt, won't, can't, 'pon, rep', phis' und andere. Aber, ach! dies sind ärmliche Behelfe und dringen nicht an die Wurzel des Leidens. |Mein System ist sehr viel nützlicher und umfänglicher. Obgleich ich bekenne, daß ich durchaus nicht sein Urheber bin. Denn ich bemerke, daß die sinnreichen Ehrenmänner, die in White's Chocolate-House spielen, diesbezüglich einen unvollkommenen Begriff davon haben; und ich sah einige Exempel dafür, die viele Jahre älter, aber noch sehr unvollkommen waren. Durch diese Exempel hatte ich, neun Jahre später, über die Kraft nachgesonnen, die die Buchstaben unseres Alphabets in Bezug auf andere besitzen; wie Schullehrerinnen kleine Kinder lehren, sie in ihren Fibeln [horn-books] auszusprechen, in dieser Weise: A, Be *oder* Bee [Biene], Zeh, Dee, E, Ef, Geh, Hah, I *oder* Eye [Auge], Ka *oder* Key [Schlüssel], El, Em, En, O, Pe *oder* Pi, Qu *oder* Kuh, Err *oder* Er, Eß, Te *oder* Tee, U *oder* Uh [You], We *oder* Weh, Ix *oder* Ex, Üpsilon, Zett. Nun dies, ich sage, die sehr verspielten Lords im Chocolate-House haben bereits eine unvollkommene Vorstellung davon, soweit es die Vokale betrifft. Über dieselbe Sache sind auch die Geschäftsmänner nicht unkundig, wofür drei Vokale stehen, mit der beigefügten Summe, auf einem guten Schuldschein, I O U 20 £ [Ich schulde Ihnen]. |Kurz, Sie brauchen nur die Buchstaben zu lesen wie sie von Knaben und Mädchen ausgesprochen werden, wenn sie im Lesen unterrichtet werden, wie A, Bee und Zeh; und sechs Buchstaben können soweit als zehn dienen. Dies ist nur für eiliges Schreiben; wofür Sie die folgenden Beispiele nehmen. Doch ich besitze Unterlagen für eine Abhandlung über das Zusammenziehen der Worte beim Sprechen, welche ich, wenn dies Unterstützung findet, danach veröffentlichen werde.

106 Victor Hugo

Um die Mitte des letzten Jahrhunderts trat eine Veränderung ein. Die Gefängnisgesänge, die Ritornells der Gauner, nahmen, um es so zu sagen, einen übermütig-jovialen Gestus an. Der Klageruf *maluré* wurde durch *larifla* ersetzt. Man begegnet im achtzehnten Jahrhundert in fast allen Zuchthäusler-, Kerker- und Galeerenliedern einer diabolischen und rätselhaften Fröhlichkeit. Man hört darin diesen schrillen und hüpfenden Refrain, der von einem phosphoreszierenden Schimmer erleuchtet scheint, wie von einem querpfeifenden Irrlicht ins Dickicht geworfen: |*Mirlababi, surlabado…* |So sang man, während daneben einer geköpft wurde, in einem Keller oder im Winkel eines Walds.

170 F. T. Marinetti

Parabel und Bomben-Explosion |Leutnant Caldera: Geschützführer, bereit? |Geschützführer: Erste Ladung bereit! |Leutnant Caldera: Erste Ladung.... FEUER! (Pause? dann, durch das Telefon:) Ich hab das Zuckerl schon an dich geschickt.... Gut?.... Und nun kommt noch eins, noch süßer als das erste. Na, wie sieht's aus? Schon alles in Stücken?.... Gut, danke.... (dann, sich an den Geschützführer wendend:) Sauber! Ich verlass mich drauf.... Kratzt am Grund der Donnerbüchse.... Ist das die Bombe? |Geschützführer: Ja, 92 Kilo. Marke Marinetti.... Enthält 8 neue Sprengkörper. Futuristische Mischung. |Leutnant Caldera: Großartig! Die kenne ich. Schert an der Oberfläche des Metalls. Keine Kratzer? |Geschützführer: Nein, reinste Sorte! Soll ich sie zünden? |Leutnant Caldera: Ja, los, zünde sie. |Geschützführer: Selbe Einstellung, selbe Richtung? |Leutnant Caldera: Ja ja, nur nicht nachlassen. Immer auf dasselbe verschanzte, deutschösterreichische, dreckige Pack, voller Cholera, Läuse, moralinsaurer Priester, Spione, Professoren und Polizisten. Achtung!.... Zweite Ladung bereit? .... |Geschützführer: Bereit! .... |Leutnant Caldera: Zwei....te....La....dung.... FEUER!

176 F. T. Marinetti

Der futuristische Vortragskünstler muß also: |1.

Anonyme Kleidung tragen (abends, wenn möglich, einen Smoking) und jede Kleidung vermeiden, die auf ein bestimmtes Milieu hindeutet. Keine Blumen im Knopfloch, keine Handschuhe. |2. Er muß die Stimme komplett entmenschlichen, jede Modulation oder Nuance systematisch daraus verbannen. |3. Auch das Gesicht muß komplett entmenschlicht werden, jedes Mienenspiel, jede Augenregung vermieden. |4. Die Stimme muß metallisch, flüssig, pflanzenartig, steinern und elektrisch klingen, mit den Vibrationen der Materie selbst verschmolzen, Ausdruck der befreiten Wörter. |5. Eine geometrische Gestik an den Tag legen, um so den Armen die schneidende Strenge von Ampeln oder von Scheinwerferstrahlen zu verleihen, um Kraft-Bewegungen anzudeuten, oder von Kolben oder Rädern, um den Dynamismus der befreiten Wörter auszudrücken. |6. Eine anschauliche und topographische Gestik an den Tag legen, die Kuben, Kegel, Spiralen, Ellipsen etc. synthetisch erzeugt. |7. Sich einer gewissen Anzahl von elementaren Werkzeugen wie Hämmern, Holztafeln, Autohupen, Trommeln, Handtrommeln, Sägen, elektrischer Klingeln bedienen, um mühelos und präzise die diversen einfachen oder abstrakten Onomatopöien sowie die diversen onomatopöischen Akkorde zu erzeugen. |Die diversen Instrumente können in gewissen orchesterartigen Ballungen von befreiten Wörtern orchestral zum Einsatz kommen, ein jedes von einem eigenen Ausführenden gehandhabt. |8. Sich noch weiterer Vortragender bedienen, gleichrangig oder untergeordnet, die eigene Stimme bald mit der ihren vermischend bald sie alternierend. |9. Sich in die unterschiedlichsten Winkel des Saales begeben, mit größerer oder geringerer Geschwindigkeit, laufend oder langsam gehend, sodaß die Bewegung des eigenen Körpers und die überall verstreuten befreiten Wörter zusammenspielen. So wird jeder Teil des Gedichts von einem besonderen Licht erglänzen und das Publikum, wenngleich magnetisiert von der Figur des Vortragskünstlers, lässt die lyrische Kraft nicht statisch über sich ergehen, sondern hat selbst, zwischen den diversen Winkeln des Saals schweifend, Anteil am Dynamismus der futuristischen Poesie. |10. Den Vortrag ergänzen durch 2, 3 oder 4, an verschiedenen Punkten des Saals plazierte Tafeln, auf die er mit großer Geschwindigkeit Theoreme, Gleichungen und synoptische Tabellen lyrischer Wertigkeiten skizziert. |11. Er muß in seinem Vortrag ein Erfinder und unermüdlicher Schöpfer sein: |a) Indem er jeden Augenblick instinktiv den Punkt bestimmt, wo das Adjektiv-Ton und das Adjektiv Atmosphäre ausgesprochen und wiederholt werden müssen. Da die befreiten Wörter für keine näheren Angaben gut sind, kann er darin allein seinem Instinkt folgen, bemüht um maximale geometrische Brillanz und maximale numerische Sensibilität. So kooperiert er mit dem Wortbefreier-Autor, intuitiv neue Gesetze entwerfend und neue, unerwartete Horizonte in den befreiten Wörtern, denen er Ausdruck verleiht, zutage fördernd. |b) Indem er, mit der Kälte eines Ingenieurs oder Mechanikers, die synoptischen Tabellen, die Gleichungen der lyrischen Wertigkeiten, die Bereiche leuchtender, beinahe geographischer Deutlichkeit (zwischen den dunkleren und komplexeren Zonen der befreiten Wörter) klärt und erklärt, desgleichen momentane Zugeständnisse an das Verständnis des Lesers. |c) Indem er (ohne Rücksicht auf Verständlichkeit) beim Deklamieren dieser dunkleren und komplexeren Teile, insbesondere aller onomatopöieschen Akkorde, in allem und jedem die Motoren und ihre Rhythmen imitiert.

178 F. T. Marinetti

8. Unsere wachsende Liebe zur Materie, der Wille sie zu durchdringen und zu ihren Vibrationen vorzudringen, die physische Sympathie, die uns mit den Motoren verbindet, drängen uns zum Gebrauch der Onomatopöie. Das Geräusch, als Resultat aus der Friktion von festen, flüssigen oder gasförmigen Stoffen bei größerer Geschwindigkeit – die Onomatopöie, die dieses Geräusch abbildet – ist notwendigerweise eines der dynamischsten Elemente der Poesie. Und als solches kann die Onomatopöie das Verb durchgehend ersetzen, zumal wenn man ihr eine oder mehrere andere Onomatopöien entgegensetzt. (Beisp.: die Onomatopöie *tatatata* aus dem Kapitel «Ponte» meines *Zang tumb tumb*.) Die Kürze der Onomatopöien gestattet in diesem Fall eine fließende Verknüpfung der verschiedensten Rhythmen. Diese würden, im Falle einer abstrakteren, elaborierteren Ausgestaltung – das heißt ohne Rückgriff auf eine Onomatopöie – einen Teil ihrer Geschwindigkeit einbüßen. Man unterscheidet verschiedene Arten von Onomatopöien. |a) Die elementare, direkte, imitatorisch-realistische Onomatopöie, die dazu dient, den Lyrismus mit brutaler Realität anzureichern und ihn nebenbei davor bewahrt, zu abstrakt oder zu artistisch zu werden. (Beisp.: *pic pac pum*, Kugelfeuer.) Dann, in meinem «Contrabbando di guerra», in *Zang tumb tumb*, wo die grelle Onomatopöie *ssiiiii* für das Pfeifen eines Maasedampfers steht, gefolgt von einer gepressten Onomatopöie, *ffiiiii ffiiiiii*: Echo vom anderen Ufer. Diese beiden Onomatopöien haben mir erspart, die Weite des Flusses zu beschreiben: hier geht sie aus dem Kontrast zwischen den beiden Konsonanten s und f hervor.

|b) Indirekte, komplexe und analogische Onomatopöie. Beisp.: In meinem Gedicht «Dune» die Onomatopöie *dum-dum-dum-dum*, die den rotierenden Lärm der afrikanischen Sonne wiedergibt, und das orangenfarbene Gewicht des Himmels, wobei sich eine Verbindung zwischen Gewichtsempfindungen, Wär-

me, Farbe, Geruch und Geräusch einstellt. Anderes Beispiel: die Onomatopöie *stridionla stridionla stridionlaire*, wie sie im zweiten Gesang meines epischen Gedichts «La Conquête des Étoiles» aufscheint, wo sie eine Analogie erzeugt zwischen dem Kreischen großer Schwerter und dem wütenden Tosen der Wellen vor einer großen sturmbewegten Wasserschlacht. |c) Die abstrakte Onomatopöie, geräuschreicher und unbewußter Ausdruck der komplexesten und mysteriösesten Bewegungen unseres Empfindungsvermögens. (Beisp.: In meinem Gedicht «Dune» die abstrakte Onamatopöie *ran ran ran*, die sich auf kein Geräusch, weder in der Natur noch in der Maschinenwelt zurückführen lässt, sondern vielmehr einen Gemütszustand ausdrückt. d) Psychische onomatopöiesche Übereinstimmung, d.h. Verschmelzung zweier oder dreier abstrakter Onomatopöien.

188 Tristan Tzara

Im Jahr 1916 versuchte ich, die literarischen Genres zu zertrümmern. In die Gedichte brachte ich Elemente ein, die man deren für unwürdig erachtete, wie Sätze aus Zeitungen, Geräusche und Töne. Diese Klangelemente (die nichts mit imitatorischen Klängen gemein hatten) sollten eine Parallele zu den Recherchen von Picasso, Matisse, Derain darstellen, die in ihren Bildern die unterschiedlichsten Materialien verarbeiteten. Bereits 1914 hatte ich versucht, die Wörter ihrer Bedeutung zu entkleiden und sie einzusetzen, um dem Vers einen neuen, globaleren Sinn zu verleihen, kraft der Tonart und des auditiven Kontrasts. Diese Erfahrungen gipfelten in einem abstrakten Gedicht, *Toto-Vaca*, komponiert rein aus selbsterfundenen Tönen und ohne den geringsten Verweis auf die Wirklichkeit.

190 Henri Behar

Ganz im Gegensatz zu seinen, im Brief an Jacques Doucet gemachten Äußerungen […], hat Tzara keine abstrakten Gedichte «erfunden»: das Gedicht *Toto Vaka* aus dem *Dada Almanach* ist vielmehr ein Maori-Text, den er sich begnügt hat zu reproduzieren. In der Tat hat Tzara von europäischen Entdeckern und Missionaren gesammelte Gedichte transkribiert, übersetzt und adaptiert, worauf er im übrigen auch jedes Mal hinwies, wenn er die betreffenden Texte öffentlich präsentierte.

242 Dom Sylvester Houédard

tan tandinan ist das anmutigste komplexeste und hochentwickeltste reiner-klang-gedicht das bob cobbing geschrieben hat – & durch angela farmers experimente im kinderballett 65-66 an der amersham school mit jandl-cobbing-bändern (ich sah die spontanen archetypischen tanzmuster von kindern 9-10 zu tan-tandinanan) wurde ein neues (erziehung/psychologie) feld für dadaistische klang-&-gesten-gedichte eröffnet – tan-tandinanan gestaltet 9 grundsilben aus einem 6-wort vedda-lied (ta(n) – di – na(n) – ne – are – ra – ro – (k)ri – tu) zu 12 worten mit 1x1 1x2 6x3 4x4 silben – bei 3 maliger aufzählung jedes wortes bildet es 12 zeilen von 8-9-10-11 (4x8 2x9 : 5x10 1x11) silben – es ordnet die 12 zeilen in zuerst 3 strophen (3x4) – ordnet sie dann nochmals in der 2ten hälfte (4x3) daraus entspringt die längste zeile in der letzten strophe jeder hälfte – formt in strophe 3 die kleinste spitze einer 8-10-11-10-9-8sequenz – in strophe 6 die höchste spitze einer 8-10-10-10-11-10-8sequenz – und die hebung (auf zu) & senkung (runter von) jeder spitze die vereint ist in protasis/apodosis – jede seite der höchsten spitze ist das was schließlich das gedicht strukturiert – jede hälfte beginnt mit dem selben prägnanten *tan* & endet mit dem selben zweifachen *tanrita tanrita* – das gesamte gedicht endet in einem rallentando wie die welle von hokusai – diese fruchtbarmachung des gedichtsamens (hier nur t-d-n-r-k-vokalisert) zu einem ganzen baum ist bob cobbings weg bodhisattvas zu vergeistgegenwärtigen – wie diterot quark/antiquark-symmetrien.

244 bp Nichol

weitere verse und andere versionen existieren. für eine komplettere auflistung siehe bp Nichols unveröffentlichte KOMMENTAORTE [sic!] TEXTE oder DER BUCHSTABE R: eine vollständige geschichte – ein zerstörter text von dave aylard. auch wichtig DIE GESCHICHTE DES NICHTS von Phillip Workman, veröffentlicht bei der Ribbon Press, Vancouver, 1963.

246 Jackson MacLow

Die *Gathas* bilden eine Reihe von Aufführungstexten mit offenem Ende, die 1961 begonnen wurde. Die Buchstaben ihrer Worte wurden in die Kästchen von Grafikpapier gesetzt, und sie werden meist, jedoch nicht immer, durch die spontane, aber geregelte Wahl des Ausführenden während der Aufführung realisiert. Das Sanskritwort gatha, «Vers» oder «Hymnus», wurde für sie in Analogie zu ihrer Bestimmung übernommen, versifizierte Abschnitte der Buddhistischen Sutren und Kurzgedichte der Zenmeister und -schüler zu bezeichnen, denn ich halte Gathas für Buddhistische Aufführungstexte. Für ihre Komposition wurden Zufallsprozesse verwendet, um Ausführende und Zuhörer anzuspornen, ihre «volle Aufmerksamkeit» den Buchstaben-Klängen, Worten usw. zu widmen. Auch die Buddhistische Nicht-Emphase des kompositorischen Egos unterliegt sowohl Zufallsprozessen der Komposition als auch der Festlegung vieler Realisations-Parameter durch die Wahl des Ausführenden. Außerdem wurden alle Gathas, die zwischen 1961 und 1973 – und viele später – geschrieben wurden, aus zufallsbestimmten Transkriptionen von überwiegend Buddhistischen Mantras komponiert. Wie dem auch sei, angefangen mit den *Black Tarantula Crossword Gathas* von 1973, sind viele der Gathas aus nichtmantrischen englischen Worten komponiert. In diesem Buch erscheinen sowohl mantrische als auch nichtmantrische Gathas. |2. Aufführungsanweisungen […] |Das *1. Milarepa Gatha* ist das erste von mehreren Gathas auf der Grundlage von JE MILA ZHÄPA DORJE LA SÖLWA DEBSO (ausgesprochen «Jey Milah Zhäpha Dorjey Lah Sölwa Debsoh» – «zh» wie das französische «j»; «ä» und «ö» wie im Deutschen: kurzes «e» mit gerundeten Lippen und «er» ohne das «r» und mit gerundeten Lippen). Dies ist das Mantra, das an den historischen Tibetischen Boddhisattva und Dichter Milarepa (1040 oder 1052 bis 1123 oder 1135 n. Chr.) gerichtet ist, eine der wichtigsten Gestalten des Tibetanischen Buddhismus. Seine *Einhunderttausend Lieder* wurden über mehr als acht Jahrhunderte gesungen und studiert und stellen «vielleicht das außergewöhnlichste Meisterwerk der Tibetanischen Literatur» dar (Garma C.C. Chang). |In diesem Gatha sind 34 vertikale Transkriptionen des Mantras, eine in jeder Spalte, auf dem Grafikpapier aufgezeichnet, jede beginnt in einer der zehn oberen Kästchenreihen, wie es die Zufallsprozesse mit Zufallsziffern bestimmen. Anders als die meisten mantrischen Gathas besitzt dieses keine horizontale «Achse». |Wenn jemand das ganze Mantra (entweder vom Beginn an oder mitten hinein) oder Mantraworte spricht, werden sie wie im Tibetischen betont (siehe oben). Ansonsten sind die Ausführenden frei, Buchstaben erklingen zu lassen oder zu benennen, oder Worte oder Pseudoworte zu sprechen, die zusammengesetzt sind aus benachbarten Buchstaben in jeder Richtung und in jeder Sprache. |Instrumentalisten müssen und Sänger sollten die Buchstaben in Töne der folgenden Tonhöhen «übersetzen»: |A & Ä = A♮ |B = B♭/A♯ |D = D♮ |E = E♮ |H = B♮ |I = D♭/C♯ |J = G♮ |L = F♮ |M = G♮ |O & Ö = G♭/F♯ |P = B♭/A♯ |R = A♭/G♯ |S = E♭/D♯ |W = A♭/G♯ |Z = C♮ |Sprechvokalisten brauchen die Buchstaben nicht zu «übersetzen»: sie können Tonhöhen bei der Aufführung spontan wählen.

248 John Cage

Teil II: Ein Mix aus Worten, Silben und Buchstaben, entstanden, indem man das Tagebuch Henry David Thoreaus einer Reihe von *I Ging* Zufallsprozessen unterzieht. Teil I enthält Sätze. III läßt Worte aus. IV. läßt Sätze, Phrasen, Worte und Silben aus: enthält nur Buchstaben und Pausen. Die Kategorien überschneiden sich. Z.B. ist *a* ein Buchstabe, eine Silbe, ein Wort. […] |Eine Art und Weise des Lesens suchen (überlaut). Die Frequenz ändern. Aufsteigen, dann absteigen: an die Grenzen gehen. *Die Zeit (1, 11) der Strophe festsetzen.* Das erzeugt eine Vielzahl an Tempi (kurze Strophen werden langsam; lange werden schnell). Um in IV Stille (Schweigen) zu erzeugen, keine Strophenzeit in III oder IV festlegen. *Verzicht auf Festlegung von Zeit erlaubt dem Tempo, natürliche Dauer anzunehmen. Am Ende einer Strophe blick einfach auf den kleinen Zeiger einer Uhr. Beginn die nächste Strophe bei der nächsten 0 oder 30.* Anstatt an die Grenzen zu gehen (wie in I und II), Bewegung auf ein Zentrum zu (III und IV). Ein neuer Atemzug für jedes neue Geschehen. Jedes Geschehen, das einem Leerraum folgt, ist ein neues Geschehen. Musik machen durch überlautes Lesen. *Lesen.* Atmen. *IV: Gleichheit zwischen Buchstaben und Schweigen. Sprache erzeugen durch Nichts sagen. Im Sinne haben die ganze Nacht wach zu sein um zu lesen.* Lesezeit, so daß bei Dämmerung (IV) die Töne von draußen hereinkommen (nicht wie zuvor durch geschlossene Türen und Fenster). Halbstündige Unterbrechungen zwischen je zwei Teilen. Etwas zu essen. In I: nimm, sagen wir, einhundertfünfzig Dias (Thoreau Skizzen); in IV bloß fünf. Andere vokale Extreme: Bewegung (allmählich oder plötzlich) im Raum; Angleichung (Elektronik). *Mach ohne was auch immer unbeugsam ist. Entwirf ein separates I Ging Programm für jede Gestalt einer Aufführung. Setz die Suche fort.* |Ein Übergang von Sprache zur Musik (eine bereits satzlose Sprache und nicht an einen Gegenstand gebunden (wie es *Mureau, music Thoreau*, war)). *An nichts ist gearbeitet worden: ein Tagebuch von circa zwei Millionen Worten wurde benutzt, um Fragen zu beantworten. Ein weiteres Reservoir?* Finnegans Wake. *Ein weiteres?* Joyce: «excroly loomarind han her crix/ dl yklidia/ odad pa ubgacma papp add fallt de!/ thur aght uonnon.» Sprachen werden Musik, Musik wird Theater; Aufführungen; Metamorphosen (Standphotos, die in Wahrheit Filme sind). Zuerst von Angesicht zu Angesicht; zuletzt mit dem Rücken zum Publikum sitzend (*mit* dem Publikum sitzend), jeder sieht dieselbe Vision. Seitlich, seitwärts.

266 Bob Cobbing

Alle Gedichte sind Fundgedichte. Die Worte für die lineare Poesie wurden in einem Wörterbuch oder im Hinterkopf «gefunden»; bearbeitet, indem sie in eine bestimmte Ordnung gebracht wurden. |Alle Gedichte sind bearbeitete Gedichte. Selbst ein Fundgedicht macht zwangsläufig eine Bearbeitung durch, bevor es in einer Edition zirkulieren kann. |Einige Fundgedichte sind gefundener als andere; in einer späteren Phase gefunden, wurden die Elemente bereits einer Bearbeitung unterzogen. |Einige Gedichte sind bearbeiteter als andere; das Material wurde zwei oder drei oder vier oder noch mehrere Male durch den Fleischwolf gedreht. |«Ich fasse den Dichter eines einzigen Gedichts ins Auge, der sein Leben damit verbrachte, zunehmend kompliziertere, zunehmend einfachere Variationen zu ersinnen. Das Material ist dann unwesentlich; Bearbeitung ist alles.» (B.C. 9.1.68) |Meine *Songsignals* sind Fundgedichte. Ich wurde durch die visuellen Eigenschaften meiner Funde gefesselt, aber auch von ihrer Eigenschaft als Partitur für Klänge. Um die visuellen Eigenschaften und das klangliche Potential zu verstärken, fand eine Bearbeitung statt. Dies schloß Überdrucken ein – ein Bild über dem anderen, oft gefolgt von Collage-Bearbeitung –, ausschneiden und anordnen, plus Effekte, die durch die Methode des Enddrucks erreicht werden. |Ein Vervielfältiger ist ein beweglicher Druckapparat. Es ist möglich, fünfhundert verschiedene Versionen eines Gedichts ziemlich schnell auf einem Bogen Papier zu drucken, indem man die Bearbeitung der Matrize, die Kontrolle über den Farbauftrag, den Druck und die Geschwindigkeit des Laufs verändert, indem man überdruckt und nochmals überdruckt und auf fast unerschöpfliche andere Weisen.

|Die meisten meiner Gedichte sind Klanggedichte, von denen nicht zwei Aufführungen einander gleichen. Sie werden durch die verschiedenen visuellen Bearbeitungen auf der Seite stimuliert, selbst wenn eine einzige visuelle Gestalt äußerst unterschiedliche Klangversionen auslösen kann (auch wenn diese vielleicht im grunde gleich sind). |Jede Markierung auf einem Blatt Papier könnte als Klang interpretiert werden. Darüber hinaus könnte jede Markierung auf einem Stein oder einer Muschel oder einer Rinde, ihre Rauhheit oder Glätte, zerklüftete Form oder sanfte Welligkeit, ebenfalls als Klang interpretiert werden. Paula Claire, Bill Griffiths und ich haben solche Möglichkeiten im letzten Jahr im Experimentellen Workshop des National Poetry Centre erkundet. |Das führt mich zu der Annahme, daß ich beim Herstellen von Gedichten bestrebt bin, zu den «natürlichen» Formen des Universums beizutragen. |Basil Bunting schreibt (*Agenda*, Herbst/Winter 1973): «…die Geschichte weist auf einen Ursprung, den Dichtung und Musik im Tanz teilen, der ein Teil der Veranlagung des *Homo sapiens* zu sein scheint und nicht mehr Rechtfertigung oder bewußte Kontrolle benötigt als das Atmen.» |Je mehr das Finden und Bearbeiten der Elemente von diesem Tanz beherrscht wird, der nicht nur der Tanz des Homo sapiens, sondern des Universums ist, von dem er ein Teil ist, desto treffender sind die resultierenden Gedichte. |Januar 1974

270 Jeremy Adler

Die *Sonatinen* sind potentielle Bedeutungen, winzige Klänge, sogar Landschaften (hier nicht abgedruckt) und visuelle Semantiken. Für die Aufführung: nimm zwei Stimmen, geh Kästchen für Kästchen durch, quer oder senkrecht. Nimm ein paar Sekunden, und nicht länger als eine Minute, für jedes Kästchen, einschließlich kurzer Pausen, wo notwendig, und klar definierter Pausen nach jedem Kästchen. Wenn mehr als eine Abteilung (Kästchen-Reihe) aufgeführt wird, sollte dies ebenfalls klar definiert sein. Stimme Eins folgt der schwierigen, Stimme Zwei der leichteren Linie, zeitgleich oder abwechselnd, als Echo, als Kontrapunkt, wetteifernd oder harmonisch, so wie es die Stimmung und das Stück erfordern. Jedes Kästchen sollte knapp und eindringlich sein, entweder ernsthaft oder komisch. Instrumente, Gesten und andere Aufführungsmodelle können ebenfalls genutzt werden.

276 Sheila Chandra

Mit den *Speaking in Tongues*-Stücken habe ich die Grenzen [der reinen Vokalkunst, d.H.] noch weiter hinausgeschoben. Die Idee stammt von einer indischen Berechnungstechnik für Trommler. Die Klänge, die Trommler auf den beiden klassischen Haupttrommeln (tabla im Norden und mrdingam im Süden) hervorbringen, werden als onomatopoetische Silben wiederholt. Man lernt zuerst die Silben, bevor man zur Trommel greift. In Südindien ist das zu einer Form der Vokalkunst namens konnakol geworden. Ich habe die Berechnung und die starren Zeitzyklen ausgeschieden und nutze die Technik, um eine rein gefühlsmäßige Klangcollage zu erreichen. Ich breche solche patterns auf und mache Euch vom Takt frei, bin so verrückt und chaotisch als möglich, aber ich halte Euch auch gefangen, indem ich die Psychologie des Rhythmus nutze. Ich habe angefangen, andere perkussive Elemente einzubauen, etwa Vortragsübungen und alberne Zungenbrecher, Teile von Reklamegeklimper oder eine alte Keltische Nachahmung eines Vogellieds – alles was einen dazu bringt, eher die Natur dieser perkussiven Silben zu hinterfragen, als sie zu akzeptieren, weil man denkt, sie sind traditionell.

282 John Chilton

Heebie Jeebies schrieb Jazzgeschichte, indem es die erste richtige Aufnahme eines scat-Gesangs war. Louis führte die höchst rhythmische Kunst des wortlosen Singens auf eine Melodie von Boyd Atkins bis zur Vollendung vor. Armstrong zwinkerte immer mit den Augen, wenn er erzählte, wie er Vokalklänge improvisieren mußte, nachdem er das Blatt mit dem Text bei der Aufnahme hatte fallen lassen.

286 Maurice Lemaître

Die dritte Stimme wiederholt gleichmäßig dô im Rhythmus aller Takte und fügt sich so in die Pausen der zweiten Stimme, oben als «Begleitung» bezeichnet.

306 Tom Johnson

Wie viele musikalische Formen, schließt *Gbda* Improvisationen ein und eignet sich nicht für detailierte Notation. Eine leidlich befriedigende Partitur kann trotzdem durch Definition des Bißchen Sprache, das verwendet wird, dargestellt werden und dann durch Beschreibung der allgemeinen Vorgehensweise für die Aufführung des Stücks. |Um die Sprache zu lernen, übt man die drei Konsonanten zusammen, so wie es die Slawen machen, in allen möglichen Paarungen, und beendet sie mit offenen «ah»-Klängen. |*gba gda bga bda dga dba* |Dann arbeitet man mit «Silben», die drei Konsonanten besitzen. |*gbga gbda gdga gdba bgba bgda bdba bdga dgda dgba dbda dbga* |Eine Anzahl längerer Kombinationen kann mit einiger Übung ebenfalls ziemlich flüssig ausgesprochen werden. |*gdgdgdgdba* |*bdbdbdbdga* |*gdbagdbagdbagdbagdba* |*bdgabdgabdgabdgabdga* |*gbdba bdbdga* |*bdgdba* |*gdbdga* |usw. |Um das Stück aufzuführen, beginnt man in ernster Stimmung, als hielte man einen gelehrten Vortrag, und spricht *Gbda* in einem natürlichen Tonfall. Allmählich wird man beteiligter, die Stimme wird lebendiger und emphatischer, und das Tempo nimmt zu. Ungefähr nach der Hälfte, sagen wir nach zwei Minuten, setzt ein stetiger Puls mit etwa 140 Schlägen pro Minute ein, der 4/4 Takt ist festgelegt und rhythmische Notenwerte beginnen vollständig zu übernehmen. Versucht man, sich bestimmte Muster einzuprägen, um sie bei dieser Geschwindigkeit zu äußern, wird man es wahrscheinlich nie schaffen. Wie ein guter Bebop-Solist muß man seine Zunge, seine frühere praktische Erfahrung loslassen, dann trägt Dich die Kraft des Augenblicks hindurch. Es hilft jedoch, wenn Du anhand der Synkopen-Modelle arbeitest, die in den folgenden Beispielen dargestellt sind, denn Du wirst Schwierigkeiten haben, ohne sie so viel Kraft zu erzeugen.

308 Mirella Bandini

Das *Trio prosodico Nr. 1* hebt an mit einem ersten Satz, «Als ob...», in sehr bewegtem Tempo, von der langsamen zur beschleunigten Diktion fortschreitend, und ist ganz aus Verben komponiert. Der zweite, «handgreifliche», Satz, wird zugleich deklamiert und gestikuliert, und kreist um das Thema der Hand übersetzt in Idiotismen. Der dritte Satz, «sfuggendo», ist ein rhythmisches Crescendo vom lento zum presto, fast ein Wettlauf dreier Stimmen. Der vierte, «Scherzo», ist in der Tat ein Scherz: der Beziehungen-Fliehungen der Signifikate, mit der Präsenz von Neologismen rein klanglicher Motivation. Der fünfte Satz, «Choral», ist ein Kanon, in dem drei Stimmen dem Thema des «Sagens» nachjagen. Der sechste Satz, «Crescendo», ist kein rhythmisches Crescendo, sondern eines des Stimmumfangs: vom «Flüstern» zum «Schreien». Mit dem Wort «Verstummen» endet stimmlos das Stück.

312 Jaap Blonk

Labior ist meine dritte Phonetische Etüde. Mehrere Jahre des Experimentierens führten zu dieser Wahl beliebter Lippenklänge, die ebenfalls von den Stereomöglichkeiten des Munds Gebrauch machen.

342 Owen Sound

Diese Tabelle gibt dem Prozeß der Transposition vom Sprach-Symbol zum Sprach-Klang eine Form. Ihre Aufführung zeigt die Energie an, die im Geist bei der Vorstellung von Buchstaben-Ideen und Wort-Ideen auftritt. Die Aufführung ist zweitens ein Experiment, dessen Durchführung die *Dritte Regel der Sprache* bestätigen soll: «Ein Vokal ist eine Maßeinheit, die die Geschwindigkeit des Sprachflusses mißt.» |*Materialien*: 6 Lämmer, 6 Kühe, 4 Kanarienvögel, 8 Babyrasseln, 1 Gummiente, 1 tiefes Schlagwerk, 4 Luftballons, Wasser (im Glas), eine Flasche mit schlankem Hals, Löffel |*Notenschlüssel* |a – Flasche klopfen |e – Rasseln |i – es selbst |o – Kühe, Lämmer & Kanarienvögel |u – Luftballons, Wasser

344 The Four Horsemen

Lautpoesie ist die Synthese aller anderen Poesien. |Sie umgeht den Prozeß der Begriffsbildung, um auf einem absolut eingeweidebestimmten Niveau zum Publikum zu sprechen. |Ihre Bedeutung in Beziehung zur syntaktischen Poesie ist ihre Kraft, den Dichter zur muskulären Grundlage der Sprache in der großen Maschinerie der Sprache von den Genitalien bis zum Schädeldach zurückzubringen, so daß die Worte wieder aufgeladen werden mit der Energie körperlicher Bewegung, der ultimativen Grundlage des Gefühls (es bewegt mich). |Sie ist die Verschmelzung der wesentlichen Elemente aus verschiedenen Künsten zu einer neuen Kunst, auf Basis der Erforschung des körperlichen Vermögens für Laut und Stille und der Fähigkeit des Körpers, diesen Laut und diese Stille zu erzeugen. |Lautpoesie ist nicht laute Poesie, sondern die Stille des Dichters, durch die sie gesprochen wird. |Weil Klang aus dem Körper entspringt, muß Lautpoesie eine Leibespoesie sein. |Der Aufführungsbereich ist die Seite, auf die unsere Körper schreiben. |Der Raum ist das Buch und enthält alles, was Auge und Ohr empfangen. |Stellen Sie sich vor, dieser Raum ist ein Buch, dessen erzählerischer Kern der Ort ist, den diese Aufführung in Ihrem Leben einnimmt. |Die lebhafte Verbindung ist menschliche Erinnerung in Wechselwirkung mit menschlichem Laut, allein für die Lebensspanne Ihrer lauschenden Ohren nützlich. |Worte zu verwenden ist bloß zur Hälfte politisch. Die ganze politische Ökonomie des Gedichts muß die Ermordung jeder Bedeutung miteinschließen. |Kapitalismus beginnt, wenn Sie ein Wörterbuch aufklappen: Anarchie, wenn Sie diese Worte als funktionierende Nachbarn der Buchstaben betrachten.

|Wir haben bis jetzt völlig darin versagt, eine materialistische Poetik zu entwickeln, eine Poetik des triebhaften Flusses und Zeichens, eine Poetik aus dem Mehrwert des Bedeutungsgebers. Dieses Versagen ist ein Mangel in einem gewaltigen Projekt, einem Fünf-Millionen-Jahre-Projekt der Umwandlung des Menschen in Stille durch Aussöhnung seiner zwei größten Gefährdungen: Vernunft und Wahnsinn. |Es gibt kein Wort, es zu beschreiben, und es kann nicht definiert werden. Wir sind einfach hier, um gehört zu werden, und wir hören einander dort. Wenn wir auf diese Weise darstellen, sind wir selbst dargestellt. |Es kann niemals eine wahre Lautpoesie geben – bloß das ritualisierte Versagen der Kunst, ihre sechste Dimension zu erreichen. Das ist die Dimension von Ovid, Hugo Ball, der Metamorphose des Tristan Tzara, in der jeder Dichter seine Stimme abflacht in die Reihenfolge eines Wörterbuchs. |Dumpf, definitiv, autoritär und weise. Sagen wir ganz einfach, Klang ist das, was wir nicht sehen.

346 Chris Cheek

... wortflecken, ein mischklang, zwei semantische linien – eine konfrontation – die beabsichtigte und der fehler, beide erkunden laufend wort-orientierte improvisationen. |ich arbeite in den gedankenraum der seite und den während der aufführung hinein. aus dieser stellung in der ich mich jetzt befinde führt es ganz und gar aus dem text heraus oder andererseits vollkommen in die texturen und dargestellten spannungen hinein bis das detail ohne weitere bedeutungen ist. heikle stützen.

360 Brion Gysin

Die ganze Idee zur Permutation kam mir visuell, als ich die so genannte *Göttliche Tautologie* im Druck sah. Für mich sah sie falsch aus, nicht symmetrisch. Das größte Wort, That, gehörte in die Mitte, aber alles, was ich zu tun brauchte, war, die beiden letzten Worte zu vertauschen, und Es begann zu fragen: «Ich bin das, bin ich?» Der Rest kam nach.

362 Charles Amirkhanian

Meine Lautgedichte kommen von Texten wie Sniro, die zuerst von mir im Schneideraum gelesen und dann auf verschiedene Weisen verändert werden. Mein Vorgehen ist, mir alles aufgenommene Material anzuhören und die (meinem Ohr) bemerkenswertesten Töne auszuwählen. Sie werden zu Loops verarbeitet und so gemixt, dass eine Situation geschaffen wird, in der man die Worte allein ausgesprochen hört und gleichzeitig in Kombinationen miteinander. So hört man Zusammenballungen von Wörtern, gebildet durch die zufällige Synchronisation, die entsteht, wenn man mehrere zur selben Zeit abgespielte Loops hört. Aber die Arbeiten sind nicht zum Vornherein vollständig niedergeschrieben. Das würde die Betonung auf rationale, kalt zuvor ausgedachte Formen legen, bevor man die Töne, die man benutzen will, tatsächlich hört. Die Arbeit wird im Schneideraum komponiert, indem man die Materialien der Texte auf viele verschiedene Weisen benutzt, mit Ausnahme von Filtern und Modulationen, die bereits ausreichend von Komponisten elektronischer Musik und musique concrète erforscht worden sind.

392 Arrigo Lora-Totino

Ich sende einen Text mit dem Titel *Sussurli*, was ein kombiniertes Wort ist: sussurri = Geflüster und urli = Geschrei. |Gerade möchte ich es als eine Erinnerung an Carlfriedrich Claus sehen, ein sehr teurer Freund.

408 Trevor Wishart

Ich nenne diese Stücke «Stimmenabdrücke» (im Englischen wörtlich für Stimmaufzeichnungen, die von der Polizei für die Suche nach Verdächtigen und Vermißten benutzt werden). Sie behandeln die Stimmen der Personen in der Art und Weise von Porträtzeichnungen und politischen Karikaturen. |Facetten. |Prinzessin Diana (die über Pressephotographen spricht). |«Es gab ein Verhältnis, das zuvor funktioniert hat, doch jetzt kann ich es nicht tolerieren, weil es Mißbrauch wurde und eine Belästigung ist.»

412 Erik Belgum

Blabbermouth ein organischer Sprachsynthesizer und Geschichtenerzähler. |Dieses Stück ist eine Audiodemonstration eines frühen Prototypen von *Blabbermouth*. Die letzte Ausführung von *Blabbermouth* wird die Gestalt einer Software haben, die eine beträchtliche Interaktion mit dem Benutzer bei der Erschaffung des Sprachflusses und in Hinsicht auf den Handlungsablauf ermöglicht.

414 Warren Burt

Lautgedicht für Computerstimmen und Harfensamples. Benutze für die Aufnahme der Texte Computerstimmen. Transponiere die Stimmen eine Oktave tiefer in E-A-B-E-Harmonien. Begleite mit E-A-B-E-Harfengebrumm. |Nimm das heilige Tetraktyspattern der Pythagorärer: 1/1 – 4/3 –3/2 – 2/1 –3/2 – 4/3 (E – A – B – E' – B – A in modernen musikalischen Begriffen.) Verwandle es ins Pattern 1, 1, 4, 3, 3, 2, 2, 1, 3, 2, 4, 3. Nimm die ersten Zeilen aus Lysis *The Golden Verses of Pythagoras* (in Nayan Louise Redfields Fassung von 1916, die eine Übersetzung von Fabre d'Olivets französischer Version aus dem Jahr 1810 ist) und entferne, wie dargestellt, jeden n-ten Buchstaben aus dem Text. (Zu entfernende Buchstaben sind unterstrichen.) |Render to the immortal Gods the consecrated cult; |Guard then thy faith: revere the memory |Of the illustriuos heroes, of spirits demi-Gods. |Be a good son, just brother, spouse tender and good father. |Choose for thy friend, the friend of virtue, |Yield to his to his gentle counsels, Profit by his life, |And for a trifling greivance never leave him. |If thou canst at least; for a most rigid law |Binds Power to necessity. |Das ergibt die folgende Sequenz in einer fortgeschrittenen Version: |*renthmotaoscseceugadtnhirevtmoyftilrushefiisdioe* |*oodjtohrsuedanddtrhosohitheeoiteyltsntluepoit* |*hsedforlgrivcnraveihcntaesrostiaidporoe* |In eine 12 x 11-Matrix gebracht (d.h. 11maliges Auftreten einer Sequenz aus 12 Elementen), lautet sie: |*renthmotaosc* |*seceugadtnhi* |*revtmoyftilr* |*ushefiisdioe* |*oodjtohrsued* |*anddtrhosohi* |*theeoiteylts* |*ntluepoithse* |*dforlgrivcnr* |*aveihcntaesr* |*ostiaidporoe* |Englische und andere Worte vorwärts und rückwärts extrahiert, ergibt: |*Rent H.M.O. Taos Gad Hi Rev Mo Oy Rush Us Is Dio To Sued Aµnd Hi Thee Po Poi It For Rave Osti Aid Po Roe.* |*Eo It So Seat Hi Eva Of Op Ope Pe Yet Yeti Ti Eh I Ho So D.N.A. Deus Rho Hot Doo Eo Id If Feh Ur Lit Yo Om Dag C.E.S. So At Om Atom.* |Und Worte und Gedichte aus verschiedenen Durchgängen der Matrix extrahiert, ergibt: |*Rent H.M.O....*

Biographien

Nachfolgend geben wir Kurzbiographien der Künstlerinnen und Künstler, die in diesem Buch und auf der CD mit Beiträgen vertreten sind. Für bibliographische Angaben siehe www.engeler.de/scholz.html

Adler, H[ans]. G[ünther].

Geboren am 2. August 1910 in Prag. Gestorben am 21. August 1988 in London. Studierte an der Prager Deutschen Universität Musikwissenschaft, Literaturwissenschaft, Philosophie und Psychologie. 1935, nach seiner Promotion, arbeitete er als Sekretär und Lehrer an einer Volkshochschule in Prag. Von August 1941 bis April 1945 war er in verschiedenen Lagern, in Theresienstadt und in Auschwitz. Nach der Befreiung, im Juni 1945, Rückkehr nach Prag, wo er sechs Monate als Erzieher und Lehrer für Kinder, die aus Konzentrationslagern gerettet worden waren, wirkte. Mithilfe beim Wiederaufbau des Prager Jüdischen Museums. Im Februar 1947 Übersiedlung nach London, wo er Vorträge für deutsche Kriegsgefangene hielt. Bekannt geworden als Verfasser soziologischer Werke über die Juden in Deutschland und als Verfasser mehrerer Prosawerke.

Adler, Jeremy

Geboren 1947 in London. Sohn von H.G. Adler. Seit 1971 Lecturer in German, Westfield College (University of London), seit 1994 Professor für Germanistik am King's College London. Herausgeber von *A* (Zeitschrift für visuelle Poesie). Seit 1968 zahlreiche visuelle Texte und Lautgedichte sowie wissenschaftliche Publikationen. Teilnahme an Ausstellungen.

Albert-Birot, Pierre

Geboren am 22. April 1876 in Angoulème. Gestorben am 25. Juli 1967 in Paris. 1887 Besuch des Gymnasiums in Bordeaux. 1892 Umzug nach Paris, Lehre als Steinmetz und Besuch der École des Beaux Arts. 1893 Arbeit im Atelier des Bildhauers Georges Achard. Bis 1900 Malkurse bei Gustave Moreau; Aufbau eines Ateliers, Gründung einer Familie. Zwischen 1900 und 1914 Arbeit als Restaurateur, Stukkateur und Bildhauer, erste Texte. 1916 Gründung und Redaktion der Zeitschrift *SIC*. Bekanntschaft mit Apollinaire. 1917 Veröffentlichung des ersten Gedichtbandes, 1919 Verfassen der ersten Theaterstücke und Drehbücher. Zwischen 1920 und 1930 verschiedene literarische Tätigkeiten. 1933 Kritikererfolg mit der Veröffentlichung von «Grabinoulor». 1936 Prix Cazes. Erst seit 1952 wieder Interesse an seinem literarischen Werk.

Amirkhanian, Charles

Geboren am 19. Januar 1945 in Fresno, Kalifornien. Avantgarde-Komponist, Musiker und Schriftsteller, als Komponist Autodidakt. Seit 1963 vor allem Intermedia- und Text-Sound-Kompositionen. Seit 1969 für mehrere Jahre Musikdirektor des Radiosenders KPFA-FM Los Angeles. Mitbegründer des Composer-to-Composer Festivals in Telluride, Colorado.

Arcand, Pierre-André

Geboren 1942 in Québec, Kanada. Dichter, Performer, Intermedia-Künstler. 1972 MA-Abschluss des Studiums an der Universität Laval, Québec. 1978-1988 Mitglied der Gruppe Le Lieu; Mitarbeit an der Kunstzeitschrift *Inter*. Mitbegründer der Klangkünstler-Gruppe AVATAR (1992). Zahlreiche Auftritte bei Festivals, Buch- und Tonträger-Publikationen sowie Herausgeber von Soundart-Editionen. Lebt und arbeitet in Québec.

Aristophanes

Geboren um 445 v. Chr in Athen. Gestorben ebd. um 385 v. Chr. Griech. Komödiendichter, Vollender der alten attischen Komödie. Von 44 Werken in der Alexandrinischen Bibliothek sind elf erhalten.

Arp, Hans

Geboren am 16. September 1887 in Straßburg. Gestorben am 7. Juni 1966 in Basel. Maler, Bildhauer, Schriftsteller. 1905 Beginn des Mal- und Zeichenstudiums in Weimar. 1908 in Paris. Beziehungen zum «Blauen Reiter» und zum «Sturm». 1916-1919 Teilnahme an der Zürcher Dadabewegung. Heiratete 1922 Sophie Taeuber.

Artaud, Antonin

Geboren am 4. September 1896 in Marseille. Gestorben am 4. März 1948 in Ivry-sur-Seine. Nach Studien am Collège du Sacré Cœur und einer längeren Krankheitszeit Umsiedlung 1920 nach Paris, 1924 Veröffentlichung seines ersten Gedichtbandes; Mitglied des surrealistischen Dichterkreises um André Breton, Mitarbeit an der Zeitschrift *La Révolution Surréaliste*; 1922-1932 großer Erfolg als Schauspieler; 1926 Gründung des «Théâtre Alfred Jarry» und Entwicklung des «Theaters der Grausamkeit»; 1928 Bruch mit den Surrealisten; 1937 Rückkehr nach Paris von Reisen nach Mexiko und Irland mit Wahnsymptomen, neunjähriger Aufenthalt in Heilanstalten; 1946 Entlassung aus der Heilanstalt in Rodez, Rückkehr nach Paris; Anerkennung für seine Theatertheorien, Auszeichnungen.

Ball, Hugo

Geboren am 22. Februar 1886 in Pirmasens. Gestorben am 14. September 1927 in Sant'Abbondo im Tessin. Lehrzeit in einem Ledergeschäft. Nervenkrise. Reifeprüfung, Studium in München, nicht zu Ende geführt. Ausbildung bei Max Reinhardt in Berlin. 1911-12 Dramaturg am Theater in Plauen, 1912-1914 an den Münchner Kammerspielen. Frühjahr 1915 mit Emmy Hennings nach Zürich. 1916 Begründer des dadaistischen Cabarets Voltaire mit Tzara, Arp, Huelsenbeck, Serner u.a. 1917 Abwendung vom Dadaismus. Heirat mit Emmy Hennings. 1917-1920 politische Artikel in der Freien Zeitung in Bern. Übertritt zum Katholizismus.

Balla, Giacomo

Geboren am 18. Juli 1871 in Turin. Gestorben am 1. März 1958 in Rom. 1893 Übersiedlung nach Rom. 1900 Aufenthalt in Paris, wo er die Spätimpressionisten kennenlernte. Nach seiner Rückkehr nach Rom Lehrer von Umberto Boccioni und Gino Severini. Sein erstes futuristisches Bild malte Balla im Mai 1912, nachdem er die futuristischen Bilder seiner jungen Schüler und Freunde gesehen hatte. Von da an aktive Teilnahme an der Bewegung, sein Atelier wurde zu einem Treffpunkt der Futuristen in Rom. Um 1930 Rückkehr zum Gegenständlichen, entwirft auch Möbel, Inneneinrichtungen und Bühnenbilder.

Barzun, Henri-Martin

Geboren 1881 in Grenoble. Gestorben 1973 in New York. In frühen Jahren war Barzun Mitglied der L'Abbaye-Gruppe um Georges Duhamel, Albert Gleizes und Jules Romains, eines Künstlerkollektivs, das sich in der Nähe von Paris (Crétail) im Sommer 1906 für 14 Monate zusammengefunden hatte, um mit vereinten Kräften u.a. Bücher herzustellen und zu verkaufen. Seinen eigenen Weg fand Barzun mit dem Dramatismus («Dramatisme») und insbesondere mit dem Simultanismus («Simultanéisme»), der bereits um 1912/1913 die Darstellung gleichzeitig ablaufender Lebensprozesse zumindest programmatisch entwarf. Auch Barzun plädierte schon damals für den Gebrauch der Schallplatte («le disque poétique») zu künstlerischen Zwecken. Seine Idee des Simultangedichts beeinflusste seine Künstlerfreunde und Zeitgenossen wie F. T. Marinetti und G. Apollinaire sowie die Dadaisten nachhaltig.

Bayer, Konrad

Geboren am 17. Dezember 1932 in Wien. Gestorben am 10. Oktober 1964 (Suizid) auf Schloss Hagenberg, Niederösterreich. Nach dem Abitur im Jahr 1951 Besuch kaufmännischer Kurse auf Wunsch des Vaters. Im selben Jahr Begegnung und Freundschaft mit Gerhard Rühm und H. C. Artmann. Seit 1957 freier Künstler, Schriftsteller und Mitarbeiter von Experimentalfilmen. Seither engere Kontakte zu Artmann, Rühm, Oswald Wiener und Friedrich Achleitner. Co-Produktionen mit Artmann und Rühm. Lesungen mit der Wiener Gruppe.

Beauduin, Nicolas

Geboren 1881 in Poix (Somme). Gestorben 1960 in Corvées-Les Yys (Eure-et-Loir). Gründer der Zeitschriften *Les Rubriques nouvelles* (1909) und *La Vie des lettres* (1913) und Begründer des «paroxysme moderniste», einer Dichtkunst, die gegenüber allen wissenschaftlichen Entdeckungen und Errungenschaften der Moderne offen sein und sie erfassen wollte. Nach dem Ersten Weltkrieg beschäftigte sich Beauduin mit Typographie («synoptisme polyplan») und mit dem Simultanismus («Simultanéisme») von Barzun.

Bechstein, Johann Matthäus

Geboren am 11. Juli 1757 in Waltershausen (Thüringen). Gestorben am 23. Februar 1822 in Dreißigacker bei Meiningen. Deutscher Forstwissenschaftler und Ornithologe. Gründete 1794 eine Forstschule in Waltershausen, war seit 1801 Leiter der neu errichteten Forstakademie in Dreißigacker; gilt als einer der Begründer der Forstwissenschaft und als der zu seiner Zeit führende Ornithologe in Deutschland.

Belgum, Erik

Geboren 1961 in Minneapolis, Minnesota. Schriftsteller, Klangkünstler, Musiker. 1979-1983 Studium der Literatur- und Musikwissenschaft an der Universität von Minnesota, Minneapolis. 1983-1985 Fortsetzung des Studiums an verschiedenen Musikhochschulen. 1987 MA-Abschluss des Studiums. Arbeitet in den Bereichen der Audio und Performance Art sowie der Lautpoesie. Herausgeber der CD-Reihe VOYS. Zahlreiche Buch- und Zeitschriftenveröffentlichungen. Lebt und arbeitet in Shafer, Minnesota.

Bell, Alexander Melville

Geboren am 1. März 1819 in Edinburgh. Gestorben am 7. August 1905. Britisch-amerikanischer Sprachwissenschaftler. Sein Hauptwerk *Visible speech: the science of universal alphabetics* (1867) diente als Grundlage für internationale phonetische Alphabete.

Beumer, Isabeella

Geboren in Herford. Voiceartistin und Soundpoetin. Lebt in Nordrhein-Westfalen. Studium der Lautpoesie und der experimentellen Literatur bei H. C. Artmann, Allen Ginsberg und Gerhard Rühm, war Meisterschülerin von Ginka Steinwachs und Sainkho Namchylak. Seit 1993 Mitarbeit bei Rundfunk- und Fernsehproduktionen sowie Buchpublikationen. Mitwirkung an interdisziplinären Seminaren zum Thema Stimme-Atem-Körper. Zahlreiche Soloperformances in Europa.

Bissett, Bill

Geboren 1939 in Halifax, Nova Scotia/Kanada. In den späten 50er Jahren Umzug nach Vancouver, kurzer Besuch der University of British Columbia, tätig als Dichter («downtown poet»); 1963 Gründung der Zeitschrift *blewointment.* 1966 Veröffentlichung seines ersten Buches durch bp Nichol's Ganglia press, Toronto; 1967 Gründung seines eigenen Verlages blewointmentpress, in dem seit 1966 über 50 Bücher Bissetts erschienen sind. Lebt und schreibt in Vancouver.

Blonk, Jaap

Geboren am 23. Juni 1953 in Woerden, Niederlande. Stimmkünstler, Lautdichter und Musiker; Autodidakt. Nach abgebrochenem Mathematik-, Physik- und Musikstudium und der Ausübung verschiedener Tätigkeiten Interesse an dadaistischen Aktionen; Komposition von Jazz- und Musikstücken für experimentelles Theater; entdeckte beim Vortrag von Gedichten Artauds und Schwitters die Flexibilität und die Expressionsfähigkeit der Stimme. Gegenwärtig Spezialist für Lautpoesie-Performances, Auftritte in ganz Europa, in Nord- und Südamerika und Indonesien. Autor von Lautgedichten und anderen Texten für Solo-Aufführungen und für Musikgruppen mit vielen neuen Kombinationen von Stimm- und Instrumentalklängen. Neben seinem Auftritt als Solo-Performer Zusammenarbeit mit Musikern der zeitgenössischen Improvisationsszene (Paul Dutton, David Moss u.a.). Gründung der Gruppen Splinks und Braaxtaal. Ausstellung von Partituren und visuellen Texten.

Blümner, Rudolf

Geboren am 19. August 1873 in Breslau. Gestorben am 3. September 1945 in Berlin. Schuljahre in Zürich, wo sein Vater als Professor für klassische Philologie wirkte. 1892-1896 Jurastudium in Zürich, Genf, Leipzig, Straßburg, Berlin, 1896-1899 Tätigkeit als Amtsrichter und Staatsanwalt. 1899 Promotion und Entlassung aus dem Staatsdienst. Tätigkeit unter Max Reinhardt, übernahm den Sprechunterricht der Schauspielschule. Seit 1903 Freund Herwarth Waldens. Berühmt wurde er durch seine Rezitationen expressionistischer Dichtungen. Sturm-Vortragsabende in Berlin und in deutschen Großstädten. Im Dritten Reich schlug er sich kümmerlich durch. Erblindete 1944.

Bruhin, Anton

Geboren 1949 in Lachen, Kanton Schwyz, aufgewachsen in Schübelbach SZ. Kunstgewerbeschule und Schriftsetzerlehre in Zürich, seit 1968 freischaffend: Zeichnungen, Malerei, Texte, Musik. Einzel- und Gruppenausstellungen, Bucheditionen und Portfolios. Lebt in Schübelbach.

Burljuk, David

Geboren am 21. Juli 1882 in Semirotoschtschina in der Nähe der Stadt Charkow. Gestorben am 15. Januar 1967 in Southhampton, Long Island, USA. Dichter, Maler, Verleger, Initiant, Wortführer und Organisator der futuristischen Avantgarde in Moskau. Nach dem Besuch des Gymnasiums Ausbildung als Maler u.a. in Moskau, München und Paris; seit 1910 Anreger und Mitarbeiter diverser avantgardistischer Unternehmungen (Sammelwerke, Zeitschriften, Manifeste, Ausstellungen, Aktionen, Vorträge). Ab 1901 Verfasser von eher konventionellen Gedichten. September 1920 Emigration.

Burt, Warren

Geboren 1949 in Baltimore, Maryland. Komponist, Musiker, Sprachkünstler, Intermedia-Künstler. 1971 BA-Abschluss des Studiums an der State University of New York, Albany. 1975 MA-Abschluss des Studiums an der University of California, San Diego. Elektronische Musik und Performance Art als Schwerpunkte des Studiums. Arbeitet auf dem Gebiet der Intermedia-Kunst; Teilnahme an internationalen Festivals für Neue Musik. Zahlreiche Buchveröffentlichungen. Lebt seit 1975 in Melbourne, Australien.

Cage, John

Geboren am 5. September 1912 in Los Angeles. Gestorben am 12. August 1992 in New York. Nestor der Neuen Musik und der Akustischen Kunst, Dichter, bildender Künstler, Zen-Philosoph und Pilzforscher. Musikstudium bei Richard Bühlig, Henry Cowell, Adolph Weiss und Arnold Schönberg in New York und Los Angeles; 1938 erste Kompositionen für Schlagzeug und für präpariertes Klavier; Begegnung mit László Moholy-Nagy; 1941 Unterricht in experimenteller Musik an der Chicago School of Design; 1943 Konzert im Museum of Modern Art, New York; seither Kontakte zu Künstlern wie Marcel Duchamp, Zusammenarbeit mit Merce Cunningham und seiner Dance Company; 1948 Lehrtätigkeit am Black Mountain College. 1951 realisierte er zusammen mit Musikern, darunter David Tudor, und Toningenieuren erste Kompositionen für Orchester und Tonband. 1952 Veranstaltung eines theatralischen Ereignisses («Untitled Event») am Black Mountain College, das vielfach als erstes Happening angesehen wird; dort Begegnung mit Buckminster Fuller und Robert Rauschenberg; 1956-1959 Kurse in experimenteller Musik an der New School for Social Research in New York. Seit den 40er Jahren Beschäftigung mit indischer Philosophie, Zen-Buddhismus und dem I Ging. 1969 Entwicklung eines Computer-Simulationsprogrammes des I Ging zur Ermittlung von Zufallszahlen als Grundlage eines Kompositionsverfahrens; 1978 Aufnahme in die Amerikanische Akademie für Kunst und Wissenschaft.

Cangiullo, Francesco

Geboren am 27. Januar 1884 in Neapel. Gestorben am 22. Juli 1977 in Livorno. Schriftsteller, Journalist und Maler. Gehörte seit 1912 dem Futurismus an. Erfand die «Poesia pentagrammata» und widmete seine Aufmerksamkeit besonders dem Theater. Mit Marinetti unterschrieb er das Manifest *Teatro a sorpresa* und verfasste futuristische Theater-Synthesen. 1923 trennte er sich vom Futurismus, seine Freundschaft mit Marinetti dauerte aber bis zu dessen Tode.

Carrà, Carlo

Geboren am 11. Februar 1881 in Quargnento, Alessandria. Gestorben am 13. April 1966 in Mailand. Mit 12 Jahren Lehre bei einem Dekorationsmaler. 1900 Arbeit auf der Weltausstellung in Paris. 1906 Studium an der Kunstakademie Brera in Mailand. Carrà nahm bis 1915 aktiv an der futuristischen Bewegung teil und ging dann zu einer anarchisierenden Malweise über. 1916 lernte er im Lazarett von Ferrara Giorgio de Chirico kennen und schloss sich dessen «Pittura Metafisica» an. Von 1919-1922 war er Mitarbeiter der Zeitschrift *Valori Plastici*, später stand er der Gruppe «Novecento» nahe. Seit 1911 beschäftigte er sich eingehend mit der Malerei des Tre- und Quattrocento, gleichzeitig schrieb er als Kunstkritiker über zeitgenössische Künstler.

Charms, Daniil

(d.i. Daniil Ivanovic Juvacev) Geboren am 17. (30.) Dezember 1905 in St. Petersburg. Gestorben am 2. Februar 1942 in Leningrad. Vor der Oktoberrevolution Besuch der deutschen Peterschule in Petersburg; 1922-1924 Mariengymnasium in Detskoje Selo; 1924-1925 Studium am Leningrader Elektrotechnikum (bis zur Zwangsexmatrikulation); 1925 Beginn der literarischen Tätigkeit, erste saumnische Gedichte. Rezitator für Gedichte von A. Krutschonych, W. Majakowski u.a. im «Inchuk»; 1925-1926 Mitglied von Alexander Tufanows Gruppe «Die linke Flanke». 1926 Aufnahme in den Allrussischen Dichterbund, 1929 Ausschluss; 1927 Gründung der OBERIU, der Gesellschaft für reale Künste, die bis zum April 1930 bestand; 1931 Verhaftung wegen seiner Nonsens- und Lautdichtung, Verbannung nach Kursk, im Herbst 1932 Rückkehr nach Leningrad, 1934 Mitglied des Sowjetischen Schriftstellerverbandes; im August 1941 erneute Verhaftung, Untersuchung des Geisteszustandes. Neben seinen absurden und saumnischen Texten schrieb Charms zahlreiche Gedichte und Theaterstücke für Kinder.

Cheek, Chris

Geboren am 10. Oktober 1955 in London. Lautpoet, Performer, Herausgeber und Dozent, lebt in Lowestoft, North Suffolk, England. Als Musiker und Performance-Künstler Auftritte mit den Gruppen jgjgjg…, CoAccident, Bang Crash Whallop, Garam Masala und Slant; Zusammenarbeit mit Künstlern wie Sianed Jones, Kirsten Lavers, Philip Jeck u.a. Zahlreiche Ausstellungen seiner Schreibprojekte. Mitherausgeber der Zeitschrift *Sound & Language*.

Chlebnikov, Velimir

Geboren am 28. Oktober 1885 in Tundotowo (Gouvernement Astrachan). Gestorben am 28. Juni 1922 in Santalowo (Nowgorod). Dichter, Dramatiker, Poetologe; führender Vertreter des Moskauer Kubofuturismus, Mitverfasser zahlreicher futuristischer Programmschriften. Vater Ornithologe, Mutter Historikerin. Nach dem Besuch des Gymnasiums Studium der Mathematik und Naturwissenschaften in Kasan und Petersburg, Sprach- (Sanskrit) und Geschichtsstudium in Petersburg (1903-1913); Kontakte zu Schriftstellern wie Andrej Bely und Alexander Block; 1908 Publikation des ersten Textes in der Zeitschrift *Wesna*, ab 1914 Einzelausgaben seiner Gedichte; 1910-1912 Mitglied der Gruppe «Hylea», aus der die kubo-futuristische Bewegung hervorgeht. 1914 Ablehnung des italienischen Futurismus durch die russischen Futuristen; Moskau 1916 Organisation des *Staats der Zeit*; 1916 Frontdienst; Gründung der utopischen (Futuristen-) *Regierung der Weltkugel*; 1917-1920 Aufenthalte in der Ukraine (Charkow, Rostow); 1920 Verhaftung und Zwangseinweisung in eine psychiatrische Klinik durch Weiße Truppen, Befreiung durch die Rote Armee; 1920 Rosta-Arbeit; Juni 1921 Teilnahme am Marsch der revolutionären iranischen Volksarmee; August 1921 Rückkehr nach Baku und Pjatigorsk, Arbeit als Nachtwächter und als Journalist, schreibt über die große Hungersnot im Wolgagebiet; Herbst 1921 krank nach Moskau, Frühjahr 1922 Tod auf der Reise nach Astrachan.

Chopin, Henri

Geboren 1922 in Paris. Dichter, Performer. Verleger/Redakteur/Herausgeber der Zeitschrift *Cinquième Saison / Revue OU* (1957/1964-1979). International bekannt als Pionier und Förderer der internationalen visuellen und akustischen Poesie. Seit 1959 Beteiligung an Einzel- und Gruppenausstellungen Visueller Poesie. Viele Performances, zahlreiche Buchpublikationen und Veröffentlichungen auf Tonträgern. Lebt in der Nähe von London.

Claudius, Matthias

Geboren am 15. August 1740 in Reinfeld (Holstein). Gestorben am 21. Januar 1815 in Hamburg. Studierte in Jena, gab in Wandsbek 1771-1775 eine von J. J. Bode gegründete Volkszeitung heraus (*Der Wandsbecker Bothe*), die in ihrer Mischung von politischen, wissenschaftlichen und literarischen Neuigkeiten sowie belehrenden Beiträgen in Landboten und Volkskalendern später reichlich Nachahmung fand und für die er so bekannte Mitarbeiter wie Klopstock, Lessing, Heider u.a. gewann; lebte auch später meist in Wandsbek, dann in Altona (Revisor bei der Schleswig-Holsteinischen Bank) und Hamburg. Claudius stand dem Kreis um F. G. Klopstock, dem Göttinger Hain, dann J. H. Voss und F. L. Stolberg in Eutin nahe und vertrat gemeinsam mit J. K. Lavater, F. H. Jacobi, J. G. Herder und J. G. Hamann einen christlichen und volksnahen Realismus.

Claus, Carlfriedrich

Geboren am 4. August 1930 in Annaberg (Erzgebirge). Gestorben am 22. Mai 1998 in Chemnitz. Zeichner, Grafiker, Schriftsteller. 1945-1948 Ausbildung zum Kaufmannsgehilfen. Autodidakt. Seit 1951 experimentelle poetische Texte, Klang-Gebilde; 1958-1960 Phasenmodelle und Letternfelder; 1959 experimentelle Sprechprozesse auf Tonband; 1958-1960 Versuche zu Vokal-Kreisungen; seit 1959 Sprachblätter. Übergang zur bildenden Kunst. Beteiligung an internationalen Ausstellungen seit 1961, Einzelausstellungen seit 1964. 1975 Mitglied des VBK (Verband Bildender Künstler der DDR). 1991 Mitglied der Akademie der Künste Berlin (West). Visuelle Poesie im Grenzbereich von Zeichnen und Schreiben. Forschung zu Philosophie, Psychologie, Literatur und Geschichte. Veröffentlichungen in zahlreichen Avantgarde-Zeitschriften.

Cobbing, Bob

Geboren am 10. Oktober 1920 in Enfield (Middlesex, England). Gestorben am 29. September 2002 in London. Seit 1942 künstlerische Tätigkeit als Zeichner, Maler und Schriftsteller; 1954 entstanden die ersten Lautgedichte; seit den 60er Jahren Tätigkeit als Verleger und Buchhändler (Writers Forum, London) und als Dozent am National Poetry Center, London; übte großen Einfluss auf die Minipressenszene (England, USA, Kanada) und auf junge Schriftsteller; verkörpert die Entwicklungen der Poesie seit Dada.

Depero, Fortunato

Geboren am 30. März 1892 in Fondo, Trento. Gestorben am 29. November 1960 in Rovereto. Maler, Bildhauer, Designer, Schriftsteller. Publizierte 1913 symbolistische Gedichte und Zeichnungen und wandte sich im selben Jahr dem Futurismus zu. Mitverfasser zahlreicher futuristischer Manifeste. Depero hat sich besonders für Bühnendekorationen und Kostüme interessiert, sich aber auch dem Kunstgewerbe (Stoffmuster, Mosaik usw.) gewidmet. In Rovereto, wo er bis zu seinem Tode gelebt hat, gab er 1933 die Zeitschrift *Dinamo futurista* heraus. Anfang der 30er Jahre beschäftigte er sich mit Film in Echtzeit und mit Sprachklangkompositionen für das Radio (1934).

Dufrêne, François

Geboren am 21.9.1930. Gestorben am 12.12.1982 in Paris. Seit 1946 Mitglied der Lettristen, verließ diese Gruppe um 1954, um sich seinen «ultra-lettristischen Schreirhythmen» («Crirythmes Ultra-lettristes»), später den «Mégapneumes», auf Tonband gespeicherten

Vokalimprovisationen, zu widmen, die die Kräfte der Stimme und des ganzen Körpers, auch in Performances, erfordern. Neben seinen lautpoetischen Hauptwerken, dem «Tombeau de Pierre Larousse» (1958) und der «Cantate des Mots Camés» (1977), beschäftigte sich Dufrêne mit bildender Kunst («dessous d'affiches», d. s. Plakatabrisse) und gehörte als Gründungsmitglied zur Gruppe «Le Nouveau Réalisme», an deren Ausstellungen er teilnahm.

Durand de la Malle

Keine biographischen Daten vorhanden

Dutton, Paul

Geboren 1943 in Toronto, Kanada. Dichter, Performer, Künstler. In den 60er Jahren Beginn der künstlerischen Arbeit. Mitglied der Gruppen The Four Horsemen und CCMC. Teilnahme an internationalen Festivals. Zahlreiche Buch-, Zeitschriften- und Tonträgerpublikationen. Lebt und arbeitet in Toronto.

Enzensberger, Hans Magnus

Geboren am 11. November 1929 in Kaufbeuren. Schriftsteller und Übersetzer. Kindheit und Jugend in Nürnberg. Nach dem Abitur (1948) Studium der Germanistik und Philosophie in Erlangen, Freiburg, Hamburg und Paris (1949-1954). Seit den 50er Jahren Reisen in Europa, Nord- und Mittelamerika, Asien. Seit 1955 verschiedene Tätigkeiten als Rundfunkredakteur, Verlagslektor, Gastdozent, Herausgeber von Zeitschriften und Buchreihen. Zahlreiche Preise, u.a. Büchner-Preis 1963.

Fahlström, Öyvind

Geboren am 28. Dezember 1928 in Sao Paulo. Gestorben am 9. November 1976 in Stockholm. Schwedischer Maler und Dichter. Lebte ab 1961 meist in New York, wo er eine gesellschaftskritisch engagierte Form der Pop-art entwickelte. Seine Werke sind von mexikanischen Bildern und Cartoons beeinflusst.

Ferrando, Bartolomé

Geboren 1951 in Valencia, Spanien. Dichter, Performer, Musiker. Dozent an verschiedenen Hochschulen. Verleger der Zeitschrift *Texto Poético* (1977-1989). Teilnahme an Ausstellungen visueller und Objektkunst. Zahlreiche Auftritte auf internationalen Festivals. Mitglied der Gruppen Flatus Vocis Trio (L. Barber, F. Miranda, B. Ferrando), Taller De Musica Múndana (L. Barber, F. Miranda, F. Estévez, M. Breuss) und Rojo (M. Eichenberger, F. Lüscher, A. Zimmerlin). Zahlreiche Buch-, Zeitschriften- und Tonträgerveröffentlichungen. Lebt und arbeitet in Valencia.

Four Horsemen, The

The Four Horsemen, bestehend aus Rafael Barreto-Rivera, Paul Dutton, Steve McCaffery, bp Nichol, wirkte zwischen 1970 und 1988 als Performance-Gruppe, die in ihren internationalen Auftritten populäre Unterhaltung und Avantgarde kombinierte. Ohne die Verwendung von Mikrophonen, im direkten Kontakt mit dem Publikum, entwickelte die Gruppe einen Vortragsstil, der die kabarettistischen Darbietungen von Zürich-Dada fortsetzte. Mehrere Buch- und Tonträger-Veröffentlichungen.

Freytag-Loringhoven, Else von

(d.i. Else Hildegard Ploetz) Geboren am 12. Juli 1874 in Swinemünde. Gestorben am 15. Dezember 1927 in Paris. Künstlerin und Schriftstellerin. Verließ früh das Elternhaus, um in Berlin zu leben, wo sie Gelegenheitsarbeiten annahm oder sich von ihren zahlreichen Liebhabern, zumeist Künstlern, Schauspielern oder Literaten, aushalten ließ; 1904-1908 Reisen nach Italien, Frankreich, England und in die Schweiz; 1910 Übersiedlung nach Kentucky, USA; 1913 Heirat des Barons Leopold von Freytag-Loringhoven; 1914 Rückkehr des Ehemannes nach Europa (Selbstmord nach fünf Jahren Internierungslager); lebte 1914-1923 als exzentrische Erscheinung in Greenwich Village, New York; bekannt bzw. befreundet mit Marcel Duchamp, William Carlos Williams, Wallace Stevens, Hart Crane, Man Ray, Peggy Guggenheim, Margaret Anderson u. v. a.; zahlreiche Veröffentlichungen in den Zeitschriften *The Little Review*, *New York Dada 1*, *transition 7*; 1923 Rückkehr nach Europa; Aufenthalte in Berlin und in Paris, wo sie unter unglücklichen Umständen im Alter von 53 Jahren verstarb.

Garnier, Ilse

Geboren 1927 in Kaiserslautern. Literatur- und Sprachstudien in Mainz und Paris. Lebt und arbeitet als Schriftstellerin, Künstlerin, Übersetzerin in Amiens und Paris. Veröffentlichungen zur französischen, vor allem von Frauen geschriebenen Literatur und Poesie. Übersetzungen aus dem Französischen und Deutschen. Nach dem Kriege zusammen mit Pierre Garnier erste Übersetzungen und Essays zum Expressionismus. Beiträge zur akustischen, visuellen, konkreten und spatialistischen Literatur und Kunst, Ausstellungen und Beteiligungen; seit 1996 Mitarbeit an internationalen Internetprojekten.

Garnier, Pierre

Geboren 1928 in Amiens. Studium u.a. der Germanistik in Paris und Mainz. Lebt und arbeitet als Schriftsteller, Übersetzer und Künstler in Amiens und Paris. Beiträge zur visuellen, akustischen und konkreten Poesie; Begründer des Spatialismus; Zusammenarbeit mit Isle Garnier, Seiichi Niikuni und Reinhard Döhl. Übersetzungen vor allem deutscher Literatur (Gottfried Benn u.a.), Essays u.a. über den deutschen Expressionismus. Seit 1996 Mitarbeit an internationalen Internetprojekten.

Geerken, Hartmut

Geboren 1939 in Stuttgart. Nach dem Studium (Orientalistik, Philosophie, Germanistik, Vergl. Religionswissenschaft in Tübingen und Istanbul) von 1966-1983 als Dozent an den Goethe-Instituten Kairo, Kabul und Athen; lebt heute in Wartaweil bei Herrsching am Ammersee, arbeitet auch als Schauspieler und Free-Jazz-Musiker. Seine Sprechstücke, zum Teil mit dem Publikum realisiert, wurden u.a. in Kairo, Kabul, München, Bielefeld, Berlin uraufgeführt. Mitherausgeber der *Frühen Texte der Moderne*, Editor mehrerer Werkausgaben; außerdem Veröffentlichung eigener LPs, CDs, Toncassetten und Bücher. 1986 Schubart-Literaturpreis, 1999 Karl-Sczuka-Preis für seine Hörspiele «südwärts, südwärts» (BR, 1989) und «hexenring» (BR 1994).

George, Stefan

Geboren am 12. Juli 1868 in Büdesheim (Bingen). Gestorben am 4. Dezember 1933 in Minusio (bei Locarno). Sohn eines Weinhändlers und Gastwirts; studierte einige Semester Romanistik, Philosophie und Kunstgeschichte in Berlin; Reisen führten ihn durch ganz Europa; in Paris wurde er mit S. Mallarmé, P. Verlaine, A. Rodin u.a. Künstlern bekannt, in Wien mit H. von Hofmannsthal, in Belgien begegnete er A. Verwey und E. Verhaeren, in England A. C. Swinburne. 1892 erschien das erste Heft der *Blätter für die Kunst* (bis 1919), ein Organ für den sich um ihn sammelnden Kreis, der ihm und seinem Werk huldigte (George-Kreis). 1893 lernte er in München K. Wolfskehl kennen und bekam durch ihn Kontakt zu den «Kosmikern» (L. Klages, A. Schüler u.a.). Ab 1900 lebte George zurückgezogen, meist in Berlin, München oder Heidelberg; 1933 ging er in die Schweiz.

Gillespie, Dizzy

(d.i. John Birks) Geboren am 21. Oktober 1917 in Cheraw (South Carolina). Gestorben am 6. Januar 1993 in Englewood, NJ. Amerikanischer Jazzmusiker (Trompeter, Bandleader, Komponist), spielte in den 30er Jahren in verschiedenen Swing-Big-Bands, u.a. bei Cab Calloway. Anfangs unter dem Einfluss von Roy Eldridge, entwickelte sich Gillespie in den 40er Jahren zum führenden Stilisten des Bebop, als dessen wichtigster Initiator er neben Charlie Parker und Thelonius Monk gilt. Gillespie leitete seit 1945 mehrere Orchester, in denen er den zunächst im Rahmen kleiner Gruppen entwickelten Bebop in das Format der Big Band transformierte.

Gysin, Brion

Geboren am 19. Januar 1916 in Taplow, Bucks, England. Gestorben am 13. Juli 1986 in Paris. Tod des Vaters, als Gysin 9 Monate alt war; Umzug in die USA. Besuch der High School in Edmonton, Alberta, Canada; erste Gedichte in dieser Zeit. Studium an der Sorbonne in Paris. Im Kreis um Gertrude Stein Bekanntschaft vieler Schriftsteller und Maler; 1935 Teilnahme an einer Gruppenausstellung der Surrealisten; 1939 erste Einzelausstellung. Heirat, frühe Trennung. 1950 Reise nach Tanger, Marokko, zusammen mit den «Master Musicians of Joujouka» Besitzer des Restaurants «1001 Nights», 1956 Verlust desselben nach der Unabhängigkeit Marokkos, Bekanntschaft mit William Burroughs, gemeinsame Experimente mit Tierspiritismus, Verwünschungen, Trancezustände, Suggestion zur Erforschung des menschlichen Geistes und des Unterbewusstseins. Ab 1959 gemeinsame Entwicklung der Cutup-Methode, einer Art Text-Collagetechnik, und Veröffentlichung einer Reihe von Büchern, die auf dieser Methode des Schreibens basierten.

Hausmann, Raoul

Geboren am 12. Juli 1886 in Wien. Gestorben am 1. Februar 1971 in Limoges. Maler, Photograph, Schriftsteller und Tänzer. Kam 1900 nach Berlin. Ausbildung als Maler. Unter dem Eindruck der Ausstellungen im «Sturm» 1912/13 kubistische Bilder. Seit 1916 auch Schriftsteller. Mitbegründer der Berliner Dada-Bewegung. Erfand Fotomontagen, machte Collagen und schrieb Plakatgedichte. Mitglied der Novembergruppe in Berlin. Zusammenarbeit mit Johannes Baader, Richard Huelsenbeck und Kurt Schwitters («Dada-Tournéen»). Lebte bis 1933 in Berlin, flüchtete nach Aufenthalten in verschiedenen Ländern Europas 1938 nach Frankreich. Lebte in Paris als Photograph. 1944 Übersiedlung nach Limoges. Seit 1947 zahlreiche Ausstellungen seiner Photographien, Photomontagen und dadaistischen Werke.

Heidsieck, Bernard

Geboren 1928 in Paris, lebt dort. Mitbegründer der «poésie sonore» (seit 1955) und der «poésie action» (seit 1962). Teilnehmer sowie Organisator/Mitorganisator zahlreicher Lautpoesie-Festivals, u.a. «Polyphonix Festival». Zahlreiche Ausstellungen sowie Buch- und Tonträger-Veröffentlichungen.

Helms, Hans G.

Geboren am 8. Juni 1932 in Teterow, Mecklenburg. Mehrsprachig aufgewachsen, zunächst Klavier-, später Saxophonausbildung; nach 1945 Aufenthalt in verschiedenen europäischen Ländern sowie den USA, zeitweise als Hilfsarbeiter tätig. Seit 1951 private Studien der vergleichenden Sprachwissenschaft, der Philosophie und Soziologie, der Marxschen und Engelsschen Methodologie, der Sozial- und Wirtschaftsgeschichte, des Städtebaus und Transportwesens. Zur gleichen Zeit Veröffentlichung von Büchern und Aufsätzen sowie Mitarbeit bei Radio- und Fernsehsendern. 1957 Umzug nach Köln; Bekanntschaft mit Cage, Stockhausen, Kagel, Ligeti u.a.; bei Gruppentreffen gemeinsame Lektüre von Joyces «Finnegans Wake»; Programmberater und Auftritt als «performer» bei den Konzerten in Mary Bauermeisters Kölner Atelier; in den 60er Jahren Konzerttätigkeit und Dichterlesungen. 1974 Promotion an der Universität Bremen. Lesungen, Konzerte, Vorträge, Vorlesungen, Seminare, Lehrgänge an Universitäten, Akademien und Konservatorien; zahlreiche Bücher und Veröffentlichungen in internationalen Wissenschafts-, Politik- und Kunstzeitschriften, Dokumentarfilme sowie literarische, musikalische und filmische Kompositionen verschafften ihm internationale Geltung.

Higgins, Dick (Richard Carter)

Geboren 1938 in Cambridge, England. Gestorben 1998 in Quebec, Kanada. Seit der Jugendzeit großes Interesse an Bildender Kunst und Musik. Mitte der 50er Jahre Studium der Musik an der New School for Social Research, New York, bei John Cage und Henry Cowell; 1958/59 erste visuelle, grafische Partituren; Kontakte mit George Brecht, Al Hansen, Allan Kaprow, Jackson Mac Low. Organisation von Auftritten befreundeter Künstler unter der Gruppenbezeichnung «New York Audio Visual Group». 1960 Heirat von Alison Knowles; 1960/61 Besuch von Kunst- und Literaturseminaren an der Columbia University, gleichzeitig Studium von Offsetdruck und Typographie an der Manhattan School of Printing; 1962 Europa-Reise, Konzerte auf Fluxus-Festivals; Begriffsfindung «Intermedia» zur Kennzeichnung des gattungsübergreifenden Charakters vieler Fluxus-Stücke; 1964 Gründung der Something Else Press (bis 1973) und 1972 der Unpublished Editions (seit 1978 Printed Editions). 1977 Abschluss eines Graduierten-Studiums an der New York University, Fortsetzung seiner Studien in den Bereichen Kunsttheorie und Literaturgeschichte; Hörspiele in den 70er und 80er Jahren; Lehrtätigkeit an verschiedenen Universitäten.

Huelsenbeck, Richard

Geboren am 23. April 1892 in Frankenau/Hessen. Gestorben am 20. April 1974 in Muralto. Studierte Medizin, Germanistik, Kunstgeschichte und Philosophie in Zürich, Berlin, Greifswald, Münster und München. Ging 1916 nach Zürich, Mitbegründer der Dada-Bewegung. Januar 1917 Rückkehr nach Berlin: Begründer der deutschen Dada-Bewegung mit Grosz, Hausmann, Jung, Heartfield u.a. Februar 1918 erste Dada-Rede in Berlin. Im April Gründung des Club Dada mit Veranstaltungen. In den 20er Jahren Reisen durch Asien, Afrika und Amerika. 1936 Emigration nach Amerika. War unter dem Namen Charles Hulbeck als bedeutender Facharzt für Psychiatrie in New York tätig. Lebte bis zu seinem Tod im Tessin.

Hugo, Victor [Marie]

Geboren am 26. Februar 1802 in Besançon. Gestorben am 22. Mai 1885 in Paris. Französischer Dichter. Sohn eines napoleonischen Generals, war bereits als Kind auf großen Reisen, studierte kurze Zeit an der École polytechnique in Paris, wandte sich dann ganz der Literatur zu; Gründer und Herausgeber des Organs der französischen Romantik *La Muse française*; 1841 Mitglied der Académie française. Politische Aktivität als demokratischer Abgeordneter der Pariser Kammer; Eintreten für liberale Ideen, Präsidentschaftskandidat 1848; als Gegner des späteren Kaisers Napoleon III. musste er 1851 ins Exil gehen (Brüssel, Jersey und Guernsey); 1870 Rückkehr nach Paris; im Panthéon bestattet.

Hutchinson, Brenda

Geboren 1954 in Trenton, New Jersey. Multimedia-, Performance- und Soundart-Künstlerin. Kompositionsstudium an der Carnegie-Mellon University (Pittsburgh, 1976) und an der University of California (San Diego, 1979). Komponiert für Oper, Tanz, Film, Video und Radio. Dozentin für Kompositionslehre an verschiedenen amerikanischen Musikhochschulen. Teilnahme an zahlreichen internationalen Festivals. Lebt und arbeitet in New York.

Isou, Isidore

Geboren am 29.1.1925 in Botosani, Rumänien; lebt seit 1945 in Paris, wo er den Lettrismus gründete. Isou betätigte sich u.a. als Dichter, Dramatiker, Romancier, Filmregisseur und als bildender Künstler.

Jandl, Ernst

Geboren am 1. August 1925 in Wien. Gestorben ebda. am 22. Juni 2000. Studium an der Wiener Universität (Germanistik, Anglistik), 1949 Lehramtsprüfung, 1950 Promotion. Seit 1949 als Lehrer an Höheren Schulen in Wien tätig, zeitweise Beurlaubung zur Wahrnehmung von Lehraufträgen in Berlin, England und den USA. 1973 Mitgründer der Grazer Autorenversammlung. 1984 Poetik-Vorlesungen in Frankfurt a.M. Zahlreiche Preise, u.a. Georg-Büchner-Preis 1984.

Janko, Marcel (auch Janco oder Jancu)

Geboren am 24. Mai 1893 (1895) in Bukarest/Rumänien. Gestorben 1985 in Tel Aviv. Rumänischer Maler und Architekt. 1910 Studium der Malerei. 1912 Mitarbeit an der Zeitschrift *Simbolul* (Bukarest), geleitet von Ion Vinea und Tristan Tzara. 1915-1916 Architekturstudium an der Eidgenössischen Technischen Hochschule in Zürich. Mit Hugo Ball, Tristan Tzara, Hans Arp und Richard Huelsenbeck Mitbegründer des Cabaret Voltaire. Buchillustrator für Tristan Tzara, Mitarbeit an der Zeitschrift *Dada*. 1917-1919 Teilnahme an allen Dada-Veranstaltungen und Ausstellungen, für die er Plakate, Kostüme und Masken entwirft. 1919 Mitgründer der Künstlergruppe «Artistes Radicaux». 1921 Umzug nach Paris, erste Kontakte mit der Pariser Dada-Gruppe. 1923 Rückkehr nach Bukarest, Leitung der avantgardistischen Gruppe «Contimporanul». Emigration nach Israel.

Johnson, Tom

Geboren am 18. November 1939 in Greeley, Colorado. Studierte Komposition und Musiktheorie am Yale College in New Haven; während der Militärzeit wichtige musikalische Erfahrungen außerhalb der akademischen Musikszene; 1965/66 Privatstudien bei Morton Feldman in New York, Arbeit als Begleiter von Tanzgruppen und als einflussreicher Kritiker für *The Village Voice*, Auftragsarbeiten für Kompositionen vom St. Paul Chamber Orchestra und dem American Dance Festival; 1978 Stipendium des National Endowment for the Arts; lebt seit 1983 in Paris.

Joyce, James

Geboren am 2. Februar 1882 in Dublin, Irland. Gestorben am 10. Januar 1941 in Zürich. Wuchs als ältester von zehn Kindern in ärmlichen Verhältnissen auf. Nach dem Besuch des Clongowes Wood College und des Belvedere College in Dublin Studium an der Royal University Dublin. 1902 nach Erwerb des Doktorgrades kurzer Aufenthalt in Frankreich. 1903 Tod der Mutter. 1904 Bekanntschaft mit Nora Barnacle. Herbst 1904 Umzug nach Triest. 1909 und 1912 vergebliche Versuche, die «Dubliners» zu veröffentlichen. 1914 erscheint «A Portrait of the Artist as a Young Man». Während des Ersten Weltkrieges Aufenthalt des Ehepaares in Zürich. 1920 Umzug nach Paris. 1922 Veröffentlichung von «Ulysses». In den folgenden 17 Jahren Arbeit an« Finnegans Wake», das als «Work in Progress» in Auszügen in der Zeitschrift *Transition* (1928) und in der endgültigen Fassung 1939 erschien.

Kachold, Gabriele

Geboren 1953 in Emleben bei Erfurt. Lehre als medizinisch-technische Assistentin, Abitur an der Abendschule. 1973-1976 Studium Deutsch/Kunsterziehung an der Pädagogischen Hochschule Erfurt, Exmatrikulation aus politischen Gründen, 1977 ein Jahr Gefängnis wegen «Staatsverleumdung», dann Arbeit in einer Schuhfabrik. 1989 Teilnahme am Ingeborg-Bachmann-Wettbewerb Klagenfurt, politische Tätigkeit. 1989-2000 Lesungen, Stipendien, Beteiligungen an Symposien im In-und Ausland, Ausstellungen, zahlreiche Zeitschriften- und Buchveröffentlichungen. Lebt in Erfurt und Utrecht/Niederlande.

Kamenski, Wassili

Geboren am 18. April 1884 in der Nähe von Perm. Gestorben am 11. November 1961 in Moskau. Dichter, Erzähler, Memoirist. Seit 1911 brevetierter Pilot. Schliesst sich 1912 den Kubofuturisten an, beteiligt sich an allen wichtigen Sammelbänden und Almanachen der Futuristen und legt 1914 mit dem fünfeckigen Buchobjekt «Tango mit Kühen» seine wohl bedeutsamste Einzelpublikation vor. Schreibt in der Folge vor allem historische Romane und Dramen sowie diverse Erinnerungsbücher.

Kerner, Justinus [Andreas Christian]

Geboren am 18. September 1786 in Ludwigsburg. Gestorben am 21. Februar 1862 in Weinsberg. Arzt und Schriftsteller, studierte Medizin in Tübingen, wo er G. Schwab und L. Uhland kennenlernte, mit dem er zeitlebens verbunden blieb. Als Praktikant betreute er den kranken F. Hölderlin. Von 1819 an lebte er als Oberamtsarzt in Weinsberg. Hier pflegte er Friederike Hauffe, deren Lebensgeschichte in den Roman «Die Seherin von Prevorst» (1829, 2 Tle.) einging. Schriften über medizinische und okkultistische Themen.

Kling, Thomas

Geboren am 5. Juni 1957 in Bingen. Kindheit und Jugend in Düsseldorf. Kling lebte in Wien, Finnland und viele Jahre in Köln. Auftritte mit dem Schlagzeuger Frank Köllges. 1984 Mitarbeit am Düsseldorfer Literaturtelefon. Lebt heute auf der ehemaligen Raketenstation Hombroich bei Neuss. Für sein Werk erhielt er u. a. 1993 den 1. Else-Lasker-Schüler-Preis für Dichtung und 1997 den Peter-Huchel-Preis.

Kriwet, Ferdinand

Geboren 1942 in Düsseldorf. Intermedia-Künstler, Pionier der Radiocollage. Autodidakt. 1951-1960 auf Internaten in Königsfeld im Schwarzwald (Herrnhuter Brüdergemeinde), Solingen (Waisenhaus der Kaiserswerther Diakonissen), Bad Sachsa im Südharz (1953-1958, erste Texte, Anfänge des «Rotor»), Heidelberg (1958-1960, Abschluss des «Rotor»), seit 1960 in Düsseldorf und Berlin. 1961 Beginn seiner Radioarbeit mit dem Sprechtext «Offen». Es folgten Sehtexte, die in zahlreichen Ausstellungen und auf Plakatwänden veröffentlicht wurden. Parallel dazu entwickelte Kriwet theoretische Manifestationen zur akustischen Literatur. Umfangreiche Hörspielarbeit für verschiedene Rundfunkanstalten. Zahlreiche Preise für seine vielfältigen Aktivitäten.

Krutschonych, Alexej

Geboren am 9. Februar 1886 in Olewka, Gouvernement Cherson, Ukraine. Gestorben am 17. Juni 1968 in Moskau. Dichter, Dichtungstheoretiker, Buchgraphiker. Erhielt zunächst eine künstlerische Ausbildung, bis er um 1908 David Burliuk kennlernte und zum Wortführer des dichterischen und bildnerischen Kubofuturismus wurde. Krutschonych veröffentlichte zahlreiche Programmschriften, illustrierte Buchwerke, Lyrikbände und experimentierte in allen

Sprachbereichen. Eine skandalöse Berühmtheit erlangte sein 1912 erschienenes Lautgedicht «Pomade» («dyr bul sschil»). 1913 Aufführung der futuristischen Oper «Sieg über die Sonne» von Michail Matjuschin nach einem Libretto von Krutschonych, mit einem Prolog von Velimir Chlebnikov und einem Bühnenbild von Kasimir Malewitsch. Nach der Oktoberrevolution arbeitete Krutschonych mit Wladimir Majakowski in der Zeitschrift *LEF* zusammen. Publizierte ab 1930 aus literaturpolitischen Gründen nicht mehr und lebte weitgehend im Untergrund als Sammler seltener Bücher und Bibliograph. Sein Werk umfasst weit über 200 Einzeltitel, zumeist Privatdrucke.

Kubota, Nobuo

Geboren 1932 in Vancouver, Kanada. Performer, Komponist und Musiker. 1959 Abschluss des Studiums an der University of Toronto. Seit 1964 Teilnahme an internationalen Kunstausstellungen. Seit 1970 Dozent an verschiedenen Kunsthochschulen. 1975-1990 Mitglied der Gruppe für improvisierte Musik CCMC; Auftritte in Asien, Europa, Kanada, USA. Zahlreiche Videos, CDs und Buchpublikationen. Lebt und arbeitet in Toronto.

Lasker-Schüler, Else

Geboren am 11. Februar 1869 in Elberfeld (heute Wuppertal). Gestorben am 22. Januar 1945 in Jerusalem. Enkelin eines Großrabbiners; 1894-1903 verheiratet mit dem Arzt Berthold Lasker, 1903-1912 mit Herwarth Walden, dem Herausgeber der Zeitschrift *Der Sturm*; Bohemienne-Leben in Berlin; befreundet u.a. mit Peter Hille, Georg Trakl, Theodor Däubler, Gottfried Benn, Franz Werfel, Karl Kraus, mit Franz Marc und Oskar Kokoschka; 1932 Kleist-Preis; 1933 Emigration in die Schweiz, später Aufenthalte in Palästina und Ägypten.

Lemaître, Maurice

Geboren am 23. April 1926 in Paris. Schloss sich 1949 den Lettristen um Isidore Isou an, trat in den Folgejahren vor allem als Maler, Dichter und Filmemacher hervor. Er zählt zu den aktivsten und produktivsten Mitgliedern der Gruppe; gründete die Zeitschriften *Ur* und *Front de la Jeunesse*, leitete die Zeitschriften *Enjeu* und *Poésie Nouvelle*. Auch als Herausgeber von Büchern, Schallplatten und als Theoretiker der Lettristen tätig.

Ligeti, György

Geboren am 28. Mai 1923 in Dicsöszentmárton, Siebenbürgen, Ungarn. Die Musik der Zigeunerkapellen, populäre ungarische Weisen und Operettenlieder gehören zu seinen Kindheitseindrücken. Später interessierten ihn klassische Musik, Schlager, Operetten und Jazz. Konzert- und Opernbesuche in Cluj (ung. Kolozsvát, dt. Klausenburg) ab 1929; erstes Notieren selbst gefundener Melodien im 1. Gymnasialjahr. Nach dem Abitur (1941) musiktheoretische Studien am Klausenburger Konservatorium. 1944 Arbeitsdienst in der ungarischen Armee. Sah 1945 als einzige seiner Verwandten seine Mutter wieder. 1945 Kompositionsstudium in Budapest, Sommer 1949 Diplom und dort Lehrer für Musiktheorie bis zum Herbst 1956, Flucht im Dezember 1956 nach Wien. Einladung nach Köln, Arbeit am Elektronischen Studio des Westdeutschen Rundfunks mit G. M. Koenig, 1959 Niederlassung in Wien; in den 60er und 70er Jahren Tätigkeit als Dozent in verschiedenen Städten Europas, 1972/73 «composer in residence» an der Stanford University, Kalifornien, 1973 Professor für Komposition an der Musikhochschule in Hamburg, lebt dort als Emeritus, ausgezeichnet mit vielen Preisen und Ehrungen.

Little Richard

(d.i. Richard Penniman) Geboren am 25. Dezember 1935 in Macon (Ga.). Amerikan. Rockmusiker (Gesang und Klavier), wurde mit exzentrischen Bühnenshows und seinem eigenwilligen Scat-Gesangsstil Mitte der 50er Jahre neben Elvis Presley zu einem der international bekanntesten Stars des Rock 'n' Roll.

Lora-Totino, Arrigo

Geboren 1928 in Turin. Gründer der Zeitschriften *antipiugiù* (1959) und *Modulo* (1964); Mitbegründer des «Studio di Informazione Estetica» (Turin 1964); Organisator von Ausstellungen Konkreter Poesie (Turin 1966, Venedig 1969); seit 1965 Forschungen auf dem Gebiet der Lautpoesie; 1968 Erfinder der «Poesia Liquida» und 1970 der «Poesia Ginnica»; Herausgeber der «Anthologie futura. Poesia sonora» (Mailand 1978); zahlreiche Performances eigener sowie futuristischer und konkreter Texte in Europa und Nordamerika.

Maciunas, George

Geboren 1931 in Kaunas, Litauen. Gestorben 1978 in New Marlborough, Massachusetts. 1947 Auswanderung in die USA. Studium der Kunstgeschichte, Architektur, Musikwissenschaft an verschiedenen Hochschulen. 1959 Besuch der Kompositionsklasse von Richard Maxfield an der New School for Social Research in New York, Begegnung mit La Monte Young, George Brecht, Al Hanson, Dick Higgins, Allan Kaprow, Jackson Mac Low. 1961 Prä-Fluxus-Veranstaltungen in seiner AG-Gallery und in Yoko Onos Loft. 1961 Umzug nach Wiesbaden; Kontakte zu Künstlern wie Emmett Williams, Nam June Paik, Benjamin Patterson, Wolf Vostell u.a. 1962 Organisation der Konzertreihe «Fluxus – Internationale Festspiele Neuester Musik» in Wiesbaden, Folgeveranstaltungen in West-Europa und New York. Nach 1964 Herausgabe von Fluxus-Publikationen und Multiples. Ab 1969 Umwandlung von Häusern im New Yorker Stadtteil Soho in Künstlerateliers; in den Folgejahren zahlreiche Projekte; in den 70er Jahren Organisation von Fluxus-Veranstaltungen in New York und Umgebung; 1975 Verlust eines Auges, Umzug nach New Marlborough, Massachusetts. 1978 Heirat von Billie Hutching.

MacLow, Jackson

Geboren am 12. September 1922 in Chicago. 1927-1936 Musikstudium (Klavier, Violine, Harmonielehre) in Chicago. Anfang der 50er Jahre Umzug nach New York, Fortsetzung des Musikstudiums (experimentelle Musik) an der New School for Social Research zusammen mit John Cage. Heiratet Anne Tardos. Über Cage Kontakte mit Allan Kaprow, Al Hanson, Dick Higgins und anderen, die die Leitideen von Happenings entwarfen. Entwickelte das Interesse an Zufallsoperationen («Marrying Maiden», Theaterstück) in dieser Zeit und gab zusammen mit La Monte Young das Buch «The Anthology» heraus. 1962-1964 führte die Fluxus-Gruppe seine Werke auf. 1964 brach Mac Low seine Kontakte mit George Maciunas, dem Gründer der Fluxus-Bewegung, ab, erneuerte aber 1977/78 seine Beziehungen zu Maciunas. Als Schriftsteller und Komponist in New York tätig. Zahlreiche Preise.

Mann, Chris

Geboren 1949 in Melbourne, Australien. Dichter, Komponist, Performer. Beginn seiner künstlerischen Laufbahn in den 60er Jahren. 1969 BA-Abschluss des Studiums an der Melbourne University. Befasst sich in seinen sprachphilosophisch geprägten Arbeiten mit dem Grenzbereich zwischen Musik und Literatur. Seit 1989 Mitglied der Gruppe Machine for Making Sense, 1995 Mitarbeit in der Gruppe The Impediments. Teilnahme an zahlreichen, internationalen Festivals. Zahlreiche Buch- und Zeitschriftenpublikationen. Lebt und arbeitet in New York.

Marinetti, Filippo Tommaso

Geboren am 22. Dezember 1876 in Alexandria, Ägypten. Gestorben am 2. Dezember 1944 in Bellagio, Como. Marinetti wurde als Sohn italienischer Eltern in Ägypten geboren. Besuch der Jesuitenschule in Alexandria, Abitur in Paris. Nach dem Jurastudium an den Universitäten Pavia und Genua wandte er sich der Literatur zu und wurde Redaktionssekretär der Pariser Zeitschriften *La Vogue* und *La Plume*. Vortragstourneen durch französische und italienische Städte, um die symbolistische Dichtung bekanntzumachen. 1905 in Mailand Gründung der Zeitschrift *Poesia*, um die sich bald eine Gruppe junger Dichter sammelte und die sich u.a. die Aufgabe gestellt hatte, den vers libre in die italienische Lyrik einzuführen. 1909 Gründung des Futurismus, dessen Führer, Theoretiker und Organisator Marinetti bis zu seinem Tode war. Marinetti nahm 1914/15 an den interventistischen Kundgebungen in Mailand und Rom teil und meldete sich beim Kriegseintritt Italiens freiwillig. Nach dem Krieg kämpfte er Seite an Seite mit Mussolini. 1929 Mitglied der Akademie Italiens. Teilnahme am Krieg in Abessinien und am Zweiten Weltkrieg.

Mehan, Jan van

(d.i. Hans Havemann) Geboren am 5. Mai 1887 in Grabow/Mecklenburg. Gestorben 1985 in Berlin. Besuch des Realgymnasiums in Rostock. Studium der Philosophie in Berlin, München und Jena. Promotion 1911 in München. Lebte in den 20er Jahren in Hannover, beteiligte sich am literarischen Leben des Hannoverschen Dadaismus. Wurde Feuilletonredakteur der *Westfälischen Neuesten Nachrichten* in Bielefeld, 1943 Kulturschriftleiter in Berlin.

Minton, Phil

Geboren 1940 in Torquay, England. Komponist, Stimmkünstler, Musiker. Seit den 60er Jahren Arbeit als Jazzsänger und Trompeter. Jahrzehntelange Zusammenarbeit mit Mike Westbrook, Carla Bley, George Lewis, Peter Brötzmann und vielen anderen Musikern aus dem Umfeld der internationalen Free-Music und den Zirkeln der Neuen Musik. 1987 Wahl zum «Best Male Singer in Europe» bei den Umfragen des «International Jazz Forum Magazine». Zahlreiche Radioproduktionen, CD-Veröffentlichungen und Festivalauftritte auf der ganzen Welt. Lebt und arbeitet in London.

Miranda, Fatima

Geboren in Salamanca, Spanien. Lebt in Madrid. 1971-77 Studium der Kunstgeschichte in Madrid. 1979 Gründung der Improviser Ensembles Taller Música Mundana und Flatus Vocis Trio, das sich ausschließlich der phonetischen Poesie widmet. 1983-1993 Gesangsunterricht bei verschiedenen Professoren. Seit 1983 Auseinandersetzung mit Gesangs- und Stimmtechniken der traditionellen Musik verschiedener Kulturen. Verwendung des Stimmorgans auch als Blas- und Perkussionsinstrument. Experimentelle Entwicklung eigener Vokaltechniken, die sie nach Klangfarbe und Register systematisiert. Zahlreiche Konzerte und Performances, u.a. in London, Berlin, Madrid, Paris, New York, Karlsruhe, Zürich.

Mon, Franz

(d.i. Franz Löffelholz) Geboren am 6. Mai 1926 in Frankfurt a. M.. Nach dem Kriegseinsatz und der Gefangenschaft Studium der Germanistik, Geschichte und Philosophie in Frankfurt a. M.; Promotion 1955 mit einer Arbeit über Brockes' «Irdisches Vergnügen in Gott». 1963 Mitbegründer des Typos-Verlags (bis

1971). Bis 1991 Lektoratstätigkeit in einem Frankfurter Schulbuchverlag. 1990-2000 Lehrbeauftragter für Grafik/Design in Offenbach, Kassel und Karlsruhe. Seit Mitte der 50er Jahre optische Texte, Collagetexte, Textbilder. Beteiligung an zahlreichen Ausstellungen, Einzelausstellungen seit 1974. Seit 1962 phonetische Versuche und Hörspiele, erstes Stereohörspiel 1969. Karl-Sczuka-Preise für die Hörspiele «bringen um zu kommen» (1971) und «wenn zum beispiel einer allein in einem raum ist» (1982); Konzeption von szenischen Hörspielen.

Morgenstern, Christian

Geboren am 6. Mai 1871 in München. Gestorben am 31. März 1914 in Meran. Dichter. Stammte aus einer Künstlerfamilie, studierte Volkswirtschaft und Jura, dann Philosophie und Kunstgeschichte. Ab 1894 freier Schriftsteller; begann neben ernster Lyrik u.a. Kabarettexte für Max Reinhardts «Überbrettl» zu schreiben; Lektor im Verlag Bruno Cassirer. Reisen nach Skandinavien und Italien; erkrankte früh an Tuberkulose, häufige Aufenthalte in Sanatorien; lebte ab 1910 bis zu seinem Tod in Südtirol.

Moss, David

Geboren am 21. Januar 1949 in New York. Schlagzeuger und Stimmkünstler, der in seinen Performances vielfältige Perkussionsinstrumente mit einer außergewöhnlichen Vokaltechnik verbindet. Lebt seit 1991 (Stipendium des Deutschen Akademischen Austauschdienstes) in Berlin, von wo aus er seine Tourneen unternimmt.

Mynona

(d.i. Salomo Friedländer) Geboren am 4. Mai 1871 in Gollantsch/Posen. Gestorben am 9. September 1946 in Paris. Kindheit und Jugend in Posen. 1894 Abitur in Freiburg i. Br. 1894-1902 Studium der Medizin, dann der spekulativen Philosophie in München, Berlin und Jena. Promotion 1902 in Jena. Lebte als philosophischer Schriftsteller in Berlin. Unter dem Pseudonym Mynona verfasste er Grotesken, die auf den Expressionismus wirkten. 1918 Begegnung mit Alfred Kubin. Emigration im September 1933 nach Paris.

Nebel, Otto

Geboren am 25. Dezember 1892 in Berlin. Gestorben am 12. September 1973 in Bern. 1909 Abitur, Maurerlehre, Ausbildung zum Baugewerksmeister an der Baugewerbeschule in Berlin. Gasthörer an der TH Berlin. 1913 Ausbildung zum Schauspieler an der Lessing-Bühne durch Rudolf Blümner u.a. 1914 Soldat, 1916 Kontakte zum «Sturm», 1917 erste dichterische Aufzeichnungen, 1918 erste malerische Arbeiten. 1918-1919 in englischer Kriegsgefangenschaft. Ab 1919 als Maler und Schriftsteller in Berlin. Freundschaft mit Herwarth Walden und den «Sturm»-Künstlern. 1926-1928 Aufenthalte in Kochel und Ascona. 1933 Emigration in die Schweiz, lebte am Murtensee, dann in Bern. 1936-1951 Stipendien der Guggenheim Foundation, vermittelt durch Kandinsky. 1944 erste Einzelausstellung in Bern. 1951 als Schauspieler engagiert.

Nichol, bp (Barrie Philip)

Geboren am 30. September 1944 in Vancouver. Gestorben am 25. September 1988 in Toronto. Studium an der University of British Columbia in Vancouver. Seit den 60er Jahren zahlreiche Veröffentlichungen Konkreter Poesie und experimenteller Literatur, Auftritt als Lautdichter in der Performance Group The Four Horsemen (Paul Dutton, Rafael Baretto-Rivera, Steve McCaffery). Mitbegründer der Ganglia Press, Lektor für die Coach House Press und für die Underwhich Editions, beide Toronto.

Nietzsche, Friedrich

Geboren am 15. Oktober 1844 in Röcken (bei Lützen). Gestorben am 25. August 1900 in Weimar. Altphilologe und Philosoph. Bereits als Zehnjähriger verfasste er seine ersten Gedichte und Kompositionen. 1858 bis 1864 Schüler der Landesschule Pforta. Studium der Theologie und der alten Sprachen in Bonn (1864) und Leipzig (1865). 1869 Professur für klassische Philologie in Basel. Einflussreiche Bekanntschaft vor allem mit Richard Wagner, die in Gegnerschaft endete. Seit 1871 ernsthaft erkrankt, zudem Krisen in menschlichen Beziehungen. 1879 Aufgabe seines Lehramts in Basel, seither wechselnde Wohnsitze. 1889 geistiger Zusammenbruch in Turin. Bis zu seinem Tod Pflege durch Mutter und Schwester in Naumburg und Weimar.

Oliveros, Pauline

Geboren am 30. Mai 1932 in Houston, Texas. Kompositionsstudium in Houston/Texas und in San Francisco/Kalifornien (bis 1958); auf der Suche nach neuen Klangmöglichkeiten Beschäftigung mit Elektronik und Tonbandmusik; 1962 Kompositionspreis für «Sound Patterns», darin untersucht sie die klanglichen Möglichkeiten der Vokalgeräusche; 1963 Begegnung mit dem Pianisten David Tudor und der Tänzerin und Choreographin Elizabeth Harris, Mixedmediakompositionen; 1967 Hochschullehrerin an der University of California in San Diego; verstärkte Einbeziehung theatralischer und visueller Materialien in die Kompositionen; Anfang der 70er Jahre Beschäftigung mit Fragen des Bewusstseins, u.a. mit Mandalas; Gründung des zehnköpfigen Frauenensembles Sonic Meditations; seit 1981 freischaffende Komponistin; 1985 Retrospektive ihres Schaffens im John F. Kennedy Center for the Performing Arts in Washington/D. C.; 1985 Gründung der Pauline-Oliveros-Stiftung, die sich der Herstellung, Aufführung und Aufnahme der

Werke innovativ arbeitender Künstler widmet; lebt derzeit in Kingston, New York.

Oswald von Wolkenstein

Geboren in Südtirol (Schloss Schöneck im Pustertal?) um 1377. Gestorben in Meran am 2. August 1445. Spätmittelhochdeutscher Liederdichter und -komponist, verließ mit zehn Jahren das Elternhaus und führte ein abenteuerliches Wanderleben, das ihn (vielleicht) bis in den Vorderen Orient brachte; kehrte um 1400 nach Tirol zurück; trat 1415 in die Dienste König Siegmunds ein, der ihn in seinen Auseinandersetzungen mit Herzog Friedrich IV. von Österreich als Verbindungsmann zum Tiroler Adel einsetzte; von Mitte September 1421 bis März 1422 Gefangener seiner Gegner, v. a. Friedrichs auf Schloss Forst (Meran); bis 1434 blieb er in der Umgebung König Siegmunds, danach konzentrierte er den Kreis seines Wirkens auf den Südtiroler Raum, wo er weiterhin wichtige Ämter ausübte.

Owen Sound

Owen Sound, bestehend aus Michael Dean, David Penhale, Steven Smith, Richard Truhlar und zeitweise Brian Dedora, ging 1975 aus einem Arbeitskreis für Schriftsteller in Toronto hervor und bestand nur wenige Jahre (bis 1985) als Gruppe, die sich ausschließlich auf Live Performances von Lautpoesie konzentrierte und gelegentlich mit Jazzmusikern und dem Ensemble The Four Horsemen zusammenarbeitete.

Pastior, Oskar

Geboren am 20. Oktober 1927 in Hermannstadt/Siebenbürgen. 1945 Deportation in sowjetische Arbeitslager, nach der Rückkehr fünf Jahre Gelegenheitsarbeit, 1955-1960 Studium der Germanistik, anschließend Rundfunkredakteur in Bukarest. Lebt seit 1969 als freier Schriftsteller in Berlin. Übersetzungen u.a. aus dem Rumänischen (Marin Sorescu, Urmuz, Tristan Tzara, Gellu Naum) und Russischen (V. Chlebnikov). Erhielt u.a. 1990 den Hugo-Ball-Preis, 2000 den Walter-Hasenclever-Preis, 2001 den Peter-Huchel-Preis, 2002 den Erich-Fried-Preis. Mitglied des Bielefelder Colloquiums Neue Poesie und von OULIPO.

Rabelais, François

Geboren um 1494 in La Devinière (bei Chinon). Gestorben am 9. April 1553 in Paris. Französischer Schriftsteller, erhielt eine theologische Ausbildung, trat 1511 in den Franziskanerorden ein, geriet aber wegen seiner engagierten Studien antiker (v. a. griechischer) Texte in Konflikt mit den Ordensregeln und gehörte ab 1524 dem Orden der Benediktiner an. 1527 wurde er Weltgeistlicher, studierte ab 1530 Medizin und Naturwissenschaften in Montpellier und wirkte ab 1532 als Arzt in Lyon. Hier veröffentlichte er u.a. eigene medizinische Schriften sowie Übersetzungen einiger Werke des Hippokrates und Galen. Als Leibarzt und Sekretär des Kardinals Jean Du Bellay (1494-1560) unternahm er mehrere Reisen nach Italien und entzog sich nach der Verurteilung seines Tiers livre durch die kirchliche Zensur 1546 einer Verfolgung durch die Flucht nach Metz. 1551 übertrug ihm Kardinal Du Bellay als Pfründe die Pfarreien von Saint-Christophe du Jambet und Meudon bei Paris.

Rabe, Folke

Geboren am 28. Oktober 1935 in Stockholm. Schwedischer Komponist, begann in den 50er Jahren seine Karriere als Jazzmusiker. Während seiner Studien am Königlichen Konservatorium, Stockholm, beschäftigte er sich intensiv mit Kompositionslehre. Zu seinen Lehrern zählten u.a. Karl-Birger Blomdahl, György Ligeti und Witold Lutoslawski. Zahlreiche Reisen nach Europa, Nord- und Südamerika sowie nach Indien und China. Sein Werk umfasst elektroakustische Musik sowie Kompositionen für Chor und Blechbläser, die die Grenzen der Konventionen sprengen. Neben seiner Arbeit als Komponist wirkt Rabe seit vielen Jahren als Organisator von Konzerten und ist seit 1980 Programmdirektor des Schwedischen Rundfunks (Kanal 2, Musik). 1983 gründete er die Intermedia-Gruppe New Culture Quartet, die bis 1997 bestand.

Richter de Vroe, Nicolaus

Geboren 1955 in Halle/Saale. Musikalische Ausbildung an der Spezialschule und der Hochschule für Musik Dresden (Violine, Komposition) und am Tschaikowsky-Konservatorium Moskau (Violine). Seit 1978 Mitwirkung in Kammermusik-, Improvisations- und Experimentalensembles, 1980 Engagement als Geiger an der Berliner Staatskapelle und Fortsetzung der Kompositionsstudien an der Akademie der Künste der DDR bei Friedrich Goldmann. Seminare über elektronische Musik bei Georg Katzer, Studien außereuropäischer Musik und asiatischer Philosophie. 1982 Initiator und Mitglied des Ensembles für Neue Musik Berlin, 1985 Preisträger beim Kompositionswettbewerb Junge Generation in Europa; 1988 Engagement als Geiger beim Symphonieorchester des Bayerischen Rundfunks, 1990 Gründung des XSEMBLE München. Produktionen seiner Orchester- und Kammermusikwerke bei sämtlichen ARD-Rundfunkanstalten und namhaften Festivals für Neue Musik.

Riedl, Josef Anton

Geboren um 1927/29 in München. Studium bei Carl Orff und Hermann Scherchen; Anregungen durch Pierre Schaeffer; 1953 Arbeit beim GRM («Groupe de Recherche Musicale»), 1955 im Elektronischen Studio in Köln; 1959 im Experimentalstudio von Scherchen in Gravesano. 1960-1966 Leiter des Siemens-Studios für elektronische Musik, 1966 des Instituts für Klangforschung und elektronische Musik in München. Mit Stefan Meuschel filmische Dokumentation über elektronische Musik verschiedener europäischer Studios. Organisation und Programm zahlreicher Veranstaltungsreihen und Festivals. Zusammenarbeit mit Film- und Theaterregisseuren, Malern und Architekten (Lenica, Kristl, Reitz, Reitz/Kluge, Kortner, Kroetz, Nestler, Ruhnau). 1967 Gründung der Gruppe «MUSIK/FILM/DIA/LICHT-Galerie» und Realisation von Multimediakompositionen, audiovisuellen Konzerten, Environments und Events, Konzerten und Ausstellungen mit selbstgebauten Instrumentarien, Projekten für Kinder, Laien und Körperbehinderte. Zahlreiche Auszeichnungen, u.a. Musikpreis der Stadt München, Bundesfilmpreis.

Riha, Karl

Geboren 1935 in Krummau/Moldau. Literaturwissenschaftler, Kritiker, Herausgeber und Autor. Lebt in Siegen. Mitglied und zeitweise Direktor des Literarischen Colloquiums Berlin.

Ringelnatz, Joachim

(d.i. Hans Bötticher) Geboren am 7. August 1883 in Wurzen. Gestorben am 17. November 1934 in Berlin. Schriftsteller und Maler, führte nach vorzeitigem Schulabbruch ein unstetes Abenteurerleben u.a. als Schiffsjunge, Matrose, Hausmeister und Bibliothekar. 1909 «Hausdichter» des Münchner Künstlerlokals «Simplicissimus»; 1914-1918 bei der Marine; ab 1920 Autor und Schauspieler an der Berliner Kleinkunstbühne «Schall und Rauch», wo er auch seine Gedichte im Moritaten- und Bänkelsangton vortrug; Vortragsreisen durch Europa.

Roth, Dieter

Geboren am 21. April 1930 in Hannover. Gestorben 1998 in Basel. 1943 Übersiedlung in die Schweiz, Besuch des Gymnasiums, Beginn einer Graphikerlehre, Gelegenheitsarbeiten. 1953 Gründung der Zeitschrift *spirale*. Seit 1957 in Reykjavik, Gründung der förlag ed, zahlreiche Aufenthalte in den USA, dort als Kunstlehrer und Ausstellungsorganisator tätig. 1968-1977 Teilhaber des Verlags edition hansjörg mayer (Stuttgart, London, Reykjavik). Zusammenarbeit mit Gerhard Rühm, Oswald Wiener, Arnulf Rainer und Richard Hamilton. 1975 Gründung der *Zeitschrift für alles* und Dieter Roth's Familienverlag (später Dieter Roth Verlag). Wechselnde Wohnsitze in Hamburg, Stuttgart, Basel, Mols, Island.

Rühm, Gerhard

Geboren 1930 in Wien. Studium an der Staatsakademie für Musik und darstellende Kunst in Wien (Klavier und Komposition), danach privat bei Josef Matthias Hauer. Beschäftigung mit orientalischer Musik während eines längeren Aufenthalts im Libanon. Anfang der 50er Jahre erste Lautgedichte. Mitbegründer der «Wiener Gruppe». In den fünfziger Jahren überwiegend literarisch tätig, im Grenzbereichen sowohl zur bildenden Kunst als auch zur Musik. Entsprechend umfasst sein Wirkungsbereich literarische Publikationen, Ausstellungen, Vorträge, Konzerte und Theateraufführungen. Wichtige Beiträge zum «Neuen Hörspiel» (Karl-Sczuka-Preis 1977, Hörspielpreis der Kriegsblinden 1983). Österreichischer Würdigungspreis für Literatur. Preis der Stadt Wien. Lehrte 1972-1995 an der Hochschule für bildende Künste Hamburg. Lebt in Köln und Wien.

Rühmkorf, Peter

Geboren am 25. Oktober 1929 in Dortmund. Kindheit und Jugend in Warstede-Hemmoor bei Stade in Niedersachsen. 1950 Reifeprüfung. 1951 Beginn des Studiums der Pädagogik und Kunstgeschichte in Hamburg, später der Germanistik und Psychologie. 1958 Lektor im Rowohlt Verlag. Seit 1964 freier Schriftsteller in Hamburg. Tätigkeit als Dozent an verschiedenen Hochschulen im In- und Ausland. Mitglied vieler Verbände und Akademien. Zahlreiche Auszeichnungen und Preise.

Scheerbart, Paul

Geboren am 8. Januar 1863 in Danzig. Gestorben am 15. Oktober 1915 in Berlin. Studierte Philosophie, Kunst- und Religionsgeschichte. Lebte seit 1887 als freier Schriftsteller in Berlin. Gründete 1889 den «Verlag der Phantasten». Um die Jahrhundertwende enge Beziehungen zur Berliner Bohème. Freundschaft mit Herwarth Walden (Veranstaltungen im Verein für Kunst). Korrespondenz u.a. mit Alfred Kubin.

Scherstjanoi, Valeri

Geboren 1950 in Sagis (einem Gulag-Lager in Kasachstan). Aufgewachsen im Gebiet Krasnodar/Russland. 1971-76 Studium der Germanistik an der Universität Krasnodar. Seit 1979 Übersiedlung in die DDR, ab 1981 Wohnsitz in Berlin-Ost, 1999 in München, seit 2002 wieder in Berlin. Seit 1990 freischaffender Lautdichter, Aktionskünstler und Scribentist, experimentiert in zwei Sprachen (Deutsch und Russisch). Teilnahme an Ausstellungen, Festivals, Colloquien u.a. in Bielefeld, Québec, Genf, Berlin, Bologna, Barcelona, Rom. Zahlreiche Veröffentlichungen visueller, konkreter und phonetischer Poesie sowie von Hörspielen und Radiophonien. Auch als Übersetzer aus dem Russischen, als Herausgeber und Organisator von Festivals tätig.

Schipper, Elke

Geboren 1951. Studierte Literatur, Philosophie und Geschichte. Arbeitet seit 1976 als freie Autorin über zeitgenössische Musik und bildende Kunst mit dem

Schwerpunkt auf einer ästhetischen Theorie der künstlerischen Improvisation. Seit 1984 mit eigener Lautpoesie und Stücken für Sprache und Musik/Tanz /Film präsent, Auftritte im europäischen Ausland, den USA und Kanada, arbeitet/e u.a. zusammen mit den Poeten Bernard Heidsieck, Valeri Scherstjanoi, mit den Musikern Davey Williams, Torsten Müller, Günter Christmann, der Tänzerin Susanna Ibanez. Seit 1986 Ausstellungen Visueller Poesie. Lebt bei Hannover.

Schmidt, Arno Otto

Geboren am 18. Januar 1914 in Hamburg-Hamm. Gestorben am 3. Juni 1979 in Celle. Nach der Reifeprüfung (1933) Aufnahme eines Studiums der Mathematik und Astronomie in Breslau, das er aus politischen Gründen 1934 abbrach. Seit 1934 Arbeit in der Textilindustrie. 1940-1945 Kriegseinsatz und britische Kriegsgefangenschaft. Seit 1946 zunächst Dolmetscher, danach freier Schriftsteller und Übersetzer. Seit 1958 zurückgezogenes Leben in Bargfeld/Ostheide. Zahlreiche bedeutende Prosaarbeiten und (Radio-) Essays.

Schnebel, Dieter

Geboren 1930 in Lahr/Schwarzwald. 1949-1955 Studium der Musik und der Musikwissenschaft, der evangelischen Theologie und Philosophie in Freiburg und Tübingen. 1956-1976 Pfarrer und Religionslehrer in Kaiserslautern, Frankfurt a. M. und München. 1976-1995 Professor für Experimentelle Musik an der Hochschule der Künste Berlin. Kompositorische Tätigkeit seit 1953, beginnend mit der seriellen Kompositionsmethode.

Schwitters, Kurt

Geboren am 20. Juni 1887 in Hannover. Gestorben am 8. Januar 1948 in London. 1908 Abitur. Studierte zunächst an der Kunstgewerbeschule in Hannover, 1909-1914 dann an der Kunstakademie in Dresden. 1917 Militärdienst. 1918 erste expressionistisch-futuristische Bilder und Gedichte. 1919 erstes Merz-Bild, Ausstellung im «Sturm» in Berlin. 1922 Teilnahme am Dada-Treffen in Weimar. 1923 Beginn des Merzbaus in Hannover. Arbeitete als Graphiker für die Pelikan-Werke. 1927 Mitbegründer des «Rings neuer Werbegestalter». 1929 erste Norwegenreise. 1937 endgültige Emigration nach Norwegen: wohnte in Lysaker bei Oslo. 1940 Flucht nach England, 1941 Entlassung aus der Internierung. 1942 Wohnung in London. 1943 Merzbau in Hannover zerstört. 1947 Beginn des dritten Merzbaus.

Sdanewitsch, Ilja Michailowitsch (Iljasd)

Geboren am 21. April 1894 in Tiflis, Georgien. Gestorben 1973 in Frankreich. Dichter, Performer, Buchkünstler. Nach dem Abschluss des Gymnasiums 1911 Beginn des Jurastudiums in Petersburg. Bekanntschaft mit dem Maler Michail Le Dantu, David Burliuk, mit dem Ehepaar Natalja Gontscharowa und Michail Larionow sowie mit Alexej Krutschonych. Während des 1. Weltkrieges Militärkorrespondent an der russisch-türkischen Front für die Petersburger Zeitschrift *Retsch.* Seit 1915 entstehen saumnische Gedichte. 1916 Rückkehr nach Petersburg, wo Iljasd sein erstes saumnisches Drama schrieb. 1917 Beteiligung an einer archäologischen Expedition in der Türkei. 1917-1920 Aufenthalt in Tiflis, Mitglied des «Syndikats der Futuristen», seit 1918 der «Gruppe 41°» mit Alexej Krutschonych und Igor Terentjew. 1920 Aufenthalt in Konstantinopel, seit November 1921 in Paris; Kontakte zu den Dadaisten; 1922 Treffen mit Wladimir Majakowski in Paris; 1923 Veröffentlichung seines Buches «lidantJU fAram», seinem Freund Michail Le Dantu gewidmet; 1927-1930 Verfassen mehrerer Romane; 1927-1933 Arbeit als Designer for Coco Chanel; 1928-1937 Studium des Kirchenbaus in den USA und Georgien; 1945 Arbeit als Designer; 1949 Herausgeber der Anthologie «Des mots inconnus» mit phonetischer und saumnischer Poesie. In den 50er Jahren als Herausgeber französischer Literatur mit Illustrationen zeitgenössischer Maler tätig.

Serner, Walter

(d.i. Walter Seligmann) Geboren am 15. Januar 1889 in Karlsbad. Ermordet nach 1942 in Theresienstadt. 1908 Abitur in Kaaden; 1909 Beginn des Jurastudiums in Wien; 1911 rechtshistorische Staatsprüfung an der Universität Wien; 1913 Promotion in Greifswald; 1914 Flucht in die Schweiz; 1917 Freund und Helfer des Mouvement Dada; bis 1920 Teilnahme an den Dadaaktivitäten in Zürich, Genf, Paris; 1921 Bruch mit Dada. Längerer Aufenthalt in Italien (Neapel) mit Christian Schad. Seit 1920 fester Wohnsitz in Genf. 1923 Beginn des unsteten Lebens. 1924 längerer Aufenthalt in Barcelona. 1927 Uraufführung von «Posada» in Berlin, weitere Vorstellungen wurden verboten. 1933 Bern, Zürich, Wien, Karlsbad, Prag. Verbot sämtlicher Bücher in Deutschland. 1942 Deportation nach Theresienstadt.

Stepanowa, Warwara

Geboren am 5. November 1894 in Kowno (Kaunas), Litauen. Gestorben am 20. Mai 1958 in Moskau. Engagierte Verfechterin konstruktivistischer Ideen in den zwanziger Jahren. Entwürfe für funktionelle Kleidung, für Theaterkostüme, für Textilien und Inszenierungen machten sie bekannt. In der Malerei absolut neuartig sind ihre Bildkompositionen, der figurativ geometrische Stil, aufbauend auf Analysen der Bewegungsabläufe der menschlichen Figur. Revolutionierend waren ihre typographischen Arbeiten für die Gestaltung von Büchern und Zeitschriften.

Stewart, Amanda

Geboren 1959 in Sydney, Australien. Sound-Performerin, Medienkünstlerin und Autorin. Seit den späten Siebzigern zahlreiche Präsentationen und Konzeptionen von poetischen Texten, Performances, Radio-, Film- und Videoarbeiten in Australien, Japan, den USA und Europa. 1983-1993 Radioproduzentin bei der Australian Broadcasting Corporation in Sydney. 1989 Gründung der Gruppe Machine For Making Sense (Jim Denley, Chris Mann, Rik Rue, Amanda Stewart, Stevie Wishart) sowie des Amsterdamer Trios ALLOS (Anne Le Berge, Jim Meneses, Amanda Stewart). 1995-2000 Performance-Tourneen in Europa. Lebt in Sydney.

Stockhausen, Karl Heinz

Geboren 1928 in Mödrath bei Köln. 1947-1951 Studium an der Kölner Musikhochschule Klavier und Komposition. 1952/53 Parisaufenthalt, Besuch der Analyseklasse von Olivier Messiaen, Beschäftigung mit der Musique concrète; 1953 Mitarbeiter am elektronischen Studio des Westdeutschen Rundfunks in Köln, zahlreiche Lehrtätigkeiten, 1971 Professor für Komposition an der Musikhochschule in Köln. Bereits als junger Komponist Beschäftigung mit den neuen klangerzeugenden Technologien. Experimente auch mit Klängen, die sich im Raum bewegen; Entwicklung zahlreicher musikalischer Raumkonzepte, die alle in seinem multimedialen Universalkunstwerk «Licht» (seit 1977) Verwendung finden.

Sutherland, Mark

Geboren 1955 in Huntsville, Ontario, Kanada. Intermedia-Künstler, Dichter und Musiker. Nach dem Abschluss des Studiums am Royal Conservatory of Music (Toronto, 1975) Kunst- und Filmstudium an der York University. Autor von visuellen und (Laut-) Gedichten, Essays und journalistischen Arbeiten sowie Partituren und Objekten. Auftritte als Lautpoet auf internationalen Festivals. Zahlreiche Zeitschriftenveröffentlichungen und Einzelausstellungen. Zusammenarbeit mit dem Künstler und Musiker Nobuo Kubota.

Swift, Jonathan

Geboren am 30. November 1667 in Dublin. Gestorben am 19. Oktober 1745 in Dublin. Irisch-englischer Schriftsteller, verbrachte seine Jugend in Armut, studierte Theologie in Dublin, kam 1688 nach England und wurde 1689 Sekretär des Staatsmannes und Schriftstellers Sir William Temple (1628-1699) in Farnham (Surrey), wo er die junge Esther Johnson (die «Stella» seiner Tagebücher) kennenlernte. 1694 kehrte er als anglikanischer Geistlicher nach Irland zurück; ab 1696 wieder in Temples Haus; ab 1699 in Irland; hielt sich in den folgenden Jahren jedoch häufig in London auf, wo er sich in die Politik einschaltete, zunächst auf seiten der Whigs, ab 1710 auf seiten der Tories. 1713 wurde er Dekan in Dublin; seine Neigung zu Bitterkeit und Menschenhass verstärkte sich nach «Stellas» Tod (1728), zu der er eine nicht geklärte engere Bindung hatte; er starb in geistiger Umnachtung an einem Gehirntumor.

Thomkins, André

Geboren am 11. August 1930 in Luzern. Gestorben am 9. November 1985 in Berlin. Bildender Künstler, Schriftsteller. 1947-1949 Besuch der Kunstgewerbeschule Luzern. Weitere Ausbildungsstätten in Holland und Paris. Weitgespanntes Netz von Freundschaften mit Künstlern der kritischen Kreativität und der Grenzüberschreitungen, z.B. mit Serge Stauffer, Meret Oppenheim, Daniel Spoerri, Jean Tinguély, Yves Klein, Nam June Paik, Dick Higgins und Marcel Broodthaers, die ihm als Gesprächspartner und Quellen der Inspiration dienten.

Tzrara, Tristan

(d.i. Sami Rosenstock) Geboren am 4. April 1896 in Moinesti, Rumänien. Gestorben am 14. Dezember 1963 in Paris. Hielt sich während des Ersten Weltkriegs in Zürich auf, wo er 1916 zusammen mit Hans Arp, Hugo Ball, Marcel Janco und Richard Huelsenbeck die Dada-Bewegung gründete. Herausgabe der Zeitschriften *Cabaret Voltaire* und *Dada* (7 Nummern, 1917-1920). Ende 1919 ging Tzara nach Paris, wo es bis 1922 zu einer engen Zusammenarbeit mit Aragon, Breton, Eluard, Péret, Rigaud usw. kommt. 1922 erfolgt der Bruch, die sog. «Soirée du cœur à barbe» markiert schließlich 1923 das endgültige Ende von «Paris Dada». 1929 schloss sich Tzara nach Bretons «Zweitem Manifest» dem Surrealismus an, beteiligte sich bis 1935 an den Unternehmungen der Pariser Gruppe und arbeitete vor allem an ihrer Zeitschrift *Le Surréalisme au Service de la Révolution* mit. Mitglied der KPF.

Valentin, Karl

(d.i. Valentin Ludwig Fey) Geboren am 4. Juni 1882 in München. Gestorben am 9. Februar 1948 ebd. Deutscher Komiker und Schriftsteller. Schreinerlehre; Kabarettist in München; zahlreiche Gastspielreisen (Wien, Zürich, Berlin); verfasste Couplets, Monologe und kurze, [grotesk-]komische Szenen, die er zusammen mit Liesl Karlstadt aufführte; Einfluss auf die Jugendarbeiten B. Brechts. Valentin trat ab 1912 auch in Filmen auf (u.a. «Orchesterprobe», 1933; «Der Firmling», 1934; «Die verkaufte Braut», 1932) und besprach zahlreiche Schallplatten.

Vree, Paul de

Geboren am 13. November 1909 in Antwerpen. Gestorben ebda. 1982. Gründer/Herausgeber/Redakteur/Mitarbeiter der Zeitschriften *Vormen, De Tafelronde, Lotta Poetica* und *Factotum Art*. Tätigkeit in verschiedenen kulturellen Bereichen und Institutionen Belgiens. Zahlreiche literaturwissenschaftliche und poetische Publikationen und Einzel- bzw. Gruppenausstellungen Visueller Poesie (poesia visiva).

Waterhouse, Peter

Geboren am 24. März 1956 in Berlin. Schriftsteller und Übersetzer. Kindheit und Jugend u.a. in der Bundesrepublik Deutschland und in Österreich. Nach dem Studium der Germanistik und Anglistik in Wien und Los Angeles 1984 Promotion mit einer Arbeit über Paul Celan. Lebt in Wien.

Wiens, Paul

Geboren am 17. August 1922 in Königsberg. Gestorben am 6. März 1982 in Ost-Berlin. Nach dem Studium der Philosophie und Nationalökonomie in Lausanne und Genf Übersiedlung nach Österreich. Von 1943-1945 im Durchgangskonzentrationslager Oberlanzendorf. 1947 Übersiedlung nach Berlin, als Hilfslehrer und bis 1950 als Lektor tätig, in der Zeit danach freier Schriftsteller, Herausgeber, Rundfunkautor und Übersetzer. 1959 Nationalpreis der DDR, 1975 Johannes-R.-Becher-Preis.

Wishart, Trevor

Geboren am 11. Oktober 1946 in Leeds, England. Komponist und Musikwissenschaftler (Promotion, 1973). Seit den 60er Jahren elektro-akustische Musik, Kompositionen für das Musiktheater und Klanglandschaften; Tätigkeit als Musikerzieher (Musikspiele); Entwickler der Computer-Software «Composer's Desktop Project»; zahlreiche Buch- und Tonträger-Veröffentlichungen. Lebt und arbeitet in York, England.

Wölfli, Adolf

Geboren am 29. Februar 1864 in Bowil im Emmental, Kanton Bern. Gestorben am 6. November 1930 in der Irrenanstalt Waldau. Wölfli wächst als jüngstes von sieben Kindern in ärmlichen, zerrütteten Verhältnissen auf. Der Vater war Steinhauer. Umzug der Familie nach Bern, häufiger Wechsel der Unterkunft. Um 1870 verlässt der Vater die Familie. Die Mutter verdient den Lebensunterhalt als Wäscherin. 1872 Zwangsumsiedlung mit der kranken Mutter in die Heimatgemeinde Schangnau im Emmental. 1873 Tod der Mutter. 1873-1879 Verdingbub bei verschiedenen Bauern in Schangnau, später Knecht und Handlanger in den Kantonen Bern und Neuenburg. 1883/84 Infanterierekrutenschule in Luzern. 1890 Verurteilung wegen zweier Notzuchtversuche, zwei Jahre Haft im Zuchthaus St. Johannsen, Kanton Bern; danach wieder Handlanger in Bern und Umgebung; zunehmende soziale Isolierung und Vereinsamung. 1895 erneute Inhaftierung wegen Notzuchtversuchs, Feststellung der Unzurechnungsfähigkeit in der Irrenanstalt Waldau, Bern, dort Internierung als Patient bis zum Tod. 1899 künstlerische Beschäftigungen; 1904/05 erste erhaltene Zeichnungen; 1908-1912 Niederschrift «Von der Wiege bis zum Graab». 1912-1916 «Geographische Hefte». Ab 1916 signiert Wölfli seine Werke mit «Skt. Adolf II». 1917-1927 Arbeit an den musikalischen Werken. 1928-1930 Niederschrift des «Trauermarsches».

Bibliographien

Auf bibliographische Angaben an dieser Stelle haben wir der Übersichtlichkeit halber verzichtet. Um eine in biblio- und diskographischer Hinsicht bestehende Lücke zu schließen, richten wir im Internet eine frei zugängliche Seite ein: auf www.engeler.de/scholz.html finden Sie eine von Christian Scholz zusammengestellte und betreute Biblio- und Diskographie zur internationalen Lautpoesie.

Christian Scholz

Geboren 1949 in Leutershausen. Lebt als Gymnasiallehrer in der Nähe von Nürnberg. 1988 Promotion über das Thema «Untersuchungen zur Geschichte und Typologie der Lautpoesie», erschienen im Gertraud Scholz Verlag, Obermichelbach 1989, 3 Bände. Zahlreiche Vorträge, Zeitschriftenveröffentlichungen und Radiodokumentationen über Lautpoesie. Auch als Herausgeber tätig.

Urs Engeler

Geboren 1962 in Zürich. Studium der Germanistik, Vergleichenden Literaturwissenschaft und Philosophie an der Universität Zürich. Lebt und arbeitet als Verleger und Herausgeber in Basel, Weil am Rhein und Wien. Seit 1992 Herausgabe von «Zwischen den Zeilen. Eine Zeitschrift für Gedichte und ihre Poetik». 1995 Gründung des Verlages Urs Engeler Editor. Bücher mit Oskar Pastior, Elke Erb, Birgit Kempker, Jürg Laederach, Andrea Zanzotto, Peter Waterhouse, Michael Donhauser, Ulf Stolterfoht, Tim Krohn, Hans-Jost Frey, Thomas Schestag u.a.m. Weitere Herausgaben: Durs Grünbein, Brigitte Oleschinski, Peter Waterhouse: Die Schweizer Korrektur, Basel 1995; Erinnere einen vergessenen Text, Basel 1997.

Fümms bö wö tää zää Uu
Stimmen und Klänge der Lautpoesie
Herausgegeben von Christian Scholz und Urs Engeler

Wir danken allen Künstlerinnen, Künstlern und Verlagen für die freundlichen Abdruckgenehmigungen. Nicht in allen Fällen ist es uns gelungen, mit den Rechteinhabern in Kontakt zu treten. Wir bitten Berechtigte, sich beim Verlag zu melden.

Gestaltung Marcel Schmid Basel
Gesetzt vom Verlag aus der Minion und Folio
Druck Fuldaer Verlagsagentur Fulda
CD-Pressung Optical Disc Service Albrechts
Mastering Wolfgang Boguth Puschendorf

www.engeler.de

ISBN 3-9521258-8-1